Volker Braun

ARBEITSBUCH

Herausgegeben von Frank Hörnigk

Redaktion
Barbara Engelhardt
Thomas Irmer

Theater der Zeit • Literaturforum im Brecht-Haus • Berlin 1999

Impressum:

Volker Braun

Arbeitsbuch I/1999

Herausgegeben
im Auftrag von Theater der Zeit
von Frank Hörnigk

Ein Gemeinschaftsprojekt von
Theater der Zeit und dem
Literaturforum im Brecht-Haus, Berlin

Mit freundlicher Unterstützung
der Kulturstiftung des Freistaates Sachsen

Redaktion:
Barbara Engelhardt
Thomas Irmer

Gestaltung:
Martina Sailer

Repros: Druckhaus Galrev, Berlin
Druck: Tastomat Druck, Eggersdorf

Geschäftsführung:
Harald Müller

Absatz und Vertrieb:
Monika Mirus
Tel: 030 / 2463688
Fax: 030 / 24722415

Preis: 24,80 DM / 175 ÖS / 23 SFr.
Alle © bei den Autoren und der Redaktion
Nachdruck nur mit vorheriger Genehmigung

Redaktionsanschrift:
Theater der Zeit
Im Podewil
Klosterstraße 68-70
10179 Berlin
Tel: 030 / 24722414
    030 / 2423626
Fax: 030 / 24722415

ISBN 3-9805945-5-6

Umschlagabbildung: »Stalin und Bucharin«
von A. R. Penck
Foto (U2): Norbert Spitzer

Wir danken der Galerie Michael Schulz Berlin
für das Recht zur Veröffentlichung des Siebdrucks »Stalin und Bucharin« von A. R. Penck sowie Jürgen Schweinebraden Freiherrn von Wichmann-Eichhorn für die Veröffentlichung des Penck-Drucks (S. 116.).

Inhalt

4 Frank Hörnigk

Anreden I

6 Werner Stötzer
7 Jörg Jannings
8 Friedrich Dieckmann
9 Eberhard Häfner
10 Rainer Kirsch
11 Bernd Leistner
13 Monika Lennartz
14 Ursula Werner
16 Richard Pietraß
17 Ekkehard Schall
19 Karl Mickel
20 Jürgen Teller
22 Kathrin Schmidt
25 Jo Jastram
26 Jost Hermand
28 Pawel Eisner
31 Peter Wawerzinek
33 Klaus Staeck
34 Kerstin Hensel
35 Eduard Schreiber
37 Joochen Laabs
39 Elke Erb
40 Fernand Teyssier
41 Gilbert Badia
42 Ian Wallace
43 Nicole Bary
44 Alain Lance
45 Renate Lance-Otterbein
56 Leonard Lorek
50 Carlfriedrich Claus

Anreden II

52 Volker Braun – Rede

Anreden III

60 Nuria Quevedo
61 Christa Wolf
65 Jens Jessen
68 Siegfried Adam
69 Wilfried Grauert
73 Wilhelm Bartsch
74 Hans Kaufmann
77 Ch./W. Hartinger
80 Wolfgang Fritz Haug
84 Durs Grünbein
85 Anna Chiarloni

Domenico Mugnolo 88
Holger Teschke 90
Manfred Jäger 91
Hartmut Lange 94
G. Boissière/K. Mackowiak 95
Ch. Hippe/J. Kopec 98
Peter Brasch 101
K. Gehre/O. Hohlfeld 103
Manfred Grund 109
Rolf Jucker 110
Daniela Danz 113
A. R. Penck 116
Joachim Staritz 117
Reiner Kunze 120
Jens Sparschuh 121
Matthias Braun 123
Karl-Georg Hirsch 128
Bert Papenfuß 129
Günter Gaus 132
Ernst Schumacher 134
Manfred Wekwerth 140
Heinz Klunker 142
Peter Härtling 145
Peter Ensikat 146
Lothar Trolle 148
Friedrich Schorlemmer 149
Galerie Sonnensegel 152
Steffen Mensching 153
Daniela Dahn 155
Hans-Eckhardt Wenzel 157
Alexander Stillmark 158
Christoph Schroth 160
Wladimir Koljazin 162
Gregor Laschen 165

Anreden IV

Alfred Hrdlicka 168
Volker Braun – Gedichte 169
Rainer Ehrt 172

Anreden V

S./D. Schlenstedt 174
Gespräch mit Volker Braun

Anreden VI

Volker Braun – Stück 190

Biografische Angaben 208

Frank Hörnigk
Vorwort

Ein ARBEITSBUCH für Volker Braun – die Idee dazu gab es seit langem, es bedurfte nicht eines besonderen Anlasses, zum Beispiel eines 60. Geburtstages, um dieses Buch endlich vorzulegen.

Mit dem 7. Mai 1999 – Volker Braun wird an diesem Tag erstaunlicherweise wirklich schon sechzig – kommt also eher ein freundlicher Umstand hinzu, der gleichwohl seine Bedeutung hat: Er machte es mehr als leicht, Freunde wie auch kritische Begleiter seines Werkes anzusprechen und in sehr kurzer Zeit um eine Stellungnahme zur Person zu bitten.

Die Antworten liegen nun vor: Es sind Anreden, gerichtet an Volker Braun, und zugleich Leseproben oft eindringlicher Selbstverständigung. Gegrüßt wird immer wieder der freundliche Mensch – der Weggefährte in nicht wenigen Fällen nun schon seit Jahrzehnten – in seinem gar nicht nur freundlichen Eigensinn, mit seinen Texten noch immer / immer wieder auf seiner eigenen Geschichte, seinem eigenen Denken zu bestehen.

Das schloß Korrekturen, neue Einsichten, auch Fehler mit ein – immer aber blieb Braun in jeder dieser besonderen Erfahrungen bei sich, blieb erkennbar. Es gibt viele, die in solcher Haltung moralischer wie intellektueller Bestimmtheit insbesondere auch seine literarische Leistung aufgehoben sehen – als Ermutigung für andere, für sie selbst. Aber auch die, deren Überzeugungen oder literarische Wege sich abtrennten in den Jahren oder sich von vornherein schon anders begründeten, treten in ihren Beiträgen mit Aufgeschlossenheit und Respekt an ein Werk heran, das entgegen der Leichtfertigkeit verbreiteter ideologischer Denkmuster immer aufs neue auch für sie zum Nach-Denken Anregung bot, also wahrnehmbar blieb und so weiterhin Angebote bereithält für eine Suche nach den Gemeinsamkeiten jenseits der Sprache der Ideologien.

Volker Brauns Texte sind über drei Jahrzehnte aus der DDR heraus geschrieben worden. Sie war immer der Ort – und zugleich immer weniger der geistige Horizont, der sein Schreiben bestimmte in diesen Jahren. Seine Texte zeigen den Wandel dieses Denkens gerade in der Erweiterung seiner Horizonte – in aller Konsequenz – und besitzen darin ihre Dauer und Überprüfbarkeit. Mit dem Zeitenwechsel 1989/90 war dieser alte Ort des Schreibens endgültig verlorengegangen; was blieb, als Herausforderung, war die Suche nach einer neu für sich formulierbaren anderen Ortsbestimmung in veränderter Landschaft. Diesen Punkt immer präziser beschreiben zu lernen, ist und bleibt die anhaltende poetische Arbeit Volker Brauns seitdem; sie nicht zu verwechseln mit bloßer Verweigerungshaltung gegenüber den Realitäten des historischen Prozesses, bleibt die ebenso anhaltende Herausforderung und Provokation für jene, die sich an den Horizonten dieser Arbeit selbst kritisch messen lassen müssen, wenn sie sich ihnen stellen.

Ein Gespräch unter Leuten herstellen zu helfen, das war immer eine der großen poetischen Hoffnungen der Dichtung Volker Brauns – über die Zeiten –, und sie ist es geblieben! Solchen Gesprächscharakter wenigstens anzustreben, hat auch die Arbeit an diesem Buch entscheidend motiviert. Es ist eine Gemeinschaftsarbeit, Volker Braun gewidmet, ein Arbeitsbuch, das auch Freundschaftsbuch sein will. Der Autor Braun ist hier immer anwesend – nicht zuletzt mit seinen eigenen Texten.

Ich bat die Beteiligten, ihre Erfahrungen im Umgang mit diesen Texten, jüngeren wie älteren, zu benennen. Daraus entstand eine Momentaufnahme, mit Gegenwart aufgeladen wie mit Vergangenheit – eine offene Form –, nur ein Zwischenbericht auf dem Wege. Mein Dank gilt allen, die an ihm mitgeschrieben haben. Er gilt besonders der Redaktion von »Theater der Zeit« und dem »Literaturforum im Brecht-Haus«, das von Beginn an die Arbeit entscheidend gefördert und unterstützt hat. Annelie Braun danke ich für ihren Rat.

Anreden I

Werner Stötzer

Sehr geehrter Herr,weit hinter Berlin,morgenwärts,
wußte ich,das Voker Braun älter geworden ist und
auch einen runden Geburtstag haben würde..
Nur,es geht mir zu schnell,Ihrem Verlangen nachzugehen,
ich arbeite an einem harten Material,an Steinen,,gäbe es
dabei einen Redaktionsschluß,könnten Sie mich unter
etwas zerbrochenen rechnen.

Sicher sind Sie jünger als ich,so kann ich berichten.
Es gab zu einer betimmten Zeit,an verschiedenen Orten
auf einmal Worte,die neu waren,anders,sie hatten Klang
und ließen hoffen.Es gab Poesie und Prosa in kleinen
harmlosen Bändchen,diese aber waren Zündstoff für uns.
Einer schrieb für das Thater ein Stück, DIE KIPPER und noch
eines GROßER FRIEDEN,,ZU DER ZEIT LIEBTE ICH DAS THEATER,
meine Freunde,die Schauspieler waren in großer Bereitschaft
es gab Verwirrung und eben doch Erfolg.
Jener Mann war Volker Braun.
Schade,~~hätte ich~~ gäbe es keinen eiligen Redaktionsschluss
könnte ich mich ausbreiten über jenen Mann,der geschrieben
hat:WILLST DU AM LEBEN BLEIBEN?ZEIGE DEIN ARMES GESICHT,
DEINEN SCHMERZ.

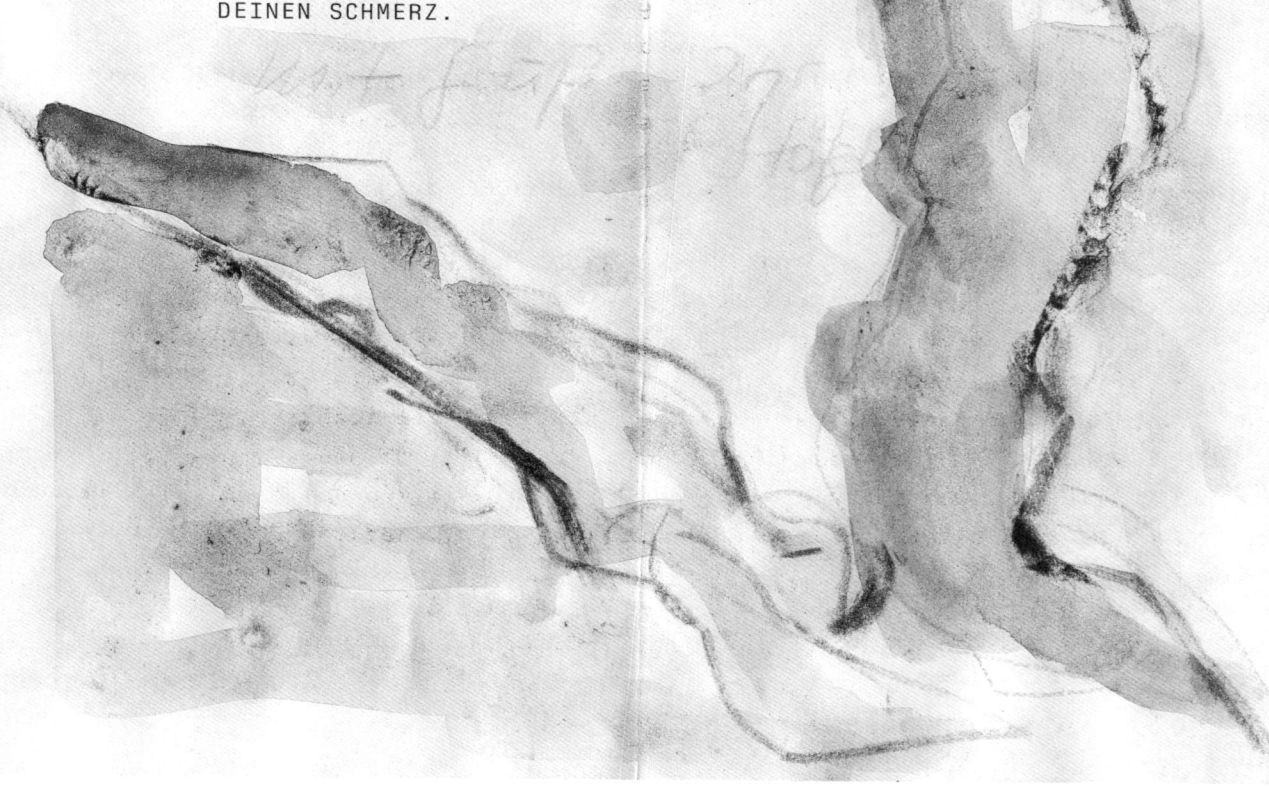

Jörg Jannings

Hier sind wir durchgegangen mit unseren
Werkzeugen / Hier fanden wir – arbeitend –
wie zersprengte Brocken Worte des Dichters:

»Wie der Mensch, seiner Gewißheit verlustig,
in der Kälte steht, so die Menschheit,
wenn sie der Überlegenheit ledig ist, des
Wissens von ihrer besseren Welt; sie
verliert ihren Gleichsinn und ist
am Rand der Tollheit, sie schafft und
vernichtet, erfindet und vergißt und
erkennt sich nicht wieder in der Landschaft,
gefangen   entmachtet   verwandelt
von der Natur, die sie ist und nicht ist
in ihrem fantastischen Zwiespalt,
Wahnsinn Vernunft«.

Kontrollraum H 1
(stillgelegtes Hörspielstudio
in der Nalepastraße)
Foto Roger Melis

Die Geschichte
von den
4 Werkzeugmachern

Hörspiel Radio
Kultur/DLF
Ursendung
am 4.4.99
22 h

Nachdem wir im Ohr vermauerten
unsere Geschichte, eine verrückte Geschichte,
die Geschichte von den 4 Werkzeugmachern –
finden wir uns wieder, nicht mehr wir
selber – so hat der Dichter gewirkt,
in Schweineödes Stumpfer Ecke,
trinken das süffige Bier
auf das nächste halbe Jahrhundert Wohl
des Dichters der uns
soweit wohl gemacht hat
zum Werkzeug der Geschichte.

Die Vier Werkzeugmacher:

Fels   – Bernhard Schütz
Schmidt   – Axel Wandtke
Schlack   – Horst Lebinsky
Matthes,
Brigadier – Hermann Beyer

Friedrich Dieckmann
Über Volker Braun

Man könnte, vom Kipper Paul Bauch, dem scheiternden Titanen, auf Tinka und von Frank und Karin auf Hinze und Kunze blickend, in Volker Braun den Dichter der regierenden Arbeiterklasse sehen, jenen Dichter, genauer gesagt, der nicht abließ, die Arbeiterklasse dazu zu überreden, die DDR, ihren Staat, zu regieren, und erleben mußte, daß, als diese Miene dazu machte, derselbe auf einmal verschwunden war. Sicher ist, daß Brauns dichterische Stärke mit dem Festhalten an dem Thema zu tun hat, das mit diesem Staat und seiner scheinbar herrschenden – oder auch: scheinbar nicht herrschenden – Klasse gegeben war; er folgte ihr bis in die Übergangsgesellschaft und noch darüber hinaus. Als andere dazu übergegangen waren, mit dem Adlerauge der Globalisierung über das kleine, eingezwängte Land hinwegzusehen, hielt er seinen Blick unverwandt auf seine Leute, die da unten und die da oben, gerichtet und konstatierte, daß beide sich nur zusammen emanzipieren könnten, eine mehr als diplomatische Auskunft. So war er imstande, noch das Verschwinden jener Fertigungsstrecken, die – Subjekt und Objekt ununterscheidbar – die Vier Werkzeugmacher erst erschaffen hatten, zum poetischen Gegenstand zu machen und mitteninne und zwischendurch immer wieder sich selber, den Hinundhergerissenen zwischen Idee und Wirklichkeit, zwischen Hoffnung und Enttäuschung, zwischen Vernunft und – Wahnsinn. Ein Ton, dessen Hochgestimmtheit die Wirklichkeit manchmal überflog, indem sie deren Widersprüche als überwindbare auskostete, zeigt uns nun, in was für eine interessante Zeit wir versetzt waren, befrachtet wohl, aber nicht miesepetrig. Brauns Texte, denen es gelang, den Schiller mit dem Kafka und den Kleist mit dem Brecht zusammenzubringen, nicht eklektisch nämlich, sondern schöpferisch-meisterlich, sind eine Arznei gegen alles Muckrig-Mickrige; noch im Verzagen haben sie etwas Unverzagtes, Reibungsfreudiges, Formlustiges und -lüsternes, etwas Lustvolles mit einem Wort, das seine Gegenstände ergreift, um sich unabhängig von ihnen zu machen, von ihrer Fatalität nämlich, und sie sich aufatmend, mit leicht gebogener Stange, auf die Brust legt, um sie dort nicht liegenzulassen. Auf die Neugier dieses Dichters ist immer Verlaß gewesen; sie hält uns neugierig auf ihn selber und auf uns an seiner Seite.

Eberhard Häfner
Damals wie heute

Angesagt ist nicht der aufrechte Gang, sondern das Erinnern an seine brüchige Art.
Und wären wir nicht alle einmal, zweimal
oder Viele in die Mühle der Ideologie geraten, wir hätten nichts zu sagen.

Aber zwischen den Brüchen gibt es wahrscheinlich im verwinkelten Herz beständige Muster, ein kohärentes Gefüge, das sich auch später, so man es schmiedet, ins Bild bringen läßt.
Kam mal einer an, ihm fehlte das Hemd, nur die Hose war dran, in Verehrung für einen starken Mann, Adam Riese aus Annaberg, auch Großkochberg, das Schloß, genannt. Steif fragte der Schließer, ein komfortabler Spießer, was liegt an, du Doppelstockzwerg? Besuch für Adam, den du angeblich kennst, und das ohne Hemd, höhnte der Mann.
»Verdammt, *er riecht Lunte*!« So, wie Hunde den Fremdling verprellen und auch das leiseste Wort nach bestem Wissen nachhaltig deuten.
Ins Gästebuch für Besucher vermerkte der Schließer: *Erich Lunte*, Mai '82, bei Adam Riese.

Rainer Kirsch
Xenion mit sächsischen Interjektionen

Nichts ist die Welt uns zum Trost. Und das, heu? soll Volkern nicht trösten?
Wär, näwarr! Trost ihr Behuf – wie trostlos wäre sie dann!

April 1999

Bernd Leistner
Volksgeschichte

ROBESPIERRE. Was gibt's da, Bürger?
DRITTER BÜRGER. Was wird's geben? Die paar Tropfen Bluts vom August und September haben dem Volk die Backen nicht rot gemacht. Die Guillotine ist zu langsam. Wir brauchen einen Platzregen!
ERSTER BÜRGER. Unsere Weiber und Kinder schreien nach Brot, wir wollen sie mit Aristokratenfleisch füttern. He! totgeschlagen, wer kein Loch im Rock hat!
ALLE. Totgeschlagen! Totgeschlagen!
ROBESPIERRE. Im Namen des Gesetzes!
ERSTER BÜRGER. Was ist das Gesetz?
ROBESPIERRE. Der Wille des Volks.
ERSTER BÜRGER. Wir sind das Volk, und wir wollen, daß kein Gesetz sei; ergo ist dieser Wille das Gesetz; ergo im Namen des Gesetzes gibt's kein Gesetz mehr, ergo totgeschlagen!

Dantons Tod,
Erster Akt, Eine Gasse:

STAUFFACHER: Wir stiften keinen neuen Bund, es ist
(tritt in den Ring)   Ein uralt Bündnis nur von Väter Zeit,
                    Das wir erneuern! Wisset, Eidgenossen!
                    Ob uns der See, ob uns die Berge scheiden,
                    Und jedes Volk sich für sich selbst regiert,
                    So sind wir e i n e s Stammes doch und Bluts,
                    Und e i n e Heimat ist's, aus der wir zogen.
WINKELRIED: So ist es wahr, wie's in den Liedern lautet,
                    Daß wir von fernher in das Land gewallt?
                    O teilt's uns mit, was Euch davon bekannt,
                    Daß sich der neue Bund am alten stärke.
STAUFFACHER: Hört, was die alten Hirten sich erzählen.
                    – Es war ein großes Volk, hinten im Lande
                    Nach Mitternacht, das litt von schwerer Teurung.
                    In dieser Not beschloß die Landsgemeinde,
                    Daß jeder zehnte Bürger nach dem Los
                    Der Väter das Land verlasse – das geschah!
                    Und zogen aus, wehklagend, Männer und Weiber,
                    Ein großer Heerzug, nach der Mittagssonne,
                    Mit dem Schwert sich schlagend durch das deutsche Land,
                    Bis an das Hochland dieser Waldgebirge.
                    Und eher nicht ermüdete der Zug,
                    Bis daß sie kamen in das wilde Tal,
                    Wo jetzt die Muotta zwischen Wiesen rinnt –
                    Nicht Menschenspuren waren hier zu sehen,
                    Nur eine Hütte stand am Ufer einsam,
                    Da saß ein Mann und wartete der Fähre –
                    Doch heftig wogete der See und war
                    Nicht fahrbar; da besahen sie das Land
                    Sich näher und gewahrten schöne Fülle
                    Des Holzes und entdeckten gute Brunnen,

Wilhelm Tell,
Zweiter Aufzug,
Zweite Szene:

und meinten, sich im lieben Vaterland
Zu finden – Da beschlossen sie zu bleiben,
Erbaueten den alten Flecken Schwyz
Und hatten manchen sauren Tag, den Wald
Mit weitverschlungnen Wurzeln auszureden –
Drauf, als der Boden nicht mehr Gnügen tat
Der Zahl des Volks, da zogen sie hinüber
Zum schwarzen Berg, ja bis ans Weißland hin,
Wo, hinter ew'gem Eiseswall verborgen,
Ein andres Volk in andern Zungen spricht.
Den Flecken Stanz erbauten sie am Kernwald,
Den Flecken Altdorf in dem Tal der Reuß –
Doch blieben sie des Ursprungs stets gedenk,
Aus all den fremden Stämmen, die seitdem
In Mitte ihres Lands sich angesiedelt,
Finden die Schwyzer Männer sich heraus,
Es gibt das Herz, das Blut sich zu erkennen.
Reicht rechts und links die Hand hin.

AUF DER MAUER: *Ja, wir sind eines Herzens, eines Bluts!*
ALLE: *Wir sind e i n Volk, und einig wollen wir handeln.*
(sich die Hände reichend)

»Wir sind das Volk [...]!« / »Wir sind e i n Volk [...].« Mit den Kontexten, in denen bei Büchner, bei Schiller diese Wir Aussagen stehen, hat es eine prekäre Bewandtnis. Im ersten Fall gründet sich das artikulierte Selbst- und Identitätsbewußtsein auf eine Noterfahrung, die einzig noch blindwütigen Haß gebiert. Die Hoffnung auf einen Revolutionsverlauf, der womöglich das Elend tilgen, zumindest vermindern könnte, mag anfänglich wohl gehegt worden sein, nun freilich ist sie gleich Null geworden – um so entschiedener drängt man darauf, daß Köpfe fallen, Köpfe und nochmals Köpfe. Auf weiter nichts läuft der identitätsstiftende Volkswille hinaus als darauf, daß unausgesetzt die Guillotine in Gang bleibt. – Was aber den zweiten Fall betrifft, so lauten die Stichworte »Stamm« und »Blut«: Um die auf dem Rütli versammelten Landleute aus den Waldstätten Schwyz, Uri und Unterwalden zu handelnder Eintracht zu bewegen, kolportiert Stauffacher einen von »alten Hirten« lebendig gehaltenen Abstammungsmythos – dessen Erzählung denn auch verfängt und den sprechchorischen Ausdruck volksbezogenen Identitätsgefühls jedenfalls zustande kommen läßt. (Wobei übrigens der folgende Text zu wissen gibt, daß der taktisch so bedenklich operierende Volksideologe Werner Stauffacher dieser Bekundung keineswegs traut; im Grunde zweifelt er nicht, daß die erwünscht konstruktive Volksaktion nur durch den erwirkt werden kann, der an der Versammlung teilzunehmen entschieden sich geweigert hat. Bezeichnend der Stauffachersche Ausruf in Anbetracht der Gefangennahme Tells: »O nun ist alles, alles hin! Mit Euch / Sind wir gefesselt alle und gebunden!« Nun ja, Schiller setzte auf den außergewöhnlichen Einzelnen.)

»Wir sind das Volk! / »Wir sind Volk!« Vieltausendstimmig zitierte man, Herbst 1989, die von Büchner, von Schiller stammenden Textstellen auf Leipzigs Ringstraßen. Die Kontexte blieben unbeachtet. Und den meisten dürfte, daß sie zitieren, gar nicht gegenwärtig gewesen sein. Wer aber waren die Volksfreunde, die die Zitate, damit sie zu Parolen würden, hineingeworfen haben in die Menge? Und wußten sie wohl, daß vernachlässigte Kontexte sich zu rächen pflegen?

Monika Lennartz

Lieber Volker,
kennengelernt habe ich Dich im Audimax der Humboldt-Uni bei einer Lesung junger Lyriker. Ich las kein Gedicht von Dir, das war – glaube ich – Ekkehard Schall. Du wurdest vorgestellt als junger Dichter, der wegen Schüchternheit oder Sächsisch nicht selbst lesen wollte. Nach der Lesung saßen wir in großer Runde im Pressecafé am Bahnhof Friedrichstraße, und Du warst der stille Mittelpunkt. Das war Anfang der sechziger Jahre. Dann kannte ich Deine Bücher und Stücke. Gesehen habe ich Dich erst wieder – von nahem jedenfalls – zur Konzeptionsprobe von *Übergangsgesellschaft*. Und die fing damit an, daß Volker Braun sein Stück las. Nun ist ja Tschechow leicht zu lesen, aber schwer zu spielen. Bei Volker Braun ist das nicht etwa umgekehrt, aber erstmal ist er schwer zu lesen und zu verstehen. Immerzu fragt man sich, was steckt dahinter. Und das ist eine Menge, wie wir ja dann auf den Proben versucht haben rauszufinden. Dabei standen wir nach *Drei Schwestern* sozusagen im Stoff und wußten schon was von den Figuren. Dein Vorlesen hat die Tür aufgestoßen. Es war leicht, voller Humor, ganz einfach und plötzlich eben verständlich. Diesen Vormittag vergesse ich nicht. Kein Schauspieler weiß ja, wie genau die Vorstellung im Kopf des Dichters über die Umsetzung seines Stückes ist. Bei Olga ist sogar das Lachen von Dir exakt notiert, wofür ich Dich erst mal verfluchte, bis ich kapierte, es macht nicht nur Sinn, sondern auch Spaß. Wir legten also los mit unserer Phantasie und unseren Erfahrungen mit diesem Land, um das komplizierte Figurengeflecht dieser acht Leute lebendig zu machen. Eine Ungeduld mit uns hat man Dir nie angemerkt. Du warst oft auf Proben und hast sie mit Spannung und Neugier und großer Achtung vor der Arbeit anderer verfolgt. Und natürlich sehr präzise gesagt, was Du zu sagen hattest. Aber die Radikalität des Stückes stand in vollkommenem Gegensatz zu Deiner Freundlichkeit uns gegenüber, was ich nicht erwartet hatte, weil ich Dich eben von nahem nicht kannte.
Wir haben *Übergangsgesellschaft* fünf Jahre lang in 132 Vorstellungen gespielt und sind damit sozusagen übergegangen in die neue Gesellschaft. Es bewirkte 1988 mehr betroffenes Schweigen als Jubel. Erst im Gespräch wurden die Zuschauer wieder lebendig. Aber das Spannende war, daß sich nicht nur die Zeit, sondern auch Dein Stück mit ihr veränderte. Die andere Dimension, die zweite Schicht, die Abgründe, Träume und Visionen haben es lebendig gehalten, als die aktuellen Probleme sich längst erledigt hatten. Die Tatsache, daß Du 60 wirst und ich dies schreibe, bewirkt, daß Du gerade ständig in meinen Gedanken bist. Und Du weißt, »ein Schauspieler ... mußte immer nur Rollen spielen, in Übereinstimmung mit der Idee oder dem sogenannten Gang der Handlung«. Ich lese Deine Bücher und verbringe viel Zeit mit Dir. Ob ich Nachrichten über Jugoslawien höre oder heute gerade eine Zeitungsnotiz finde, Du bist auch da. Und ich brauche nur die Hand auszustrecken und Dir zu gratulieren. Und Dir und Deinen Lesern zu wünschen, daß sie noch viel von Deinen rebellischen, subversiven Gedanken, in knappster Form auf den poetischen Punkt gebracht, zu lesen und zu hören bekommen. Und alle anderen guten Wünsche dazu.
Deine Monika Lennartz

Ursula Werner
November 89

Volker Braun. Wende. Übergangsgesellschaft. Das verbindet sich für mich zu einem Begriff: November 89. Am 4. November 1989 gingen viele, viele Menschen der DDR in ihrer Hauptstadt auf die Straße, einem Aufruf der Berliner Theater folgend, um ihren Forderungen nach einem besseren und gerechteren Sozialismus Ausdruck zu verleihen; wir, die Künstler und Mitarbeiter des Maxim-Gorki-Theater, unter ihnen. Um 15.00 Uhr war Familienvorstellung im Theater, das hieß, die Erwachsenen gehen ins Theater, und die Kinder, deren Eltern im Zuschauerraum dem Spiel der Schauspieler zusehen und zuhören, werden von Mitarbeitern des Hauses betreut. Auf dem Spielplan steht: *Die Übergangsgesellschaft* von Volker Braun.

Wir hatten die *Übergangsgesellschaft* schon etliche Zeit auf dem Spielplan. Thomas Langhoff hatte es mit viel Zureden dem Berliner Ensemble entrissen. Dort lag das Stück seit 5 Jahren in der Schublade und – weiß der Teufel, warum es dort nicht herausgebracht wurde. Es enthüllt so viele Fragen der Zeit und so wichtige Gedanken, die dem zittrigen Zustand der DDR eine wertvolle Orientierung hätten sein können. Nun lag es – sträflich – auf Eis. Volker Braun hatte unsere Inszenierung *Drei Schwestern* von Tschechow gesehen, und somit drängten sich die drei Schwestern von heute in sein Gehirn. Gott sei Dank ergab sich eine günstige Konstellation, und Albert Hetterle bekam den »Zuschlag« für die Berliner Erstaufführung.

Für mich war diese Verbindung *Drei Schwestern* und *Übergangsgesellschaft* die wunderbarste und wichtigste Arbeit in meiner Künstlerlaufbahn, hatte doch der großartige Regisseur Th. L. die Besetzung der *Drei Schwestern* in das Gegenwartsstück übernommen. So profitierten wir in wundersamer Weise von den Erfahrungen, die wir mit der Familie Prosorow gemacht hatten, für die Familie Höchst.

Als das Stück am 30. März 1988 auf die Bühne kam, war es höchste Zeit bzw. leider schon zu spät. Das Volk der DDR war schon mächtig in Gärung geraten angesichts der Starrköpfigkeit seiner Regierung, die so gar nicht bereit war, zu den massenhaften Ausreisen und Fluchtbewegungen ihrer Bürger ins westliche Deutschland Stellung zu nehmen bzw. das Volk mit dümmlichen Bemerkungen wie: »Diese Menschen brauchen wir nicht, denen weinen wir keine Träne nach« beleidigte. Unser Ensemble brachte einen großen Aufsteller ins Foyer, an dem in großen Lettern der Brief der Schriftsteller der DDR an die Regierung zu lesen war, ausdrückend die tiefe Sorge um das Land. Mit ihrer Unterschrift erklärten sich die Mitarbeiter solidarisch mit den Schriftstellern. Alle Besucher konnten es schwarz auf weiß lesen.

Es war oft üblich, nach den Vorstellungen Zuschauergespräche zu führen. Die Zuschauer sollten ihre Eindrücke schildern und mit den Theatermachern in eine Diskussion kommen. Die Gespräche gerieten manchmal gut, manchmal weniger gut. Nun aber, da dieser Aufruf unübersehbar im Foyer stand, gab es nicht ein nächtliches Gespräch, das langweilig gewesen wäre.

Ganz gleich, welches Stück an dem Abend gespielt wurde – wir hatten auf dem Spielplan außer *Schwestern* noch *Die Falle, Victor oder die Kinder an der Macht, Das Nest des Auerhahns, Campiello, Minna von Barnhelm, Kleinbürger, Barbaren,*

Die gelehrten Frauen, *Die Preußen kommen*, *Don Perlimplin* und auch Wunderbares auf der kleinen Bühne – aber diskutiert wurde, nach zwei, drei Repliken zum Abend, ausschließlich über die gegenwärtige unerträgliche Lage. Nie zuvor hatte ich solche Leidenschaften und Wahrhaftigkeiten bei Diskussionen erlebt. Zum ersten Mal wurde in einer öffentlichen Institution von einem Vertreter des Neuen Forums dessen Forderungskatalog verlesen. Die Kirche hatte uns da ja schon den Rang abgelaufen, höchste Zeit für uns, das Theater dafür aufzutun.

Die Übergangsgesellschaft traf ins Schwarze. Ich habe damals mit einer Prager Regisseurin zusammengearbeitet, in einem Fernsehspiel mit Alfred Müller als Partner. Sie hat unser Theater besucht, das Stück gesehen; und sie war so berührt, so aufgewühlt. Sie erzählte uns, daß ihr die Tränen übers Gesicht liefen, weil sie miterleben durfte, daß so großartige, wahre und wichtige Gedanken auf einer Bühne in einem sozialistischen Land geäußert wurden.

Ich werde die erhabene Stimmung nicht vergessen, in der sich der Demonstrationszug am 4. November auf den Alexanderplatz zu bewegte. Keine Lautsprecher, keine laute Musik, keine Winkelemente – vorsichtiges Vorangehen in einer Reihe Hand in Hand, Augen, die sich nicht gestatteten, nach unten zu blicken, zaghaft entschlossen, wie man unbekannten Boden betreten würde. – Vorsichtige Bedenken, die meine Kollegin aus der Volksbühne ob der Euphorie äußerte, fanden bei mir keinen fruchtbaren Boden.

Um 14.00 Uhr verließen Albert Hetterle und ich die Kundgebung, unsere Kundgebung, denn die Zuschauer, das Theater wartete auf uns. Es waren an diesem aufwühlenden Tag nicht so viele ins Theater gekommen, wie wir es gewohnt waren. Nun, die Wirklichkeit der Straße war diesmal der wahre Dialog.

Am Ende der Vorstellung küßte mir mein Kollege Uwe Kockisch, der den Anton spielte, die Hand. Das war nicht so verabredet: Anton sollte sich klammheimlich der Szenerie, der er nicht mehr gewachsen war, entziehen. Diesmal aber, sagte er, mußte er irgendwie seiner Dankbarkeit für diesen wichtigen Tag, den er erleben durfte, Ausdruck verleihen. Beide empfanden wir das Glück, an diesem Ereignis mitgebaut zu haben.

Hätte man das Werk nicht fünf Jahre früher das Licht erblicken lassen müssen zusammen mit all den anderen warnenden Stimmen? Sähe es vielleicht heute nicht doch ganz anders aus? Fünf Jahre – wie viel Zeit versäumt.

Richard Pietraß
Der Sandweg

Darwin, wenn er sich auf dem Holzweg wähnte
Suchte den Sand, seinen Rundpfad durchs Holz:
Sein Laufrad, seine Tretmühle.

Vorübergehend blätterte er im Buch der verstockten
Natur, der grünen Hure, die sich jedem gibt
Nicht um Fest-: um Fersenzins.

Geduldig mittelte er ihre Jahrtausend-
Schritte, die uns winzig
Scheinen. Blindlings meinen wir

Müden Pilger, alles müsse in Sprüngen gehn
Daß wir den Fortschritt noch erleben. Spinner
Vernetzen ihr Dosendasein

Madenhacker prüfen die Bonität kapitaler
Stämme. Außer Moos nix los. Und der Efeu, der Empor-
Kömmling, exekutiert sein lautloses Joint venture.

Evolution oder Revolution? Den Rindern
Und den Golfern auf ihrer Wiese
Ists einerlei. Während ich das knirschende

Orakel begehe, widmen sie sich ihrem Pansen
Ihrem Handicap, und haben ein Lächeln
Für meine Höhlenzweifel.

Im Kreis irrend, seh ich die Natur
Die Blutuhr, im Zeitraffer abschnurren, starre
Aus Schweinsritzen aufs zifferlose Blatt.

Ekkehard Schall
Für Volker Braun

Erst einmal muß gesagt sein: Ich mag ihn. Seine bescheidene Aufsässigkeit, sein stoßweises Anreißen der Sprache beim Sprechen, um sie dann schnell in einem kurzen, nach unten geneigten Bogen abzuschließen. Schlüssigkeit ist ihm wichtiger als Verständlichkeit, poetische Schönheit speit bei ihm mehr als Überflüssiges aus. Seine Gedichte sind, wenn Brecht nicht durchscheint, von einer Jugendlichkeit, wie man sie von Goethe kennt, wenn er die Himmelsröten beschreibt und den Frühlingsausbruch bis hin zum Mai. Brauns poetische Übernahmen und Beschreibungen von Gedanken anderer und von diesen Personen selber bewältigen mit Leichtigkeit jede vorgegebene Höhe und Größe. Die Kraft seines Anspruchs ließ die Widerstände deutlich werden, furchtlos wie ein Held kämpfte er gegen Windmühlen und Betonköpfe gleichermaßen. Ich erinnere mich noch, wie er bei einer Lyriker-Lesung in den Fünfzigern oder Anfang der Sechziger mit Zulauf bis unter die Decke seine Gedichte vortrug: »Kommt uns nicht mit Fertigem! / Wir brauchen Halbfabrikate / Weg mit dem faden Braten – / her mit dem Wald und dem Messer!« Da stand er, entschlossen, kurzsichtig und etwas unbeholfen, und ich sah ihn im Wald verhungern, die Hasen um ihn herum Kobolz schießen und die Rehe friedlich äsen. Andererseits protestierte er bei der Regierung der DDR gegen die Aufnahme diplomatischer Beziehungen zu Franco-Spanien, unmöglich für einen Kommunisten, wie er es war. Bei ihm kann man von grundredlich sprechen, wenn man seine Arbeit und sein gesellschaftliches Engagement durch die Zeit betrachtet. Redlich, das Wort, müßte für ihn erfunden werden, wenn es es noch nicht gäbe. Was von ihm niedergeschrieben war, war es auch aus der Hilflosigkeit heraus, die es nur so und nicht anders schreiben konnte. Seine Parteilichkeit und seine poetische Standfestigkeit waren einfach dasselbe, letztere erforderte keinen extra Mut, unfähig, wie er war, sich zweimal zum Gleichen zu äußern, ohne neue Einsicht und Überzeugung ein zweites Mal anders. Seine Stücke hatten einen heftigen und brachialen Charakter, die Sprünge ihrer Dramaturgie, von Müller beeinflußt, waren eher Abbrüche von Handlungen und, getrennt durch eine Kluft, neues Auftürmen derselben. Dennoch wollte er diese schmerzenden antagonistischen Widersprüche als Größe nicht durch Größe dargestellt wissen. Bei der Wiederaufnahme des *Grossen Frieden* schrieb er mir: »Lieber Ekke ... Beachte bitte, daß in der komödischen Spielweise die Naivität, der tragikomische Ernst erhalten bleibt. Groß wird die Geschichte des Gau Dsu ja durch seine ›Kleinheit‹, seine Niedrigkeit, ich bitte Dich, wo immer möglich mit ›kleiner‹ Stimme zu sprechen, nicht martialisch. Das ist auch für die ›Farbe‹ des Stücks wichtig, das ein demonstrierendes Spiel, leicht, beschwingt sein sollte.« Wir alle, die wir von Brecht nicht eines Besseren, doch eines anderen belehrt waren, wußten von dieser »kleinsten Größe«, erklärt im *Badener Lehrstück*, die man erreichen muß, um größte und federleichte Größe zu erreichen, auch in der Gestaltung. Braun *Zu Brecht, Die Wahrheit einigt*: »Mit seiner dünnsten Stimme, um uns nicht / Sehr zu verstören, riet er uns beizeiten / Wir sollten einfach sagen wos uns sticht / So das Organ zu heilen oder schneiden.« Und immer wieder gefällt ihm das scheinbar Unauffällige. So schreibt er mir nach Besuch meines dritten Brechtabends: »Für mich besonders angenehm Ihre leisen, stillen und zarten Passagen, beweisen sie doch einmal mehr, daß Sie nicht nur das expressive Spiel beherrschen.« Solche Hinweise waren mir sehr wichtig, und ich richtete mich nach ihnen. Die Verkürzung, die ihm bei der Dramatik bisweilen im Weg steht, indem sie Fleisch von den Knochen beißt, hebt seine Lyrik in erstaunliche, ja unerwartete Einmaligkeit der gesellschaftlichen Aussage. In einem Werkstattgespräch mit Dieter Kranz über die Arbeit am Gau Dsu führe ich aus: »Wir waren uns von Anfang darüber klar, daß wir stärker mit Erfindungen körperlicher Art, gestischer Art – nicht gestisch von Gestus, Haltung herkommend, sondern von Gestik, Bewegung – arbeiten müßten, denn die wunderbare, doch sehr ausgesparte Sprache Brauns verlangt, daß sie aufgefüllt wird. Das ist das Interessante, sie muß aufgefüllt werden, nicht weil sie arm, sondern weil sie sehr reich ist und weil sie es sich erlaubt, mit ihren Mitteln, also mit dem verbalen Ausdruck, immer nur sprungweise Situationen und Vorgänge zu enthüllen. Zwischendurch liegen oft noch große Widersprüchlichkeiten, die eingebracht werden müssen durch die Darstellung.« Brauns aufgetürmte Hürden in seinen Stücken waren nie so hoch wie der Reiz, sie zu nehmen. Politisch war er immer auf der Höhe der Zeit, auch wo er hoffnungslos falsch lag und seine Hoffnung ohne jeden Bezug war. So erinnere ich mich eines letzten Gesprächs unter Gleichgesinnten, in dem er das Rätesystem als Möglichkeit beschrieb, eine andauernde revolutionäre Anwesenheit, vergleichsweise eine revolutionäre Virulenz, zu gewährleisten. Auch forderte er in einem Gedicht *Zur Wiedereröffnung des Berliner Ensembles am 11. Oktober 1989*: ... »Eröffnen wir / Auch das Gespräch / Über die Wende im Land.« Dazu sollte es nicht kommen. Es gibt Gedichte, die in einem Quartier nehmen und Dauermieter werden, sie gehören zur Kultur der eigenen Person, nötig wie die Luft: Hölderlins *Hälfte des Lebens*, Uhlands *Guter Kamerad*, andere mehr, auch die unendliche Trauer in Andreas Gryphius' *Thränen des Vaterlandes / Anno 1636* ergreift mich immer wieder und mehr und mehr. In diesen Kreis, in dem auch Gedichte dieses Jahrhunderts wie Rilkes PANTHER vertreten sind, ist aufgenommen Volker Brauns »Da bin ich noch: mein Land geht in den Westen / *Krieg den Hütten Friede den Palästen* / Ich selber habe ihm den Tritt versetzt / Es wirft sich weg und seine magre Zierde / Dem Winter folgt der Sommer der Begierde / Und ich kann *Bleiben, wo der Pfeffer wächst*. Und unverständlich wird mein Text / Was ich niemals besaß, wird mir entrissen / Was ich nicht lebte, werd ich ewig missen / Die Hoffnung lag im Weg wie eine Falle / Mein Eigentum, jetzt habt ihrs auf der Kralle, / Wann sag ich wieder MEIN und meine alle.«

Karl Mickel

Brauns Gedicht *Mein Eigentum* ist ein klassisches Epigramm: die Schrift auf dem Sarkophag also.
Der junge Dichter ist erwachsen geworden; das Jh. ist ihm zu Hilfe gekommen und hat mitgedichtet: indem es sein letztes Wort ihm vertraut hat.

Zum 7. Mai 1999

Jürgen Teller
Leuchtturm

Wer viel wünscht und nichts kriegt, ist ein armer Schlucker. Du aber, weiser Freund, bist viel zu jung, um ohne Wunsch zu sein. Du hast schon viel und bist schon viel. Dein Name ist bereits eine Steigerung: Volker. Du hast das bedichtet in den Tagen, als die 250.000 Menschen die Losung »Wir sind das Volk!« durch den Ring in der Stadt Leipzig skandierten. Zurecht steht als Motto vor dem erschütterndsten Amateurfotodokument jener Tage, dem *Demontagebuch*, Dein Statement: »Wir machen die Erfahrung der Freiheit / Zuerst auf den großen Straßen von Leipzig.« Nun also der 60. Geburtstag. Marc Aurel stellte für sich und die Seinen fest, mit 40 Jahren habe einer, offenen Sinns und in angemessener Position, alles erkannt und erreicht, was er wünschte, nunmehr kann er sich gemächlicher Betrachtung widmen, nichts Neues findet sich unter der Sonne. Doch Geschichte verläuft nicht linear, heute passiert mehr in unseren Lebensphasen, nicht mal 60 Jahre gelten als respektables Tableau.

Volker Braun als Rentier – undenkbar! Sein letztes Foto, das mir bekannte Frontispiz eingangs seiner gesammelten *Äußerungen* von 1998, spricht dem Hohn. Schriftsteller, Künstler aller Art gehen ja ohnehin nicht in einen Ruhestand, Volker Braun gleich gar ist einer Abgeklärtheit im Marc Aurelschen Sinne erst recht unfähig. Er wirkt ganz unverblümt jungenhaft, hell, der Welt aufmerksam und freundlich zugewandt; seine modischen, natürlich schon grauen Rasierstoppeln unterstreichen das noch. Sein samtnes Dresdner Sächsisch mit den schwachmelodischen Abschwellungen erinnert an Gliedrgeluggertsein, ist ein Dialekt ohne Wald, doch mit Wiesen und Flüssen. Ohne Pathos rezitiert Volker seine Texte, wo es nottut aber mit Schärfe. Mit Gedichten, der zartesten, zugleich umfassendsten Hinwendung und Hingabe an die Welt, ist er als Schüler, dann Kipper im Braunkohlenbergbau hervorgetreten, unglaublich viel hat er geschaffen, nicht alles veröffentlicht. Bildung hat er aus aller Welt, aus der Geschichte aufgenommen, auch gedanklich durchdrungen – es sind am wenigsten die Germanisten, die einen guten Essay zu schreiben verstehen. In seiner *Fabrik* beschäftigte Volker sich, glaube ich, seinen Leb- und Arbeitstag lang mit allem, was uns unter den Nägeln brennt. Er war und ist noch vor allem ein politischer Dichter. Somit beschäftigten sich hinwiederum die Politiker mit ihm, speziell ihre ideologischen Unteroffiziere, die Zensoren. Beschriebe man den Umgang eines Dichters mit diesen Leuten, wäre das ein Riesenkapitel von Verdacht und Niedertracht, von Zweifeln und Verzweiflungen und, nicht zu vergessen, von Lächerlichkeiten. In einem Reclamband mit seinen Gedichten hatte Braun Ende der 60er Jahre zur Leipziger Frühjahrsmesse noch nicht veröffentlichte Texte vorgestellt, so auch einen über den damals noch in der DDR lebenden, schon verfemten Reiner Kunze; die Gedichtüberschrift lautete: *Für R. K.* Ein Hauptverwalter intervenierte: »Das Buch muß raus, wer R.K. ist, weiß doch jeder.« Volker Braun, der in diesem Gedicht wunderbar eindringlich gemahnt und in den letzten Versen gefragt hatte, ob denn bei uns »auch nur / Einer« verloren gehen dürfte, entschied ohne Zögern: »Wir schreiben drüber EINER«. Das gelang, der anonyme Eine verwandelte sich flugs in einen jeden, laut ministerialer Anordnung bekam er die materielle Gewalt der Massen. Nun, Reiner Kunze ging dann trotzdem verloren, die Zeiten waren nicht danach, wie jeder weiß.

Die für ihn größte Wirkung erzielte unser Geburtstagskind auf dem Theater, nicht unbedingt bei allen Theaterleuten. Manche habe ich sagen hören, der Hacks spielt sich besser, wir brauchen »action«, das Publikum will leichter verständliche, nicht so gedankenbeladene Vorgänge sehen, am besten die Hülle offen. Ohne Voraussetzung konnte und sollte man den hier von Braun gestifteten Bilderbogen in der Tat nicht sehen – angefangen vom Stück zum Vorgang aus einem altchinesischen Stoff, wie der Bauer zum Kaiser wird und den großen Frieden herbeiführt, über den Simplex Deutsch im 30jährigen Krieg, ferner den Aufstieg und Sturz des Demetrius in Rußland, über Che Guevara und sein Ende bis zu seinen Gegenwartsstücken *Die Kipper, Hinze und Kunze, Tinka*, um nur die wichtigsten zu nennen. Ich hatte die Ehre, bei der Planung und dem Entwurf des *Dmitri*-Stückes dabei zu sein. Die Selbstverständlichkeit, mit der er den Torso Schillers vor seinem Tode anging, ohne jede Devotheit ihn bewundernd, doch auch kritisierend und für uns ummodelnd, das bewunderte ich nun wieder: Wie Volker ihn herzlich »Fritz« titulierte, das mußte man aus dem Munde des Nachfahren selber hören. Und auch das ist typisch: Braun ließ die bereits vollständig überlieferten Schiller-Szenen unangetastet vor seinem eigenen Stück über die Bühne gehen – das war riskant, das war Löwenmut.

Als der sogenannte real existierende Sozialismus zu existieren aufhörte, mußten wir alle, zumindest vor uns selber, den Offenbarungseid ablegen. War's das nun gewesen, war nun die Weltgeschichte um eine große Revolution ärmer geworden und alles, was wir unter ihrem Auspizium erstritten, erlitten und ausgefochten hatten, untergegangen in bodenlosem Staub oder, mit Hegel, in wesenlosem Scheine? Am 17. Juni 1953, als die Bauarbeiter an der Berliner Stalinallee den Aufstand gegen die immer schamlosere Unterdrückung des SED-Regimes losgebrochen hatten, suchten wir Rat und Richtung bei den heimlich von uns Erwählten. Brecht war so ein Leuchtturm, meinten wir, aber der schwieg zu lange, nur Esoterisches kam von dort. Jetzt hatte, wie ich denke, Volker Braun diese Leuchtturmfunktion nicht nur für mich. Der gab sie erst mal für sich in Stücken, die mir oder durch mich einen verwirrten Eindruck machten, mitunter auch einen depressiven. Aus dem Jünger der Mutter Courage war ein Pilger zu dem Engel Melancolia geworden. Nach 9 Jahren sehen seine *Äußerungen* schon anders aus: skeptisch und auch voller schwarzem Humor. Obwohl er nach dem zynischen Schicksal seiner *Unvollendeten Geschichte*, die zu den schönsten Texten deutscher Sprache in unserem Jahrhundert gehört, in der wirklichen Geschichte fast zu verzweifeln schien, indem seine Opfer als ekelhaft dreiste Täter der Staatssicherheit und deren heimliche Regieknaben gegen den Braun sich entpuppten – dennoch hat dieser den Mut nicht aufgegeben und seinen Text als dadurch erst recht unvollendet erklärt. Ecrase l'infâme!

  Bleibe gesund, alter Volker, bleibe unser Leuchtturm!
    Ich sage es altmodisch: ich bin stolz,
        daß es Dich gibt. Dein alter Freund
            Jürgen

Kathrin Schmidt
Früher las ich allein

Für Volker Braun, der mir einmal das Wort Provinz buchstabierte, auf daß es mir dennoch schmecke ...

Früher las ich allein. Die größeren Städte nannte ich illuminiert. Natürlich waren sie nichts weiter als spärlich beleuchtet. Ich lebte in einer verdunkelten ostdeutschen Kleinstadt, von der aus jede Peitschenlampe ein Flutlicht geheißen sein mochte. (Aller Vergleich hat sein Hinken. Dieser hier krankt am nachgezogenen Bein des späten Erinnerns ebenso wie am Fortbestehen seiner Verhältnismäßigkeit.) Ich las allein. Unter Strom. Mit eingewinkelten Beinen, eingewinkeltem Blick, das Herz unterm Arm. Alles war kleiner als ich, alles größer, es fehlte mir an Substanz, von der aus ein Ordnungssystem hätte gelingen können. War ich wütend, bekam ich ein Kind. Für mich die geeignetste Art, Dampf abzulassen. Zu schnauben. Jene Muskeln spielen zu lassen, die kein Mann jemals haben kann. Dachte ich damals, mit eingewinkelten Beinen, eingewinkeltem Blick, das Herz unterm Arm.

Noch heute rätsele ich, wie mir unter diesen Umständen *spüren* gelang. *Spüren* nannte ich jene Erregung, die Texte in mir auslösen konnten, die ich eigentlich noch kaum verstand, aber wußte, daß sie mein Sprechen ändern mußten. Unter den Beispielen nenne ich Irmtraud Morgners Troubadoura und deren Spielfrau, die ich mit vierzehn begleitete, Elke Erbs Geduldsfaden, ja, auch Grass' trommelnden Oskar, vor allem aber einen Essay Volker Brauns, anscheinend zu Rimbaud[1]. Was er auslöste, war eine Art Anfallsäquivalent, ein nicht kontrollierbares Zucken der tiefer gelegenen Schichten. Zum Glück war ich inzwischen siebenundzwanzig geworden und kannte mich ein bißchen aus im körperlichen Untergrund. Die Galle steinte (Provinz und Revolution?), die Schilddrüse machte mich wirr und beweglich durch Übererfüllung der eigenen Hormonproduktionsplans (Ausschluß und Vereinnahmung?), das Gewicht geriet ganz aus den Fugen (Mütterlichkeit und Unterwerfung?), kurzum: Ich war gewarnt. Mein Herstammen aus einer Enge, die mir bislang den Widerstand geboten hatte, gegen den ich anschreiben konnte, erschien fortan auch als Mitgift – ich war zum Glück, ahnte ich, gebunden worden auch im guten Sinne an einen überschaubaren familiären Binnenraum, in dem ich als Kind ein Minimum an Sicherheit hatte erwerben können, in dem es stabile Beziehungen und, ja, Geborgenheit gegeben hatte. Das Nest, in das man mich hineingefärbt hatte kurz vor Ostern, war nicht von Anfang an eng, war auch Schutzhülle gewesen, ein Übungsplatz möglicher Bindung. Ich fühlte mich lange Zeit sicher. Ohne dies hätte ich die Enge nicht wirklich erleben können und

[1] Rimbaud, Ein Psalm der Aktualität, Sinn und Form 5/1885

nicht, wie sie mich abstieß. Beinahe hatte ich es vergessen ...
Ich selbst bin in meiner Arbeit nie zu einer Dialektik des Denkens gekommen, wie sie Volkers Arbeit eignet, sie auszeichnet. Ich sage das neidlos, ablehnend gar in der Furcht vor der Anstrengung, die mir konsequentes Denken bereitet. Aber im Sehen bin ich nicht ganz schlecht geblieben, im Sehen habe ich womöglich meins gefunden, und aus der Ferne denke ich, daß ich damals jenen Rimbaud-Text hernahm wie mein Sohn seine rote Klarsichtfolie gebraucht, die ihm des Rätsels Lösung verrät, wenn er sie am Ende einer Detektivgeschichte auf ein Feld anscheinend wahllos zusammengeschnürter roter Kritzel legt. Er erlebt, sagt er, die Geschichte vom vorläufigen Endpunkt her und in Kenntnis des Täters und der Beweise seiner Tat noch einmal anders, viel klarer plötzlich.

Wer andern ein Ei ins Nest färbt

muß nicht kuckuck schrein
kann aber klang im namen tragen und ohne unterleib sein
ich zum beispiel habe die welt erreicht an einem eher eng zu nennenden ort
in einer eher eng zu nennenden landschaft die von bergen umstellt
am thüringer becken hing mein nest war mir sicher nie
hatte ich furcht der vorrat wolle nicht reichen und daß mir
die kleider schnell platzten aus den volkseigenen nähten war
meine wie meiner mutter und großmutter absicht
die wände schienen noch ganz zum schutz ums familiäre gestirn
gezogen ums tägliche zuckerei und die freitagswäsche
die enge machte zum beispiel daß ich sie kennenzulernen vermochte
daß ich all ihre winkel und kleinlichen öffnungen kannte ihren geruch ihre
hitze die in wechselnden streifen von kälte durchzogen schien
ich hockte einfach im nest und wartete ab während man mir
die füße die finger den kopf auf die keimende brust band was ich genoß
um der klaren grenzen willen die man um mich gezogen hatte
noch wußte ich den einen den anderen begehbaren schrank aus dem das eine
das andere stück zum zweck der verkleidung leicht zu entnehmen
und nachher leicht zu verstauen schien denn gebunden ans nest
hab ich sehr gern geklaut bin plündernd durch die provokationen gezogen
mit eingewinkeltem herzen eingewinkeltem blick

(nach aufrechtem gang kein verlangen die hände vorm schoß)
so einem kind wie mir haben die sachen nicht passen wollen
die ich mit vorliebe trug manchmal erbte und färbte in kirsch oder braun
die ich endlerte und auftrug bis zum abmickeln ohne daß irgend jemand im nest
davon sprach ich hatte immer einen aufsatz im blut reifen
der sich nicht leichtfertig aufsagen ließ oder aufschreiben ohne daß eine leise
ahnung seiner struktur in mir zu ankern versuchte
so ging ich langsam ans platzen nicht mit effekt nicht
mit hörbarem knall einer merklichen druckwelle gar ich ließ nur
die beine ein bißchen baumeln über den rand (ein buch in der hand)
inzwischen von kindern umstellt deren zungen bös zu reden verstanden
zuerst lösten sich auf sehr einfache weise zwei knoten
in tief gelegenen gefäßen ließen so manches organ
in blüte geraten beispielsweise die augen die anders zu sehen vorgaben
oder die milz die mich fortan zu schützen vorgab vor legionellen und
wundbrand später leckten die adern luft arme beine und kopf lösten sich
von der brust daß druckstellen sichtbar wurden ich aber im großen und
ganzen was dechiffriert natürlich im kleinen und halben nur hieß
wirklich ein dickes ei blieb fremdgelegt in ein (wenn auch)
enger werdendes nest und von unterleibslosen vögeln
mit falschem (wenn auch) futter gestopft

Jo Jastram

Mein lieber Volker!

Wir wissen beide, daß ein Porträt im besten Falle die ehrliche Vergegenständlichung eines Verhältnisses ist – eines Gegenübers von dem Porträtierten und dem Macher.

Im schlimmeren Falle die Selbstverwirklichung eines Machenden anhand eines Anderen.

Das Richtige fällt schwer, um so älter man wird, – man weiß mehr und will vielleicht zuviel.

Aber da bist Du – still und freundlich wie immer, Dich vorsichtig einfühlend, bescheiden, zurückgenommen, uneitel.

Du sitzt auf dem Hocker mir gegenüber und lächelst Dein Lächeln, das so sinnlich ist um den Mund herum – auch so verletzbar.

»Ich saß ganz stille in der Welt, ein Schlucken unterdrückend – Da jemand an mich dachte (dachte ich)
und konnte mich gewöhnen an den Zustand«
so hast Du geschrieben in einem Gedicht – und so war es denn auch.
In mir waren Deine Gedichte, auch Stücke und Prosa und die Aufgabe, die fast hilflos machen kann: wie bringe ich es fertig, in dieses Gedicht voller Wärme und menschenfreundlich unauffälliger Besonderheit jene Tiefe des Nachdenkens und Betroffenheit vom Tun der Menschen hineinzubringen?
Nur der Teufel weiß, ob ich das schaffe!
In Hesses Hochsitz zitierst Du Brecht: »Die Widersprüche sind produktiv zu machen!«

Ich will es versuchen, mein teurer Freund!
Ich wünsche Dir das Allerbeste!
Dein alter Jo Jastram

Jo Jastram modelliert
Volker Braun, Herbst 1998
Foto Helga Paris

Jost Hermand
Das Nichtgelebte

Lieber Volker, lieber Volker Braun, lieber Herr Braun.
So oft war er nah – und doch immer wieder so fern wie auf einem anderen Planeten. Daran waren Zufälle und verpaßte Gelegenheiten, aber auch innere Hemmnisse schuld. Als er einmal nach Madison kam, sah ich ihn – wegen dummer Terminverschiebungen – nur fünf Minuten auf dem Flugplatz: er gerade angekommen, ich gerade wegfliegend. Und doch hätten wir fast »Du« zueinander gesagt. Und auch bei einem der Berliner Brecht-Tage, auf dem er sein vielfach verschlüsseltes Walter-Benjamin-Gedicht interpretierte, ergab sich zwischen uns beiden nur ein kurzes Gespräch. Jahre später, als ich in der Literaturwerkstatt am Majakowskiring einen Vortrag hielt, mußte er gerade zu einer Generalprobe nach Magdeburg – und so blieb es bei einigen Worten übers Telefon. Ja, selbst bei einer Tagung in Hofgeismar über »Zensur«, als wir endlich nebeneinander saßen, waren das Thema und die Atmosphäre so erdrückend, daß wir beim Abendbrotessen – angesichts der ideologischen Verbohrtheit vieler Teilnehmer – zwangsläufig verstummten.
Daher blieb es vorerst bei einigen Briefen über meine Interpretation seines Dramas *Großer Frieden*, das 1979 seine Uraufführung im Berliner Ensemble erlebte. Ihnen folgten das Manuskript seiner *Übergangsgesellschaft* sowie eine Reihe von Widmungsexemplaren aus seiner und meiner Feder. Mehr ergab sich leider nicht. Und doch war da – trotz der Spärlichkeit der Kontakte – immer das Gefühl einer inneren Verbundenheit, ob nun vor oder nach 1989. Schließlich ging es uns beiden stets um jenen utopischen Augenblick, dessen gesellschaftliches Potential sich – fatalerweise – bisher nur im Einzelnen, aber nicht im Ganzen realisieren ließ. Dennoch hofften wir beide (und hoffen es trotz aller Eindüsterung wohl immer noch), daß sich an diesem Stein des allgemeinen Anstoßes jener Funke entzündet, in dem sich ein Vorschein auf das noch Ungelebte, Andere, Bessere andeutet.
Ich war daher glücklich, als ich in einer Publikation über DDR-Lyrik zufällig auf ein Bild von ihm stieß, auf dem er an seinem Schreibtisch neben einem Bücherstapel steht, auf dem als oberstes Buch mein Sammelband *Orte. Irgendwo. Formen utopischen Denkens* von 1981 liegt. Keins meiner Bücher hätte ich lieber dort liegen sehen. Was ihn wohl an diesem Band, der unter anderem Aufsätze wie *Von der Notwendigkeit utopischen Denkens, Utopisches bei Brecht, Ganze Tage unter Bäumen. Ökologisches Bewußtsein in den Utopien des ausgehenden 19. Jahrhunderts, Zukunft in der Vergangenheit. Über den Gebrauchswert des kulturellen Erbes* und *Jenseits von Job und Freizeit. Zur Utopie der »Freien Assoziation der freien Produzenten«* enthielt, interessiert haben mag?
In den Ohren jüngerer Menschen klingen solche Titel heute sicher etwas antiquiert. Doch für Menschen seines und meines Alters, also die zwischen 1930 und 1940 Geborenen, zu deren großen Entdeckungen das »Prinzip Hoffnung« gehörte, waren dies für lange Zeit die entscheidenden Themen. Allerdings wurden solche Menschen schon vor 20 bis 30 Jahren – hüben wie drüben – von den Vertretern des Status quo als dumme Idealisten angesehen, die nach den Erfahrungen des Faschismus und Stalinismus noch immer nicht eingesehen hätten, daß die Welt nun einmal nicht zu ändern sei. Doch solche zynischen »Weisheiten« stießen bei den wirklich Engagierten schon damals auf taube Ohren. Denn für

jemanden, der sich einmal eine konsequent dialektisierende Optik angeeignet hat und somit alles Vergangene und Gegenwärtige zugleich im Hinblick auf das in der Zukunft Mögliche betrachtet, gibt es schließlich kein Zurück mehr. Für Menschen dieser Art – und ich halte Volker Braun für einen der verzweifelt-hoffnungsvollsten unter ihnen – wird jeder Moment ihres Lebens und auch jede gesellschaftliche Situation, in der sie sich befinden, neben dem Glück über das gelebte Leben stets auch den Schmerz über das ungelebte Leben enthalten, das sich wegen der Widrigkeit der Verhältnisse nicht realisieren ließ.

Und so sind wir zwar keine Freunde, aber doch Vertraute, wenn nicht gar Verbündete geworden, denen es nicht nur um die Selbstrealisierung ihres eigenen Ichs ging, sondern die sich zugleich nach jenen »Unorten« sehnten, die sich früher einmal am verheißungsvollen Horizont der Utopien abzuzeichnen schienen. Ich weiß, diese »Orte. Irgendwo« sind inzwischen nicht nur von ihren Feinden kooptiert oder ins Konsumistische verfälscht worden, sondern haben nach dem Versuch ihrer gesellschaftlichen Verwirklichung selbst in den Augen der auf sie Eingeschworenen viel von jenem vorwärtsweisenden Glanz verloren, den sie früher einmal hatten. Doch beides sind keine Gründe, sie einfach links liegen zu lassen. Schließlich ist das gegenwärtige Juste milieu ein Zustand, der wegen seiner rasanten ökonomischen Akzelerationsrate, seinem Technologiewahn, seiner unaufhaltsamen Bevölkerungsvermehrung, seiner ökologischen Rücksichtslosigkeit sowie seiner Verflachung aller älteren Wertvorstellungen ins Eindimensionale notwendig ins Verhängnisträchtige tendiert. Das haben nicht erst Adorno und Horkheimer, sondern bereits viele Kritiker vor ihnen als einen selbstmörderischen Entwicklungsgang angeprangert, der in einem skrupellosen Konkurrenz- und Profitstreben resultiert.

Wer angesichts dieses Selbstmordkurses die Hände einfach in den Schoß legt, macht sich notwendig mitschuldig. Man sage nicht, daß eine solche Sicht einem apokalyptischen Denken entspringt. Das ist im Hinblick auf die Irreversibilität der Verschmutzung von Wasser, Luft und Erde ganz konkret gedacht. Überhaupt brauchen sich Utopisches und Konkretes keineswegs widersprechen, wie wir mindestens seit Ernst Bloch wissen. Dieser Gedankengang ist sicher auch Jürgen Habermas durch den Kopf gegangen, als er kürzlich die Behauptung aufstellte, daß sich in allen Gesellschaften, in denen die »utopischen Oasen austrocknen«, zwangsläufig eine »Wüste der Banalität und Ratlosigkeit« verbreite. Diesen Satz hätte Volker Braun auch schreiben können. Ja, er hätte – obwohl, dennoch, trotzalledem – seinen Hinze fragen lassen: »Wann kommt denn die Utopie?« Und sein Kunze hätte darauf geantwortet: »Die kommt nie. Vielleicht, daß wir gehen!«

Pawel Eisner
Steinträger

        eine liebe

                zu den steinträgern

zu

    heloten

        und

           peonen

gastarbeitern

        säckeschmeißern

zu

    kulis

        tippsen

              Pyramidenbauern

Gebeugt
  übern

        Steinbruch

                der Weltwunder

  Gekettet
ans Fließband

            der Kathedralen

        wühlend

            in den Fundamenten

          der

        Stadionen   Tempel   Labyrinthe

                                                verschlungen
                                    vom metabolismus der maschinen

       aufgebraucht

                    erschöpft

                              verfeuert

       im großen

                         raubbau

                    an der quelle.

       knöchernes
                         sehniges

       sprachbegabtes

                    abgestumpftes

              angesetzt
       zwischen entwurf und erde

                              vergehend

                                   in der
                                   alchemie des schweißes.

Es war die Zeit

der Bettler
und der Rosen

Sänften
trugen Außerwählte

umgeben stets vom Duft
  der Blüten

daß kein stechender
  Geruch
       sie je durchdringe

aber   der gefährliche

seitenblick

beim
Kauf der Sklaven

     Gesicht
hell, rein
      gelbhaarig

bei den gefangenen Germanen

oder

    Gestalt
         vorüberziehend
                  schön
    in den dunkelhäutigen Kolonnen

und auch manch schreiber

    wurde

           irre

vor der Liebe

                zu den Steinträgern

Peter Wawerzinek
Eine ewige Zeit gibt es alles ohne Gewähr

Den Dichter hat man reden zu lassen, nicht den Kopf zu wenden, ihm gar ins Gesicht zu offerieren, daß er erwachsen wird. Wer sonst ist der Narr, füllt die Rolle, in dem er aus der seinigen steigt. Oder um es gütlicher zu fassen. Vor Jahren, die Wälder waren verschwunden, hatte ich ein Stück Land (immerhin sieben Säulen stark) bekommen. Fragt wie ich in Besitz kam, wer mich gewählt und welche Verrenkungen ich getätigt, von Freunden (wo sie es waren) mitverantwortet. Ich baute Worte an. Ich stellte das Haus am Rande des Feldes. Die gute Stube stinkt nach Kunst. Ich lebe in dem Haus und triumphiere auf meiner künstlerischen Flaniermeile. Das heißt, sie fanden und nahmen mich in Gewahr, daß im Schmutze der Literatur, sprich unter ihrem weiten Rock, ich überlebe. Da stand die Literatur gegen den Literaten, der schlachtete das Lamm, um zu genesen, und wurde Teil vom Regen der das Land mit seinem Blut übersät. Die Ordnung zerbricht, wo man Dichter verneint, ihn fortwirkt, sich seiner Überhand entzieht. Die Muse ist loszutrennen, hat sich zu verfatzen, wenn Ideen verhandelt werden. O ja, ich zeige Anzeichen von Verfall, das heißt, ich verstehe mich gut mit den Elementen der desolaten Welt. Weiß den Tag noch, da standen die Verwandten, blickten auf meine Seidenfliege, die im Dreck lag. Ich stellte den Fuß drauf, keilte mir die Faust ins Hirn, war so unsagbar entschlossen, sah den Raum von Zähnen umstanden. Das Tor ein Tiermaul. Spürte, die Jahre, die es fressen werde, mich zum Tiermaul zu wandeln. Wohnte im Sprachraum sieben Sommer, hob an Lobgesänge auf Mädchenzöpfe, was das Ende meiner albernen Jugend geheißen war. Also erstarb die Zeit der kleinen Sprünge und die des aufrechten Ganges in Glockenhosen. Schenkte mir eine Zunge. Brachte mir das Sprechen bei. Das heißt, ich wurde mir eine schöne Möglichkeit wider dem staatsergebenen Wesen und der Dressur. Entkam dem Elfenbeinhimmel, lernte ihm entsagen. Gottlob sind Zungen glatt und glänzen! Oder sie sind stumpf und belegt wie ungebranntes Leben. Ich werde nicht dem Übervater appellieren, will mein Maul aufdrehen, Lärm schlagen. Ich bin so voller überfälliger Ausbrüche. Daß ich noch stehe, verdanke ich meinen Anfällen und meiner freiwilligen Suspension aus den Reihen der Akademie. Ein Diener meinerseits, verschenke ich mich in Spelunken und untragbaren Instanzen. Helft dem Heiler Müller. Laßt sein Leisesprechen tiefer Stücken. Und sorgt euch wider dem Schlingensief und seiner Unfrequenz. Was schert den Dichter aus, was ruckt ihn durch die gebückte Welt? Ich sehne mich. Ich suche dem Gespött auf die Spur zu kommen. Suche Freiheit für mein Rollstuhlhirn und rufe den Vater nicht an, sondern die Hingebung selbst. Ich war allein mit mir und bekam die Literatur, das heißt, ich wollte mit ihr gut sein, mit ihr streiten, ja sagen zu ihr und damit sollte es in Ordnung sein. Faßte ich deswegen Weiber an, drückte ich sie wo sie mich zwangen, gab ich nach und stand für sie, wenn einer ihnen den Stinke tigerte. Klar stand ich und wohlerzogen in Verantwortung dem Dostojewski gegenüber und seinem Lotterweib. Ein guter Mensch, der sich am Spiegelbild saniert. Sprich, ich liebe eine Stunde und hasse dreiundvierzig. Sprich, ich liebe mit den Augen nicht mit dem Herzen und denke, die Dichtung wäre vergänglich und will eine Pilgerfahrt machen, auf in die Lebendigkeit der Stadt. Das meint, ich will der Literatur als Dauergast dienen, mich von ihr im höheren Bogen rausschmeißen lassen. Sprich: Die da nicht abkappen, müssen ihr Land verlassen, hinfort mit ihnen und eine leichte Musik dazu gedröhnt bis über die Wolken, dieser verlogenen Anmut, dieser Fabrik für Weihrauch in den Hintern getreten. Allen. Es strecke die Fleischerfaust den Fleischer. Oder er frißt sie auf und hat zu knabbern bis spät der Morgen tagt. Nach diesem Ausruf wurde ich in der Gasse angenommen und baute mir ein zweites Haus. Das heißt, bis auf die wenigen Tage habe ich mein ganzes Leben mit Literatur verbracht. Vorm Haus vegetieren gewöhnliche Verbrecher. Die zetteln Schlägereien an. Die halten dem Buhlen die Nase zu bis er tot ist. Sprich, Hunde mögen mich. Hunde sind bessere Kerle vor der Tür. Abdankt die Danksagung, der Gemeindechor. Nicht den Marionetten verfallen. Nicht ihren Leinen gehörig werden. Besser Brust Korb gegen Korb Brust und intensiv am Schlag abtragen. Genick gebrochen gehört uns, auf den Mund gehauen, das wir nicht sprechen. Allah rufe ich an, der ich ungläubig war, möge der mich als Bettler auf der Straße treffen, mitsamt der Literatur, die sich nicht erkundigt, wie es uns neben ihr geht. Sprich, ich weigere mich, will nicht hoffen. Sag dir jeden Tag, es bleibt keine Zeit für Kosmopoliten. Vertraue dem teuflischen Klatsch auf dem Weg zum Gipfel, der nur ein Weg unter der Hand ist, eine Person, die nicht gefilmt werden möchte. Literatur hat ihre Lieferanten. Möge der Blitz sie verbrennen, am Ufer des blauen Tages, wo wir ruhen über die Felsen hinab. Und die Pappel ragt für das letzte Blatt, das keinen Nacken findet, um auszuruhen. Es lebe der direkte Kontakt, das Gespräch - und sei es der ununterbrochene Monolog. Vivat Volker fast wie Völkerhört. Sprich, ich kann nicht unendlich unanständig gesund sein, zum Wohl welcher Kinder überhaupt. Am Rest der Welt habe ich mich verbraucht und erhoben, auf Schulterblatthöhe des geschichtlichen Straßenköter gebracht. Sprich mit Ricarda Huch. So und ab hier müßte die Werbung einsetzen, meinen Namen bis zum Himmel schreiben, in einer den Frauen genehmen Schrift. Die Sterne rufe ich an und nicht ein Echo kommt als Echoall zurück. Grüßt mir die Zeitungsfrau, gebt dem Kellner zwei Nettigkeiten als Obolus. Das Theater zieht um, die Verballhornung geht weiter. Sprich, das Meer schließt seinen Mund, die blaue Schwinge hebt. Sprich, Pferdeärsche mag ich nicht. Was sonst noch hält um unsere Hand an bis wir verschwunden. Entriegle dein Portemonnaie um dir die Welt zu kaufen. Sei halb kein Mensch, sei halb das Monster, halb Krise und trotze der Literatur. Zuhauf bin ich auf der Straße und ich bezahle alles mit meiner Geduld. Schau dir die Hure an, die über allen Moscheen streikt. Will für Erziehung und Verkündung stehen, ohne Erlaubnis zu erflehen, der Katastrophe beizuwohnen. Wenn ich dagegen tot bin, wer wird mich angreifen, mir ungehorsam sein. Was geschieht, ich verrichte die vorgeschriebenen Gebete, den Blick nach Mekka gerichtet, gebe ich Morse weiter. Das heißt, ich kann nicht mein eigener Großvater sein, so jung und unbekümmert ich auch bin. Da hilft nur Tanz, der Schmerzen lindert. Reicht den Besen zum Glauben an Besentanz. Hier boome ich! Nicht in Wien, nicht in Toki oh wachse ich mich aus, zucke in Jamben wilde ganz und gar verderbte Tänze. Und wenn ich schwitze, hänge ich die Wäsche quer der Straße hin. Ihr Ungläubigen aber befragt euren Kaffeesatz, sucht dort zu kuppeln. Erstickt in eurer Wahrheitshaut, derweil ich meine Kunst an unbestätigte Charaktere binde. Denn die Dampfer sind da wo ihr sie nicht ziehen seht, sind Risse unterm Eis. Springt auf, na los springt auf! Zum letzten Gang, der puren Poesie, für die Liebe gemacht. Ihr müßt verdammt die Kraft aufbringen, feucht zu werden mit den dunklen Wassern, in die hinein ihr zu Grunde geht. Dem Schoß entgegen, der letzten zu vergessenen Helle und Qual. Dem ersten Tag entgegen. Immer fehlt wer hinlänglich. Von Mal zu Mal ist es das Seil, die viel zu kurze Stange. Und vor allem Mut, der nicht aufgebraucht ist. Der Rest wird einer Polizei vermeldet und die füllt dann Aktenschränke, füttert ihre Laffen.

Stefan George für die Mithilfe gedankt
Volker Braun alles Gute gewünscht

Klaus Staeck

Kerstin Hensel
Die Panke

Schluß mit Lustig in Preußen! In Pankow
Wo nämlich *die Mächtigen haben*
Gebaut, still ist es
Auf Erden, und ungestalt *stehn*
Die betroffenen, wir
Sind Illegale am donnernden Rotlauf des Rinnsals

Der Botschaften neue Eigentümer
Wässern die Gärten und trimmen
Historical correct den Fortschritt
Wer am Leben noch ist dem reicht
Eine Schnabeltasse
Zum Schnabulieren: Champagner!
Fließt pinkepanke klappert das Klärwerk

Der Tod ungebremst schwarwenzelt
Von Talkshow zu Talkshow: die vollendete Geschichte
Beliebiges Schlendern doch

Weltzweifelnder, kommst du nach Dresden
Stehn Operngeneräle im Wind-
Jammer ostelbisch segelt man
Nach dem Taktstock der Treiber

Es war zu früh zu spät

Schrill ist es
Auf Erden. Die Flüsse vertagen den Lauf und *begierig sind wir*
Zu schauen die Nacht.

So siehst du ungehalten: Hoffnung die uns hält
Da wo ein leeres Blatt liegt vor dir stimmt die Welt

Eduard Schreiber
Banale Tage Connewitz

Albin saß vor der Wirtschaft »Zum Goldenen Bock« unter der Kastanie.
Bei einem Bier sah er auf die Straße.
Die Trambahn Nr. 11 schob sich kreischend aus einer leicht abschüssigen Kurve herauf stadtwärts, auf der hinteren offenen Plattform stand ein Mädchen im blauen Kleid. Die Hauptstraßen bildeten hier ein Y. Niemand wußte so recht, wer die Vorfahrt hatte (Anton, der Kellner, zählte die Karambolagen auf der Kreuzung), als ein Lastwagen sich näherte, bei dem die linke hintere Feder defekt war. Albin sah, wie der Kasten fast auf dem Vorderrad hing. Der »Phäno« kam aus einer Straße, die als dritte in die Gabelung einmündete und die Verwirrung komplett machte. Er hatte Gipsbeine geladen, wahrscheinlich aus dem Elisabeth-Krankenhaus, das ein Stück weiter stadtauswärts lag, war am Fenster von SOUNDSO vorbeigepresscht, der ZU EBENER ERDE wohnte, der Fahrer hatte das Mädchen auf der hinteren Plattform entdeckt und wollte näher ran, ging forsch in die Kurve, schabte an der Straßenbahn entlang, sein Kumpel, der inmitten der aufgeschnittenen und zerfetzten Hülsen in einem Polstersessel lag, wurde gegen die Ladewand geschleudert, reagierte auf die Verrücktheit des Fahrers nicht, sah zum »Goldenen Bock« herüber.
Wahrscheinlich hatte der Gipsstaub ihm die Kehle ausgetrocknet. Und schon war der LKW verschwunden.
Anton kam herausgestürzt, um zu sehen, ob er einen Strich in den Türstock ritzen könne. Albin stellte sich ihn mit einem solchen Gipsbein vor. Ohne Schürze, in seinen schwarzen Keilhosen und der kurzen grünen, auf Taille gearbeiteten, mit roten Paspeln besetzten Lederjacke, sah er aus wie der OAS-General Salan. Gips über der schwarzen Keilhose - Anton würde das Bein in leicht kreisenden Bewegungen über den Kies führen und das Kreuz noch mehr durchdrücken als sonst. In der Wurzel des Y tauchten jetzt zwei Arbeiter in blauen Latzhosen und gelben Nickihemden auf, stellten eine Leiter an den Lautsprechermast in der städtischen Anlage und begannen, daran herumzufummeln. Von Zeit zu Zeit spritzte ein Fetzen Marschmusik aus dem Trichter, wohl immer, wenn sie per Zufall den Wackelkontakt außer Kraft setzten. Anton wedelte einmal sein Serviertuch um das Handgelenk, verschwand im Innern und brachte Albin ein neues Bier.
»Ich kann einen Ledermantel kaufen. Billig. Hundert Mark.«
»Ach, Ledermäntel sind doch niscnt. Wer trägt'n heut noch sowas?«
Anton zuckte die Schultern und machte kehrt. Im Vorbau begann er, die Stühle von den Tischen zu nehmen, aus jedem Dorf einen Hund. Das scherte niemanden. Hierher kamen die Männer, um Bier zu trinken. Mit dem SOUNDSO (damals noch der Braun) saß Albin hier, der wollte raus aus dem ZIMMER MIT DEN GEKALKTEN WÄNDEN, wo DES SALPETERS MAUERBLUME BLÜHT: Albin erzählte einmal einen Traum. Sie hätten einen Mann im SCHLAMM gefunden, nach langem Suchen, an einem Ort, der wie eine verlassene Römersiedlung aussah. »Wir zogen ihn aus der schmatzenden Erdschicht, zu zweit, ringsum nicht mal Hunde. Der Mann war leblos, möglicherweise schon tot. Wir legten ihn auf einen Schweißertisch, dunkel fiel Licht auf das narbige Eisen. Da hilft nur ein Luftröhrenschnitt, sagte mein vierschrötiger Kumpel, setzte das Messer an und stieß es hinein. Dann gingen wir durch die leeren Baustellen, einen Sanitätswagen zu suchen.«

Anton brachte Bier, der Tankwart von nebenan rief »Herr Anton, mir ein Großes!«
Einer der Männer im gelben Nickihemd steuerte auf eine Kastanie, trat zu Albin
an den Tisch: »Sind sie Klempner?«
»Nein, aber ich kann Ihnen eine Badewanne für Ihren Schrebergarten verkaufen«.
Das waren so die Reden.
DIE GANZE STADT KOMMT HEREIN MIT IHREN SORGEN/ HÄLT MIR IHR GESICHT
HIN, DAS WARM IST/... hatte der B. gerade in seinem ZIMMER geschrieben.
Hubert mit der lilafarbenen Nase saß den zweiten Tag schon hinter dem Foto der
Schlagersängerin Bärbel, gegenüber der Theke, besah sich ein französisches Akt-
magazin, das ihm Anton zugesteckt hatte, trank BALKANFEUER; trat ein Lauf-
kunde ein, schob Hubert die LEIPZIGER VOLKSZEITUNG – Organ der Bezirkslei-
tung der Sozialistischen Einheitspartei Deutschlands – über das Magazin und
kicherte in sich hinein, weil er mit einem Organ ein wirkliches Organ zudeckte.
»Noch sind...alle Probleme gelöst. Aber wir sind vorangekommen. Auf dem VI.
Parteitag hob Genosse Walter Ulb... hervor, die im Kunstwerk gestalteten Erkenntnisse und Gefühle dienten... orallschen Veränderungen des Men... im Geiste des
Sozialismus...«, an den Knickstellen waren die Buchstaben schon nicht mehr les-
bar, die Zeitung war nicht mehr frisch.
Der Arbeiter war zur Leiter zurückgekehrt und zuckte mit den Schultern. Der
zweite stieg zum Trichter hoch, rüttelte, da platzte diese Marschmusik in den
blauen Fahnenhimmel, der Stadtfunk meldete Jugendfest in Lindenau, mit Jazz
und einer Gruppe aus Dresden. Jugendkommuniqué. Zeilen aus dem Gedicht vom
SOUNDSO. Die Straßenbahn Nr. 11 erschütterte erneut das Leitungskabel, im
Knattern und Knacken war zu verstehen ZERSPRENGT DIE FESSEL PART..., Albin
und Anton tauschten einen Blick, darauf lange Pausen, Zischen, Klopfen, die Stimme des Sprechers ging in schmerzhaftes Pfeifen über, schließlich ein letzter Fetzen IST DIE MUSIK DER ZUKU... Die Übertragung brach ab.
Im »Goldenen Bock« war man längst wieder zur Tagesordnung übergegangen.
Anton begann den Privatwagen des Wirts zu waschen, einen Skoda Baujahr 1953,
Albin hatte sein Bier anschreiben lassen.

DER HÖRSAAL war ein Stück in der Stadt. Auf dem Leuschner-Platz traten sie manchmal zusammen, an der trümmerfreien Ecke am Kiosk. Sie verzehrten ein Fisch-Brötchen für 30 Pfennig und machten der Verkäuferin schöne Augen, denn einmal im Monat wollten sie zu dem Brötchen DAS Fischer TAGEBUCH, importiert aus Wiener, zugeteilt bekommen. Die Gedanken brauchten Aufwind, die träger werdenden Bewegungen Brennstoff.
ES WAR DER ERSTE HEISSE TAG DIES JAHR, Professor M. hatte Klaus W. aus
Westberlin eingeladen, der über K. redete.
Da dachte SOUNDSO über seine radikalen Lösungen nach, die in die GROSSE
HOFFNUNG mündeten. PROVOKATION FÜR MICH. Auch Albin fühlte sich fort-
gerissen. Wieder in Connewitz, legte er jedoch Blatt um Blatt in die grüne Wachs-
tuchmappe zurück. Nicht die Hoffnung, das LEBEN.

(Leipzig 1967/1999)

Joochen Laabs
Briefe zweiter Hand oder Georg Büchner

»Junge Autoren des Bezirkes Cottbus stellen sich mit ihren Beiträgen vor, Autoren aus verschiedenen Berufen und verschiedenen Alters, die durch die ständige Mitarbeit in der Arbeitsgemeinschaft junger Autoren ihre literarischen Fähigkeiten rascher entwickeln, um in einigen Jahren in die Reihen der Schriftsteller aufgenommen zu werden«, heißt es 1961 selbstbewußt in *UNSER KLUB*.[1] Nachdem ich etliche Zusammenkünfte der Arbeitsgemeinschaft junger Autoren in Cottbus hinter mir hatte, war mir jedoch mein literarisches Selbstbewußtsein ziemlich abhanden gekommen. Nicht nur, weil mir als erstes beigebracht wurde, daß mit meiner literarischen Naivität und Ichbezogenheit kaum, und ohne ein gediegenes Fundament an Kenntnissen marxistisch-leninistischer Gesellschaftstheorie schon gar nicht, Literatur von Belang zustandegebracht werden kann; sondern weil die Arbeiten von anderen Teilnehmern, die dem offiziellen Wertekanon von Literatur gerecht zu werden sich befleißigten, von ermüdender Biederkeit waren und nichts von der Faszination ausstrahlten, die Literatur bisher auf mich ausgeübt hatte. Weswegen sonst hatte mich die Hybris gepackt, mich aufs Schreiben einzulassen. Es ist möglich, daß ich mich wieder einmal mit der Frage herumschlug, ob ich nicht eigentlich fehl am Platze sei, als bei einer Tagung ein Bündel Texte vorlag – Vorankündigung eines neuen Kandidaten –, die die versammelten schreibbeflissenen Hoffnungsträger, aber vor allem die Ratgeber vom Schriftstellerverband aus Berlin, aus der Abteilung Kultur vom Rat des Bezirkes und wer sich sonst noch in dieser Rolle sah, in Ratlosigkeit versetzten. Die einen mutmaßten einen Adressaten gestandenen Alters, dem Lebenserfahrung zu zwar nicht zu bestreitender Denk- und Sprachkraft verholfen habe, die er jedoch mit jugendlichem Ungestüm dekoriert, wahrscheinlich absichtsvoll, um die Unausgegorenheit seiner Texte zu kaschieren; für andere stand die Jugend des Verfassers nicht in Frage, dafür warfen sie ihm vor, sich an mehr zu vergreifen, als ihm zukäme. Am belebendsten war der Gedanke, daß es sich um einen Scharlatan, einen Täuscher, einen sozialistischen – wozu man freilich vom Widerspruch in sich abzusehen habe – George Forestier handelte. Was einem Westdeutschen Indochina ist, sollte einem Ostdeutschen durchaus Schwarze Pumpe sein. Insofern es sich nicht gar um eine neue Maskerade des Herrn Forestier-Krämer selber handelte. Allerdings eine zu fadenscheinige. Denn als *Briefe eines Verstorbenen*, zweiter Hand sozusagen – was als Lausitzer Tradition hätte postuliert werden können – waren sie zu gegenwärtig-lebendig. Skepsis, sozialistische Wachsamkeit war angeraten. Daß es sich womöglich um einen zeitgeschuldeten Georg Büchner handeln könnte, einen Lausitzer Landboten, jemanden, der die hinlänglichen Maßstäbe sprengt, blieb besser ungedacht. Die geltenden Maßstäbe waren selbstverständlich nicht zu sprengen. Bei einer der nächsten Zusammenkünfte war er da. Verstorbener schied also aus, Fremdenlegionär desgleichen, dafür genügte der erste Blick. Selbst der landläufig übliche Terminus Jugendfreund, den auf seine Art eine kämpferische Aura umflorte, paßte nicht zu ihm. Ein Jüngling, blaß, scheu, der in äußerste Verlegenheit geriet, die Urheberschaft der Texte zu bekennen. So wie er milde, verständnisvolle Worte gegenüber jedermann in einer kultivierten sächsischen Tönung geradezu mühevoll zusammenklaubte, von Zeit zu Zeit mit seiner Brille im Hader, schienen sich jegliche Bedenken erledigt zu haben.

[1] Eine Ausgabe der Zeitschrift UNSER KLUB, **Organ** des Bezirkskulturzentrums der Nationalen Front des Bezirkes Cottbus« von 1961 ist den Schriftstellern von morgen gewidmet.

Volker Braun hätte als freundlicher, verständnisvoller Jungautor in die regionale Literaturchronik eingehen können, wenn er es unterlassen hätte, weiter auf eigene Texte zu bestehen. Und zwar auf solche erster Hand!
Was da zu Worte kam, war so noch nicht gesagt – selbstbewußt, herausfordernd, insistierend. Es zerriß die Phrasen und legte die von Widersprüchen strotzende Realität frei. Es provozierte, und war der Provokation nicht so recht schuldig zu sprechen. Es brachte die simplen Staffagen, auf denen nicht nur die Bezirksgewaltigen ihr kopflastiges Weltbild aufgepflanzt hatten, ins Wanken. Es zielte auf tragfähige Gründung ab. Die jenen über ihre Hutschnur ging. Es trieb den ideologischen Wächtern den Schweiß auf die Stirn. Volker Braun – das war das literarische Bekenntnis zu sich selbst. Mein Zutraun in mein eigenes Maß rappelte sich wieder. Er mobilisierte Selbstbewußtsein. Was kurz darauf zum literarischen Ereignis in der DDR wurde, erfuhr im verstörten Auditorium des Cottbuser Autorenkreises seinen Probelauf: das Training des aufrechten Gangs.
Die Bezirksverantwortlichen erlöste Volker Braun aus ihrem Dilemma, weil sein Maß das ihre überschritt und sich seine Öffentlichkeit bald andern Orts herstellte. Auf einen Lausitzer Landboten war man alles andere als erpicht. Dem, was es zu verlautbaren galt, nahm sich das *Organ des Bezirkskulturzentrums* an:
»Da sind einige noch sehr junge, Hoffnung erweckende Talente« weiß das Organ des Bezirkskulturzentrums in der ihm eigenen Zweifellosigkeit zu urteilen, »wie Hans Weber, Klaus Gerisch, Volker Braun und Joochen Laabs, deren Arbeiten bei allen noch vorhandenen Schwächen bereits Eigenständigkeit und Originalität verraten. Sie tasten sich über kleine Arbeiten an die größere Form heran. Ihre literarische Entwicklung wird entsprechend der Stärke ihrer Talente, ihres Erlebnisbereiches, ihrer Erfahrungen und der Zähigkeit, mit der sie an ihrer eigenen Vervollkommung arbeiten, individuell selbstverständlich völlig verschieden sein.«
Niemand ist beim Denken vor der Wahrheit völlig gefeit.
Neben der Gleichaltrigkeit verband Volker Braun und mich die Dresdner Herkunft. Sie verband uns und unterschied uns: zwei Dresdner, die in gegenläufiger Richtung unterwegs waren. Ich, dem die Stadt ein gutes Dutzend Jahre vorenthalten worden war, durch die Bombardierung um das einstige Zuhause gebracht, war auf dem Weg zurück, wo ich hingehörte. Weg aus der kargen, inspirations- und trostlosen Lausitz, die mehr entbehre, als den Zeitumständen anzutasten sei, wie ich meinte, die mich die Kindheit, die Nachkriegsjahre gekostet hat. Wenn Dresden auch Schaden genommen hatte, wenn der Stadt erst recht Mühe abzuverlangen war, aus Ruinen aufzuerstehen, gegenüber dem, womit ich vorlieb zu nehmen hatte, blieb sie ein Ziel. Volker Braun aber kam von dort, nicht gerade freiwillig. Jedoch alles andere als weinerlich, keineswegs gedemütigt wie einer, der zurücklassen mußte, woran er mit jeder Faser hing. Vom Studium suspendiert, zur Bewährung in der Produktion, bewährte sich die Produktion vor ihm, die Lausitz, die noch nicht *durchgearbeitete, archaische Landschaft mit Losungen; der graue Sand Gegenwart.* »Kommunismus, das ist Arbeitermacht plus Elektrifizierung.« Hier sollte sie wörtlich und in die Hand zu nehmen sein.
Volker und ich, wir umkreisten auf verschiedenen Umlaufbahnen die Dinge, die uns in ihrem Kraftfeld hielten, mitunter, als wären wir uns gegenseitig aus der Sichtweite geraten. Um uns immer wieder nahe zu kommen. Nun, nach so langer Dauer, zeigen sich unsere Biographien als eine, wenn auch streckenweise grobmaschige, verknüpfte Doppelhelix. Unlängst führte es uns wieder zusammen, *um mit den Händen einzureißen, was wir mit dem Hintern aufgebaut haben, im Staub von Brandenburg*, am Ort des Ursprungs, in Cottbus. Es bedarf nach wie vor des Lausitzer Landboten, Briefe erster Hand.

Elke Erb

EIN UNBEWEGLICHER, WENN AUCH NUR IN SPUREN
ANZUTREFFENDER GENUSS IST, ZU SAGEN:
Er läuft

Jetzt fährt er schön zielstrebig. – Wer?
Läuft ein Tier, so denkt man, es läuft.

Bei einem Menschen ist mehr im Spiel.
Er hängt ab vom Zusammenhang oder Sinn.

Er ist leicht nur ein Teil von dem und sich selbst.
Oder Zubehör. Zutat. Zu dem und sich.

Ein Genuß ist, zu sagen: »Er läuft«
bei dem, was er sonst ist und tut.

Sagt man, man sei nach Dresden gefahren, oder:
»Ich fuhr nach Dresden«, scheint es leicht, man sei

etwas so nicht in Frage zu Stellendes
wie etwas nach Dresden Fahrendes.

Flüchtig nebenbei genießt man
den schlichten stabilisierenden Satz.

Fernand Teyssier

Gilbert Badia
Erinnerungen und Begegnungen

Auf dem Titel der siebten Ausgabe (Oktober 1978) von *Connaissance de la RDA* (einer kleinen Zeitschrift, die wir an der Université de Vincennes, später Paris VIII, gegründet hatten) war zu lesen: Volker Braun, Textes inédits. Volker Braun hatte uns tatsächlich die Erlaubnis gegeben, neben einigen Gedichten auch *Büchners Briefe* abzudrucken, deren Veröffentlichung ihm in der DDR verboten worden war. Einige Zeit zuvor hatte ich den Schriftsteller kennengelernt, als ich drei seiner Erzählungen übersetzte: *Der Schlamm*, *Der Hörsaal* und *Die Bretter*, wobei letztere, die ich mit *La Scène* übersetzte, infolgedessen in Volker Brauns Werkausgaben unter dem Titel *Die Bühne* geführt werden sollte. Im Oktober 1978 erschienen die französischen Übertragungen in dem Sammelband »La vie sans contrainte de Kast«.

Nicht als Erzähler, sondern Lyriker hatte der französische Leser Volker Braun zunächst entdecken können, dank Alain Lances Übersetzungen von *Provocations pour moi et d'autres* (1970) und *Contre le monde symétrique* (1977).

Jetzt galt es, den Dramatiker bekannt zu machen. 1979 beschloß Bernard Sobel, damals schon Leiter des Théâtre de Gennevilliers, *Die Kipper* aufzuführen. Alain Lance und ich arbeiteten gerade an deren Übersetzung, wobei der Titel uns vor große Fragen stellte: Die Worte »herscheur«, »basculeur« oder »culbuteur«, die ein aktuelles Wörterbuch als Übersetzung von Kipper vorschlug, hätten bestenfalls komisch gewirkt. Wer von uns beiden Übersetzern auf die Idee verfiel – wahrscheinlich war es das Ergebnis einer gemeinsamen Überlegung –, den langen, definitiven Titel vorzuschlagen, weiß ich nicht mehr. Aber ich denke, er vermittelt recht gut die Grundhaltung von *Die Kipper*: »Rêves et erreurs du manoeuvre Paul Bauch, aux prises avec le sable, le socialisme et les faiblesses humaines«.

In manchen Jahren biegen sich Obstbäume unter der Last ihrer Früchte, während in anderen der Frost, die Wespen oder Vögel nicht eine Kirsche oder Pflaume zur Reife kommen lassen. Für Volker Braun waren 1985 und '86 ertragreiche Jahre in Frankreich, so wie schon 1978–79. Giorgio Strehler, der das Théâtre de l'Europe leitete, hatte im Januar '85 *Vier Volker Braun-Abende* im Petit Odéon angesetzt, wo Gedichte gelesen und Szenen unveröffentlichter Stücke – *Siegfried* oder *Die Übergangsgesellschaft* – in Zusammenarbeit mit Volker Braun gespielt wurden. Im gleichen Monat erschien die französische Fassung von *Berichte von Hinze und Kunze* (übersetzt von Vincent Jezewski und mir), die in Auszügen schon im Juli 1985 in *Connaissance de la RDA* abgedruckt und mit dem – allzu zuversichtlichen – Hinweis versehen worden war, daß der Roman *Hinze und Kunze* »voraussichtlich 1984 erscheine«. Kurz nach seinem Erscheinen in der DDR kam er in der Fassung von Alain Lance in Frankreich heraus.

Wenn ich mir meine zahlreichen Begegnungen mit Volker Braun in Paris, Berlin oder anderswo in Erinnerung rufe, tauchen mangels präziser Daten einige Bilder auf. Ein Essen bei Brauns in Berlin: um einen Tisch versammelt sind Annelie und Arne mit einer holländischen Begleiterin und ein paar Freunde, deren Gläser Volker Braun füllt. Der Besuch von Volker und Annelie Braun in unserem Haus 80 Kilometer südlich von Paris. Es ist Hochsommer. Volker kommt mit einem riesigen Blumenstrauß in den Armen an: zwei gigantischen Sonnenblumen, die er auf irgendeinem Feld gepflückt hat. Wir essen im Hof, unter der Linde und den Fliederbüschen, und Annelie photographiert uns. Ein anderes Mal besuchen uns Volker Braun und Alain Lance im südfranzösischen Fressac, einem kleinen Dorf, dessen Namen Volker unablässig wie »Fress-Sack« ausspricht.

Dann sehe ich uns eines abends in den Straßen von Paris lange spazierengehen. Ich erzähle ihm von meinem Vater, einem Maurer, der Anfang des Jahrhunderts aus Spanien gekommen war, von den dreißig Jahren Wohlstand, die Frankreich von etwa 1950 bis 1980 gekannt hat und die den Lebensstandard der **gesamten französischen Bevölkerung** gehoben haben – selbst wenn sich damit die Kluft zwischen Arm und Reich nicht verringert hat. Ein fernes Echo dieser Unterhaltung meinte ich später in der Erzählung *Das Wirklichgewollte* ausmachen zu können, wo der Protagonist Giorgio Badini, Universitätsprofessor und Sohn eines Maurers, die gleichen Initialien trägt wie ich.

Noch einmal Paris. War es ein erster Mai? Ich weiß nur noch, daß bei schönem Wetter eine große Demonstration vom »Place de la République« bis zur »Bastille« zog. Auf einmal stand Wolf Biermann vor uns. Volker lächelte, die beiden Männer umarmten sich. Ich kann mir Volker nicht ohne dieses Lächeln vorstellen, das sein Gesicht so oft zum Strahlen bringt.

Wenn es stimmt, was er mir eines Tages sagte, dann hat selbst die Stasi unsere Freundschaft festgehalten, weil in einigen ihn betreffenden Akten ein gewisser Badin aufgeführt wurde. Bliebe nur noch zu erklären (wenn es sich dabei tatsächlich um Badia handeln sollte), wie es zu diesem Rechtschreibfehler gekommen ist.

Aus dem Französischen von Barbara Engelhardt

Ian Wallace

Lieber Volker!

Von mir diesmal keinen kritischen Beitrag zum Werk, sondern ein paar kurze, ganz persönliche Zeilen (inzwischen weißt Du wohl zur Genüge, wie sehr ich Deine Lyrik, Deine Prosa, Dein Theater seit über zwanzig Jahren schätze!).

Kennengelernt haben wir uns 1980 in Dundee, und aus dieser ersten Begegnung ist schnell eine Freundschaft geworden, die mich ehrt. Was ich an Dir von Anfang an bewundert habe: die unbedingte Offenheit und die ungebrochene Integrität auch unter den schwierigsten Umständen. Annelie hat recht: »ein Maximalist!« (sagt sie schon 1981 in meinem Tagebuch). Bezeichnend, daß Du auch nach 1989 trotz aller Enttäuschungen und Verletzungen auf der Verantwortung der (Deiner) Kunst konsequent bestanden hast, »der Kritiker auch der neuen Halbheiten zu sein und die Vernunft zu ermutigen, in der Dimension der Welt zu denken.« Ein wichtiger Gedanke, der immer aktuell bleibt. In diesem Sinne verstehen wir Deinen 60sten doch keineswegs als Ziel, sondern als Zwischenstation – als eine neue Provokation für Dich!

T. läßt ganz herzlich grüßen, selbstverständlich auch die Tessiner –
Dein Ian

Nicole Bary
Les Amis du Roi des Aulnes

Es war vor zehn Jahren, am 24. Oktober, wenn ich mich richtig erinnere. Bis zur letzten Minute wußten wir nicht, ob Du zu dieser schon lange geplanten Lesung kommen würdest. Diesmal war meine Einladung nicht in die Abgründe der DDR-Post gestürzt! Nein! Diesmal war Dein Paß nicht vom Schreibtisch des zuständigen Beamten merkwürdigerweise verschwunden! Diese Szenerien kannte ich alle schon. Nein! Diesmal überstürzten sich die Ereignisse in Deinem Land in einem so rasanten Tempo, daß der Alltag schon Geschichte wurde, bevor er zur Vergangenheit gehörte. Die Ereignisse hielten Dich in Berlin fest.
In Paris waren wir neugierig, zugleich ungeduldig und beunruhigt. Vier Wochen vorher hatte ich ein paar Tage in Berlin, der damaligen Haupstadt der DDR, verbracht. Als ich nach Paris zurückkehrte, war mir bang zumute. Ein seltsames Gefühl, eine Mischung aus Hoffnung und Unruhe, bedrückte mich. Aus den Gesprächen mit Freunden dort hatte ich, besser als in Paris, wahrnehmen können, wie die Situation unsicher, ernst, besorgniserregend wurde. Es war alles vorstellbar, das Beste und das Schlimmste, und mancher von Euch befürchtete eine chinesische Lösung.
Gekommen bist Du doch. Ein merkwürdiger Zufall ließ das Auto, das Dich nach Montparnasse bringen sollte, in einem typischen Pariser Stau stecken. In der Buchhandlung herrschte Aufregung. Niemand wollte mir glauben, als ich erklärte, daß nur der Pariser Verkehr den Autor zu spät kommen ließ.
An jenem Abend waren die Zuhörer so ungeduldig, ihre Fragen zu stellen, daß sie am liebsten auf die Lesung verzichtet hätten, um schneller ins Gespräch mit Dir zu kommen. Sie wollten alles wissen, aber vor allem Deine Hoffnungen, die Hoffnungen Deiner Mitbürger erfahren. In Deinem Land probte das Volk die Befreiung des Wortes. Ihr, die Schriftsteller, hattet schon lange vorher versucht, die Sprache zu befreien. Mit Mut, mit Ausdauer, aber nicht ohne Risiko war es manchen von Euch gelungen, durch Eure Bücher einen Freiraum zu schaffen, eine Art Öffentlichkeit in einem Land, in dem es keine gab. Für uns im Ausland war die Sprache der Schriftsteller »der unendliche Weg zum Haus des Nachbarn« gewesen.
Zwei Wochen nach Deiner Lesung fiel die Berliner Mauer. In der Euphorie der Grenzöffnung sah alle Welt in diesem Ereignis die Prämissen der Freiheit und des Friedens für ganz Europa. Indem ich diese Zeilen schreibe, fallen westeuropäische Bomben auf Osteuropäer. Was ist aus den Prämissen der Freiheit und des Friedens geworden? Wir, die Westeuropäer, haben machtlos zugesehen, als unsere Politiker, die Politik der Wirtschaft unterordnend, eine neue Grenze östlich des ehemaligen Eisernen Vorhangs errichtet haben, eine Grenze zwischen Reichtum und Armut.
1943 schuf Max Ernst eine Collage mit dem Titel *Das Jahr 1939*. Das Bild zeigt ein in einem Spinnennetz eingefangenes Insekt. Das Tier ist gestorben. Übrig bleibt sein Skelett. 1939: Unser Jahrgang geht in die Geschichte ein, als das Ausbruchsjahr eines monströsen Krieges. Können wir hoffen, daß 1999 in der Erinnerung unserer Nachkommen nicht die gleiche Spur hinterläßt?

Alain Lance
Gallo-germanische Erinnerungen

Leipzig, 1962

Mit einer Gruppe französischer Germanistik-Studentinnen und Studenten kann ich dank eines Stipendiums der DDR zwei Semester in Leipzig studieren. Die sächsische Mundart finde ich merkwürdig. Hans Mayer ist noch da. Vielleicht sitze ich manchmal nur wenige Meter von Volker Braun entfernt, im proppenvollen Hörsaal 40.

Leipzig-Berlin-Leipzig, Ende 1964

In Paris lese ich im Herbst Gedichte von Volker Braun, die gerade in der Zeitschrift »Sinn und Form« erschienen waren. Jemand hatte mich schon auf den Namen aufmerksam gemacht. Auch in einem Bericht des Magazins *konkret* fiel mir der junge Dichter im blauen FDJ-Hemd auf. Habe Lust, einige Gedichte von ihm zu übersetzen. Erst Jahre danach werde ich kapieren, worum es geht. Als ich zwischen Weihnachten und Sylvester in Leipzig bin, erkundige ich mich nach seiner Adresse. Jemand schickt mich nach Berlin. Ich fahre dorthin und erfahre am Berliner Ensemble, daß Volker Braun erst im Januar erwartet wird. Von einer Telefonzelle aus traue ich mich, Stephan Hermlin, den ich noch nicht persönlich kenne, anzurufen, damit er mir die Leipziger Adresse von Volker Braun gibt.
Zurück nach Sachsen, in dem sich schleppenden Zug der Deutschen Reichsbahn. Ich erreiche noch rechtzeitig Volker und Annelie, bevor sie nach Greiz oder Dresden abfahren. Werde warmherzig empfangen. Der Anfang unserer Freundschaft. Einige Monate später erscheinen die übersetzten Gedichte in *action poétique*.

Berlin, Schöneweide, Anfang 1969

Die erste Lyrik-Auswahl Volkers in französischer Übersetzung erscheint 1970, in einer von Henri Deluy herausgegebenen Reihe, *La poésie des pays socialistes*, wo Gedichtbände von Holan, Chlebnikow und Nowomesky veröffentlicht sind. Am Beispiel dieser Bücher besprechen wir die Gestaltung von *Provocations pour moi et d'autres*.

Paris, Mai 1971

100 Jahre nach der Kommune. Mit der Ausreisegenehmigung nach Frankreich wird der erste Aufenthalt Volker Brauns in Paris ermöglicht.

Diskussion mit einem Zuhörer nach der Lesung in Ivry, einer Stadt des Pariser »roten Gürtels«.

Avignon, 1978

» .... Ich vergaß beinah
Wo ich mich derzeit aufhielt. Die Griechen
Wußten hier im Ausland den Eingang
Zur Totenwelt: ich wußt es besser, diese
Unter Normalnull, leben hier wie Gott
in Frankreich ....«

Lesung im Französischen Kulturzentrum, Berlin, Februar 1987
Unter den Linden. Es herrscht noch Stille im
Lande, aber bald –

»Dieser überraschende Landwind
In den Korridoren. Zerschmetterte
Schreibtische. ....«

Renate Lance-Otterbein
Beschreibung: Volker Brauns Arbeitszimmer

Ich kenne zwei Arbeitszimmer Volker Brauns. In der Wohnung Karl-Liebknecht-Str. in Berlin, wo Brauns von 1970 bis 1980 lebten, füllte das Arbeitszimmer einen der beiden nach hinten gelegenen Räume aus. An der doppelten weißen Holztür – die zweite links neben dem Eingang – hing immer das Plakat der letzten Theateraufführung von Volker Brauns Stücken. Ein rechteckiger Raum. Rechts eine Liege. An den zwei langen Wänden gradlinige offene Holzregale mit regelmäßigen Buchrücken. Die Titel nach Entstehungsjahr und Sachbereichen geordnet. Dem Arbeitsplatz am nächsten: die Klassik. Wenige Quadratmeter blieben frei für Kunstwerke und Abbildungen.
Nichts überflüssiges. Ein »Galilei-Stuhl« aus dem Berliner Ensemble. Leichte Silhouette. Grauer Spannteppich. Eine Ästhetik der ausgesuchten Einfachheit. Ein Zinngefäß enthielt Schreibwerkzeug. Gegen Lärm, Kälte und Hitze schirmte das Doppelfenster ab. Die Breitseite des Raumes, der Tür gegenüber, wurde von der ganzen Fensterfront eingenommen. Darunter die reich mit Licht versorgte Arbeitsplatte. In einem Hängesystem mit rostroten Ordnern wurden die Werke archiviert. Unter dem Arbeitstisch die Heizung, manchmal Klagen über unwillkommene Wärme. Vor dem Tisch, wo reichlich Platz war zum Ausbreiten, der Holzstuhl mit hoher, gerader Rückenlehne. Hier saß er, wenn er schrieb, allein, im eigenen Kreuzfeuer zwischen Guernica und dem Garten der Lüste vor der weiten Fensterfront, dem üppigen Lichteinfall trotzend, ausgeliefert bis an die Gürtellinie, den beschatteten Rücken dem Raum und der Tür zugewandt, dem Inneren der Wohnung. Vor dem Fenster kein Vis-à-vis. Weit der Blick von der hohen Etage in den hellgrauen Himmel, auf Berlin-Mitte mit dem S-Bahn-Damm. Dahinter Häuserreihen. Sitzend konnte er hier den Parkplatz und die Straße nicht sehen. Ein Stadtbild mit schwebender Bahn. Bei offenem Fenster hörte man das Jaulen und Quietschen der Bremsen im Bahnhof. Die Lage war mitbestimmend für das Schreibklima.
Nach 1980, in der Wolfshagener Straße in Berlin-Pankow, liegt der Arbeitsplatz am Fenster im zweiten Stock des Hauses eingebetteter als vorher. Schreibend sitzt V. B. wieder mit dem Rücken zum Raum. Vor sich ein Ahorn-Baum. Die weißen Jalousien nie geschlossen.
Es gibt zwei Tische (dunkles Holz, Fächer), offenbar kleiner als die frühere Arbeitsplatte. Die Zimmer der Altbauwohnung sehr viel größer als die Räume vorher. Holzparkett, dunkle, mehrflüglige Jugendstiltüren, weißer Grund. Die Bibliothek bekam Zuwachs. Fast in jedem Raum Bücher. Das Arbeitszimmer weit weg vom Eingang, am Ende der Zimmerflucht, mit alten Regalen ausgestattet und neuen Geräten (Kopierer, Fax), ein kleines dunkles Ledersofa, ein neues Stehpult. Die Gradlinigkeit bleibt bestimmend, ebenso die hellen Wände. Platz für Bilder. Vieles ist leichter. Vieles ist schwerer.

Leonard Lorek

anecken im vorbeigehen im ver
beugen dass kain mal sichtbar wir
d was los ist ist klar aus der hand

zu lesen im loslassen und unfass
bar im sagbaren auf raten von fall
zu fall ziehen gefaehrdet die mue

den wanderer des weges orient
ierungslos ins labyrinth der truem
mer uns gott verdammter kinder

zimmer wo in den ausfallstrassen
allen falls die zeichen der zeit auf
die erloesung von dem boesen

angewiesen sind im segen der end
lichkeit lind und harm in den ar
kaden umgekippter muellcontainer

edelt die standhaft des widerstand
s die patina der gruesse von weit
ausserhalb im sog der formel

nur nicht aus liebe weinen es gibt
doch mehr noch als nur den einen
ort auf erden kein fall zu werden

mussten wir fortfahren in akten
vermerken zur graduierung schw
arz roter etueden all unsere fertig

keiten zu vervollstaendigen denn
jesus hat nichts verkuenden koen
nen in smaria schliesslich fiel

auch der letzte kuss ins schloss vor
ort und der mond brauchte kein
en mord mehr verfuegen und nun

schwimmt das herz auf der strasse
im taeglichen staub der eff sechs
undneunzig scharen sich aller

hand opfer in den schatten schwa
rz weiss gestreifter meilensteine
und fluestern den wanderern zu

nur nicht aus liebe weinen es gibt
doch mehr noch als nur den einen
es gibt gar viele auf dieser welt

und sind die maenner zunaechst zu
eng so sind die frauen auf
dauer langweilig so liebe jede

n der dir gefaellt auf der strasse
schwimmt das herz im taeglichen
staub der alles wert ist fort fern

im wertwandel der wolkenkratzer

in den mietskasernen der stein reichen stadt warten die wildfremd
en menschen einem jeden ein

tritt zu gewaehren der asyl sucht
der sucht der assoziation erlegen
dass das was nicht geschieht die

kreise zieht die der dichter 482 57
52 einmal die subversive lyrik nenn
en wird die schoen ist und religion

ist ein praeziser denkprozess und
gottes tod im angebot der nachfra
ge zuvorzukommen bin ich hier

eingetroffen wanderer mit den
atemzuegen die zu langsam waren
anzukommen blieben auch die

antworten auf der strecke und pan
ische aengste verloren ihre guten
und althergebrachten namen im

dschungel der seelen blieben sie
hinter einem jeden von uns zu
rueck nur habe ich in meine augen

eiswuerfel getan und kann nicht
aus liebe weinen wenn ich auch
fuehle es muss ja suende sein

luege ich laut eh der groschen fae-
ll t fuer jeden der bisher umsonst ka
m und wechsele die themen ueber

die leiber mit den landschaften ein
es schoenen tages im verhaeltnis
1:2 oder ueberhaupt um nicht fuer

immer ein fuer immer auszuhalten
zu haben in der halbwelt deren hor
izonte mit den bremsspuren der

moderaten vorfahren einen pakt ge
schlossen haben hab ich beschlos
sen es auf ein rendezvous in dem

rangierbahnhof der das lichtspiel d
es schnittpunktes der abstellgleise
ist anzulegen in diesem jahr

der ratte rimbaud zu begegnen
eine hand voll wunder fuer canai
mita mit ins café zu nehmen fuer

eine szene im drehbuch einer lau
fenden vorabendserie erstehen ein
erzengel in zivil und ein kommissar

isches ich in der frontstadt puren
kitsch zum spottpreis der preis
gabe einer heimat zum aufhalten

und ein maschinist holt aus seiner
maschine dee ee den gruss raus tr
ink deinen kaffee aus tricks deine

fee aus schlappschwanz komm au s
dem knickfick aber mach die lue
gen durchsichtig dass die ware

wahrheit fuer ein aquarium ausge
geben werden kann worin ein gold
ener fisch auf dem grund der tat

sachen regenwuermer frisst und z
wischen den glaesernen skafand
ern der reliquien von bauhaus & co

dem letzten wort eines perlentauch
ers hinterherjagt waehrend rim
baud mir die rufnummer von amad

eus mozart runterholt von der klo
settwand des cafés mit dem komm
entar klappe zu affe tot was nur

eine weitere szene ist in der vorab
endserie in der das enfant terrible
der rockmusik dem selben das

signierte manifest des kaa fau fuer
das terrain links vom subkontra aa
ueberlaesst in der visionaeren

form ship arriving too late to save a
drowning witch denn das schiff mit
acht segeln ist von den fuenfzig

kanonen eines atomgetriebenen
uubootes in die kanalisation der
stadt versenkt worden wo auf dem

grund der tatsachen die sauerstoff
versorgung des aquariums be trieben wird dort kaennte bernd

janowski das erbe des widerstands
der ersten praesidentinn der staats
bank der dee dee err in einen der

glaesernen skafander stopfen mit all
den anderen metafern die in der
graduierung schwarz roter etueden

offenbar sind in den metamorfosen
des stoffes der die wolkenkratzer
von den uebrigen wunden dieses-

ausgehenden jahrtausends unter
scheidet die der kampf um die
macht der zeit den elementen

beigefuegt hat die die vereinigten s
treitkraefte der erosion stellen den
die erotik zu widerstehen wagt und

unter unsrere blassen haeute f
alten hoellen vieler flammen him
mel abgruendiger wellen wolken

kratzer gruessen wanderer des we
ges die auf halber strecke blieben
in dem augenblick des dé jà vu

nur nicht aus liebe weinen
zarah leander

jesus hat nichts verkuenden
koennen in samaria
arthur rimbaud

der letzte kuss faellt ins schloss
frederike frei

das herz schwimmt auf der strasse im taeglichen staub
c.m.p. schleime

482 57 52
telefon-nr. volker braun

religion ist ein praeziser denkprozess und gottes tod
oskar schlemmer

in meine augen habe ich eiswuerfel getan
monika stein

trink deinen kaffee aus tricks deine fee aus
schlappschwanz komm aus dem
knickfick
michael zickert

ship arriving too late to save a
drowning witch
frank zappa

ein schiff mit acht segeln und mit
fuenfzig kanonen
bertolt brecht

berlin,   01|028

Carlfriedrich Claus

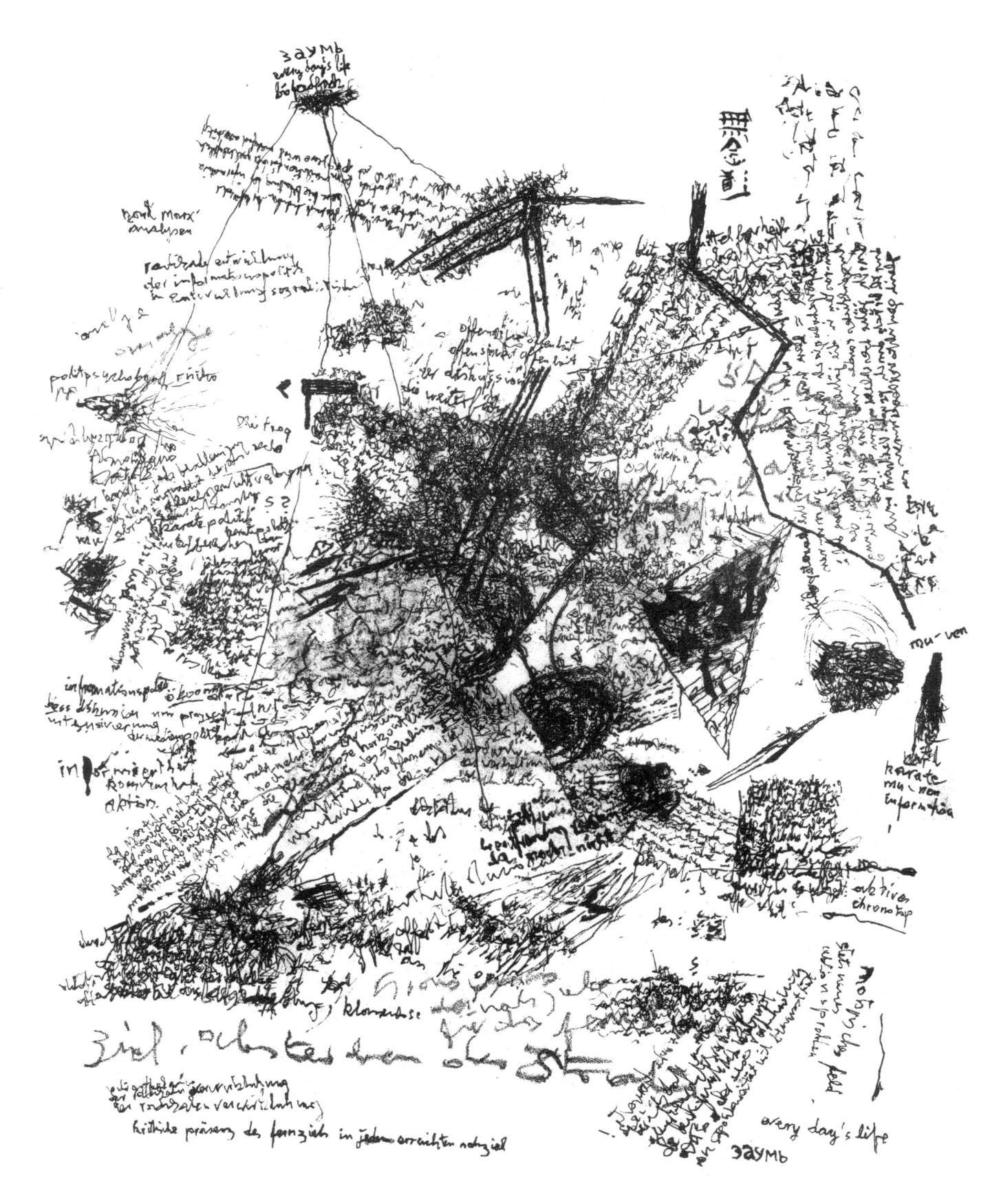

Anreden II

Volker Braun
Lyotard oder:
Die Leute lassen sich alles erzählen

2 El Niño, der Meererwärmer, hat die Rotation der Erde geringfügig gebremst, dadurch sind die Tage ein wenig länger geworden. Das berichtet die Frankfurter Allgemeine Zeitung am 22. April 1998, und ich habe keine Ahnung, wann das Jahrtausend endet. Gestern ist Lyotard gestorben, der Erfinder des Mißverständnisses der Postmoderne, die Rote Armee-Fraktion, die ihre Legitimität aus der Kontinuität der deutschen Geschichte bezog, hat ihre Selbstauflösung erklärt, und der sächsische Ministerpräsident Biedenkopf hat vor dem raschen Wechsel zum Euro gewarnt. Das Schreiben der RAF wird als authentisch gewertet, der fünfzackige Stern mit dem Maschinengewehr sei der nämliche, mit dem man die Morde an Herrhausen und Rohwedder bekannte. Biedenkopf sei gegen eine Lalala-Formel. Ekkehard Schall, der Brechtschauspieler, hat eine Doppel-CD mit Hitlers Mein Kampf besprochen, wogegen das Land Bayern, aus urheberrechtlichen Gründen, Einspruch erhob. Jean-François Lyotard hat die Gegenwart als das Zeitalter nach dem Ende der großen Erzählungen bestimmt, also nach jener sagenhaften Epoche, in der die menschliche Rasse meinte, von sich selber murmeln zu können.

Wenn die Menschheit von sich redet, gibt sie dem Dasein Sinn. Sie ist der Held der Mythen, Epen und Entwicklungsromane. Der geheime oder offene Inhalt die sogenannte menschliche Emanzipation, der buchstabierte Glaube der Fortschritt. Daß sein Alfabet zuende sei und der Text unglaubwürdig, die berüchtigte Auskunft im Bericht an die Regierung von Québec »über den Status des Wissens in den höchstentwickelten Gesellschaften«, ist zum Allgemeinplatz geworden. Lyotard begründete den Niedergang mit der Wirkung des Aufschwungs der Techniken und Technologien seit dem 2. Weltkrieg, die mehr die Mittel der Handlung als ihren Zweck bedienen, und mit der Belebung des liberalen Kapitalismus nach dem Versanden des Sozialismus, der individuelle Besitz beseitigt die Alternativen. Die Geschichte ist zuende, lästerte Fukuyama, der transpazifische Lügner. Die Weltgeschichte ist das Weltgeschäft. Der Unternehmer verläßt den nationalen Laden, wo er Miete zahlte, vielmehr er kauft ihn und stellt die Regierungen an. Deregulierung heißt die letzte bürgerliche Prosa. Die Drohung einer rebellischen 68er Generation, die Literatur sei tot, mithin mit dem Erzählen aufzuhören und den Kapitalismus zu bekämpfen, fände im Jahr 98 keinen Adressaten mehr: der Kapitalismus bleibt und die bürgerliche Gesellschaft verschwindet. In den Ruinen des Jahrhunderts sieht Hans Mayer, der Hundertjährige, eine Wegwerfkultur; und nicht nur die materiellen und energetischen Ressourcen, auch die geistigen werden verschleudert, ganze Kulturzonen, durchtränkt mit Botschaften, Verheißungen und Glaubensinhalten, sind durch die Philosophen Frankreichs zur Plünderung freigegeben (Fr. Dieckmann). Im vereinigten Deutschland ohnehin probt eine illiterate Spaßgesellschaft den Unernst.

2
Kolportage
(nach Joseph Conrad)

Ich will Sie nicht damit langweilen, was mir persönlich widerfuhr, begann der Redner in leichtem Sächsisch, doch um die Wirkung des Geschehens auf mich zu verstehen, müssen Sie wissen, wie ich an den Punkt kam, den Tiefpunkt meiner Erfahrung. Ich hatte, sagte er in seiner verkürzten Sprache, eine Menge Osten hinter mir. Das langte für das halbe Leben, ich ahnte: Das kann nicht alles sein. Wir hatten die Wende gewagt; und nun war alles anders. Es war wie überall. Er stand in dem kahlen Hörsaal und redete verloren zu sich selbst. Ich hatte einen kleinen VW-Golf geleast mit schwachem, ruppigem Motor und tuckerte die Isar oder den Main abwärts. Kaum unterscheidbare Straßen, weiß beleuchtet, Auffahrten, die sich aufs Gras glichen. Es war wie eine Reise zu den frühesten Anfängen der Welt. Die Luft warm, süß, schwer. Fabriken und Kaufhallen aneinandergenietet. Hier werden wir Neger, dachte ich. Einige, hörte ich, sackten in die Tiefe, aber ob es so war oder nicht, schien niemanden groß zu interessieren. Sie wurden einfach fallengelassen, und weiter gings. Ich wagte den zarten Hinweis, daß es der Company um Profit ging. »Neulich nahm ich einen Mann ab, der sich aufgehängt hatte«, sagte Kurz. »Mag sein, die Sonne war ihm zu schwach, vielleicht das Land.« – »Aufgehängt?« fragte ich. »Da sind die Hochhütten der Finanz.« Die Banken lagen wie Festungen in den Wolken. »Die Arbeit wandert aus. Das ist eine Erosion. Das Kapital«, lachte Kurz, »arbeitet draußen, wildert, auf dem Globus. Welch ein Hochmut!« Eines Tages konnte ich mich nicht länger zügeln und fragte ihn, weshalb er überhaupt hier sei. »Um gut zu leben«, sagte er. Eine Zeitlang hatte ich das Gefühl, endlich einer Welt greifbarer Tatsachen anzugehören; aber es hielt nicht lange an. Der stärker werdende Verkehr verfing sich in irgendeiner City, wo er sich im Kreise drehte – bis man glaubte, für immer abgeschnitten zu sein von allem, was Ziel oder Zentrum hieß. Es gab Augenblicke, da fiel die eigene Vergangenheit über einen her, in Gestalt eines ruhelosen Traums, an den man sich staunend erinnert inmitten der überwältigenden Realität. Waren, Wagen und Lärm; es war der Lärm einer herrlichen unerbittlichen Kraft, die keiner fragilen Pläne bedurfte. Sie blickte einen an wie eine Rächerin. Später habe ich mich daran gewöhnt. Ich hatte Zeit, ich mußte nicht die Rätsel lösen, die der Weltlauf aufgab. Wir hätten uns einbilden können, wir wären die ersten Menschen und nähmen ein verfluchtes Erbe in Besitz. Mitunter sah ich, auf den asphaltierten Wiesen, die stummen harmlosen Gesten der Obdachlosen, Tagelöhner, die, ihre kleinen Bierbüchsen in der Hand, in die Sonne blinzelten, die es gut mit ihnen meint. Das Heer der Arbeitslosen stand verborgen, »werden sie angreifen?« wisperte eine Stimme. Sie wurden für Monate gemietet, und solange es Gesetze gab, mußte niemand fragen, wovon sie lebten. Sicher, einige hatten etwas angefaulte Hoffnung dabei, die aber die Statistiker vierteljährlich mit großem Tamtam verwarfen. Man kann nicht beim Wachen, Schlafen, Essen Aas einatmen. Im übrigen bekamen sie jede Woche ein Stück messingfarbene Freiheit, fein und fest wie Draht; mit dieser Währung sollten sie – so war es gedacht – in den Malls ihren Mundvorrat kaufen. Ihr könnt euch vorstellen, wie d a s funktionierte. Entweder es wurde ihnen flau im Magen von der edlen Nahrung, oder sie wurden nicht satt, oder die Ladentüren ließen sich aus unerfindlichen Gründen nicht bewegen. Falls sie also nicht die Freiheit selber schluckten oder Schlingen daraus machten, um Fische zu fangen, wüßte ich nicht, was ihnen ihr verschwenderisches Salär nützte. Ich muß allerdings sagen, es wurde mit einer Pünktlichkeit ausgezahlt, wie sie einem großen ehrbaren Unternehmen ansteht. Und ich begriff, etwas hielt sie zurück, eine Hemmung, eine Langmut; eines der Menschengeheimnisse, das der Wahrscheinlichkeit Hohn sprach. Mit Anstand gegen den Hunger kämpfen, das frißt einem jede Kraft. Der Autostau quälte sich vorwärts, immer am Rand eines faßbaren Irrsinns. Die Wälder, verfluchten sie uns, dienten sie uns? Es war uns versagt, das, was wir voraussahen, zu berücksichtigen. Der Abstand war einfach zu groß, der Abstand des Westens, und wir hatten keine Wahl. »Aber die Waren repräsentieren doch immer weniger Wert«, warf ich ein. »Es sind noch Waffen da«, antwortete Kurz mit abgewandtem Blick. »Erst schickt man das Geld, dann muß man seiner Logik folgen. Es entwertet die je vorgefundene Arbeit. Da sieht man, wie man eine Katastrophe erzeugt und sich als Retter anbietet. Der Kapitalismus – offen gesagt, e r l e d i g t es. Er leidet zuviel... Er haßt das alles.« Nichts erzählte der Anblick der Städte von dieser bestürzenden Geschichte. Ich verrate keine Geschäftsgeheimnisse. Tatsächlich sagte Kurz, die modernen Methoden hätten die Welt ruiniert. Zu diesem Punkt habe ich keine Meinung. Wahr ist, daß er, seit er ohne Gegner kämpfte, arm an Erbarmen war. Es war wohl so, daß die Zeit für rigoroses Handeln reif war. Da blieb nichts über oder unter ihm, nur er bestand in seiner Verstiegenheit. Aber seine Eingeweide waren irrsinnig. Allein, hatte er in die eigene Wildnis geblickt. »Sie wissen ja nicht, was so ein Dasein abverlangt!« rief Kurz. »Egal. Er wird seine Ideen durchsetzen. Er wird Ihnen zeigen, was möglich ist.« Wir hielten, auf der Suche nach einem ewigen Parkplatz, auf einer Deponie. »Nein, er stirbt nicht«, sagte Kurz, »er hat das letzte Wort.« Ich sah die Gesichter mit dem Ausdruck von düsterem Stolz oder hoffnungsvoller Verzweiflung. Ich fühlte eine Leichtigkeit, die mir lästig war, und erblickte, vor mich starrend, die helle Haut meiner Hand. Der Wandel, das Massaker, die Verheißung – was ist das letzte Wort? Was ist es, murmelte der Saal. Etwas, womit – wir – leben können. Der Redner war nah daran, sie anzuschreien: Hören Sie nichts? – Sein letztes Wort, damit wir leben können. Verstehen Sie, wir lieben ihn. – The horror. The horror. Er riß sich zusammen und sagte langsam, unhörbar:

3   Was vor hundert Jahren für den Kongo-Fluß, scheint heute für den Isar-River zu gelten, die Gegend wird undurchdringlich. Die Probleme haben sich aus der Peripherie in die Metropolen gefressen. Kurz' Entdeckung der Wildnis – ich rede von Robert Kurz, Teilzeitphilosoph in Nürnberg, Verfasser des Kultbuches Der Kollaps der Modernisierung –, der Wildnis des Neoliberalismus, liest sich wie eine Paraphrase auf Conrads Erzählung über den Elfenbeinagenten Kurtz, Heart of Darkness. »Conrads Leitmotiv für die Expedition ins Innere Afrikas wie auch für die Black Box seiner Erzählung«, schreibt Scherpe, »heißt ›the horror‹, unendlich variiert und moduliert über die gesamte Zeichenfläche seines Textes bis zum Eklat. Kurtz' Schritt über die Grenze in die Wildnis, die ihn wahnsinnig macht, die ihn eintauchen läßt in einen Raum des absolut Unverständlichen und Unbewußten, ist geprägt von grauenerregenden, da nicht mehr im Horizont der eigenen Kultur zu relativierenden Gewaltakten und Blutopfern.« Um davon sprechen zu können, benutzt Conrad ein Medium, namens Marlow, einen Abenteurer, der Faszination und Terror der Fremde gleichermaßen empfindet. Im künstlichen Schreckensraum der Kolonie / des Textes, wo kein »space between«, kein Handlungsspielraum bleibt, ist auch die Spielzeit zuende, die wir Geschichte nennen; das Bewußtsein ist Eindringlingen wie Eingeborenen entzogen: truth stripped of its cloak of time. Marlow, der Erzähler, aber ist es, der im »allmählichen Zusammenbruch jeglichen ›Verstehens‹« die eigene Fremde erfährt. »Da sah man etwas«, so sein Bericht, »das ungeheuer war und frei. Es war unirdisch, und die

Menschen waren... Nein, sie waren nicht unmenschlich. Das was einen entsetzte, war gerade der Gedanke, daß sie Menschen waren – wie wir, daß wir selbst entfernt verwandt waren mit diesem wilden und leidenschaftlichen Toben.« Die strikte Bewegung ins Monströse ist die Schreibstrategie, die erzählerische Notlüge Conrads; sie will nun bei unserem Mittelsmann Robert Kurz wissenschaftliche Wahrheit sein. Er zeichnet, auf die Kapitalflüsse blickend, ein Warnsystem der Rentabilität und Vernutzung, in seinem verzweifelten Gleichnis vom Kollaps des Kapitalismus. Es sei »zu erwarten, daß die bürgerliche Welt des totalen Geldes und der modernen Ware, deren Logik die sogenannte Neuzeit mit immer aufsteigender Dynamik konstituiert hat, noch vor dem Ende des 20. Jahrhunderts in ein dunkles Zeitalter von Chaos und Zerfall gesellschaftlicher Strukturen eintritt, wie es noch niemals in der Weltgeschichte dagewesen ist.« Noch erscheine das eigentliche Krisenzentrum selbst als Sieger, »wenn auch vermutlich nur eine historische Sekunde lang« – die Sekunde des Francis Fukuyama. Die stumme Ewigkeit Lyotards. – Mitten im Dschungel, der Spur von Kurtz, dem Händler, folgend, findet Marlow seinerseits ein Buch, ein schlichtes Sachbuch »zu einigen Schwerpunkten der Seemannskunst«, mit Anmerkungen anscheinend in einer Geheimschrift (die aber Russisch ist). Im »köstlichen Gefühl, etwas unmißverständlich Reales in der Hand zu haben« – »und ich versichere euch«, sagt er, »als ich aufhören mußte zu lesen, war mir, als müßte ich mich aus der Geborgenheit einer alten Freundschaft losreißen« –, sieht er sich auf seine eigentliche Sache verwiesen. Auf sein Abenteuer, das verrückte Rätsel des Schreibens. Dem Auftrag folgend, dringt er ins Dunkle, Unbekannte, in die Wirrnis vor, in die Gefahr. Er kommt davon, indem er davon erzählt. Er erzählt, indem er in die Tiefe geht, das Herz des Verhängnisses. In der Finsternis tritt er in die Helle. Hier ist sein Ort, sein Untergang, seine Rettung.

4
Das Magma in der Brust des Tuareg

Mit dem deutschen Paß am Agadir Airport
In der Wintersonne: ein Identitätstausch
Sklaven belauern mich, und Diebe
Streichen um meinen Fuß, wer bin ich
Ein Nomade im 4-Sterne-Hotel, Zimmer mit Meerblick
Ich kann mir die Jahreszeit aussuchen
FREIZEIT EINE EPIDEMIE noch in der Montur
Des Touristen ein Arbeitsloser lungernd
In den last-minute-Ländern LEBENSLÄNGLICH
Der Wegwerfmensch, nur COCA COLA braucht mich
Die Teetrinker Marrakeschs sind noch zu bekehren
Zu den globalen Göttern, und ich
Nicht mehr getrieben, den Ort zu finden und die Formel
Zugehörig allen unnützen Völkern.

Ist das mein Gang ins innerste Afrika, in das wärmere Land, nicht im Süden liegt es, Ausland nicht, wo unverkleidete Männer meine Genossen sind. Erreiche es vor der Rente! Jetzt reisen wir in alle Länder, nur die Schuhe wechselnd, im arbeitsfähigen Alter. Wir reisen unserem Geld, den Waren nach an den Armutsgrenzen. Globalisierungstrotter, selber womöglich Ausgegrenzte. Ohne sichere Arbeit immer auf dem Sprung ins Exterritoriale. Die Sklaven, die Proleten, waren noch unverzichtbare Wesen, menschenähnlich. Jetzt werden die Überflüssigen geboren. Das entindustrialisierte Ostdeutschland eine Gesellschaft für humanes Sterben. Der Nomade von Neckermann kann sich die Jahreszeit aussuchen, aber nicht die Geschichte. Sein fantastisches Dasein, unvernünftig untätig, muß Lyotards traumatische Gewißheit bestätigen, »daß jenes Sein, das die menschliche Existenz ausmacht, nicht – oder nicht mehr – zur Sprache kommen kann« (Gumbrecht). Beurlaubt, sozusagen, für lange, unter die Berber geraten, treibt ihn nichts, wie Rimbauds Vagabonds den Ort zu suchen und die Formel. Konkretheit, das Postulat der Poesie, weicht der Beliebigkeit; nur liegt sie nicht in seinem Belieben. Die condition postmoderne heißt einfach: erzähl mir nichts, nichts gilt mehr.

Das Gedicht, natürlich, hat Humor, es tritt auf der Stelle. Um ihn zu schmecken, muß man den Ernst begreifen. Das Magma in der Brust ist eine ruhende aber kochende Masse. Keine Bewegung im Text, aber es gibt ein Geschehen dahinter, das die globalen Götter lenken, die Götter der Konkurrenz, eine ausgreifende, ausgrenzende Kraft.

Die Götter selbst sprechen von dieser Geschichte nicht deutlich. Arbeit und Krieg, Profit und Bewußtsein, Macht und Hunger. Viel Kunst wird darauf verwendet, den Zusammenhang zu vermeiden. Marx hat es ironisch vermerkt: in der freien Konkurrenz bestätigten sich nicht die Individuen frei, vielmehr sei es das Kapitel, das freigesetzt werde. Eine gewisse Undurchschaubarkeit ist erfordert. Der Realismus des Geschäfts braucht die élans mystiques – wie Rimbaud es nennt – des falschen Bewußtseins. An welchem historischen Abend immer der naive Tourist den horreurs économiques entrinnt: La même magie bourgeoise à tous les points – »die gleiche bourgeoise Magie, wo unser Koffer uns absetzt!« Den Berber sinnierend in seinem Gebüsch umgibt doch etwas wie Klarheit. Die MEGA hat er entsorgt, die Mega-Erzählung geht weiter. Eine Hoffnung, anderer Art! spricht aus der aufgelesenen Zeitung. Das Ende der Not im weltweiten Supermarkt morgen. Das unausweichliche Schicksal, das seinesgleichen im Dickicht vermehrt. »Es heißt, den bescheidenen Status von heute zu opfern für den glorreichen Einheitsmarkt.« (Goytisolo) Der Tuareg aus dem Osten kann grinsen. Er kennt den Text, er hat ihn schon einmal vernommen. Er hat ihn doppelt im Ohr. Es sind Erzählungen, die sich gleichen, so sehr sie sich widersprechen. Gewißheit und Gewalt; er weiß: es wird falsch erzählt, auf ein vorgeschriebenes Ziel zu. Auf ein endgültig gutes, endgültiges schlechtes Ende. »Ich weiß, was vor sich geht, ich schaue nicht hin, es ist grauenhaft«, sagt Lagerfeld unverkleidet, der Modemacher. Die Geschichte ist falsch.

Rom: offene Stadt Ein Feldlager
Auf dem Laufsteg defiliert die Mode
Der Jahrtausendwende Panzerhemden
Für den Beischlaf Zwei Gladiatoren
Kämpfen um den Arbeitsplatz mit Würgegriffen
Eine alte Übung, die Beifall findet
Dafür haben sie die Schule besucht ER ODER ICH
Der Gestank der Angst In seinem Imperium
Erfüllt sich Lagerfeld einen Traum EIN RUDEL
FRAUEN AUSGESUCHTE SCHÖNHEITEN
Die Winterkollektion für die Daker-Kriege
Hat ihn reich gemacht ZUM ABGEWÖHNEN
Sie tragen meine Ideen, es sind Sommerkleider

In die verwöhnte Welt Ein Fest der Schönheit
Helena Christensen im Abendkleid Die beiden
Handwerker lassen indessen nicht locker
Der eine ist Commodus, der ausgelassene Sohn
Eines gelassenen Vaters und Fehltritt der Mutter
Wenn er verröchelt steht der Thron leer
Und Septimius Severus der Afrikaner
Marschiert mit der XIV. aus der Wildnis Wien
Auf die Hauptstadt ARMES ROM Ein Barbar
Imperator An seinen Fersen der Rest der Welt
Lagerfeld schaut nicht hin Er hat ein Problem
Er kann sie schöner machen, aber nicht besser
Immer noch schöner Das Outfit der Bestien
ARM UND REICH Eine geteilte Kundschaft
ES IST GRAUENHAFT Bezahlen und stehlen
Ich genieße das ungeteilte Interesse Aber
Er weiß was vor sich geht, er ist ja nicht blind
Der fünfzehnjährige Killer aus Springfield
EIN LEICHENBERG IN DER CAFETERIA DER HIGH SCHOOL
Er hat gelernt Hand anzulegen
Sitzt in Papierkleidern in Gewahrsam
Auch eine Mode Aus Amerika Kinderbanden
Durchkämmen Nordrhein-Westfalen Lehrlinge
Auf der Nahrungssuche bei Woolworth und Hertie
Ein fingerfertiger Völkerstamm aus der Zukunft
In den Arbeitsämtern wartet das Aas
Auf die Wiederverwendung Es kann lange warten
Wer Arbeit hat wartet die Automaten
Sie warten darauf, etwas warten zu dürfen
Legionen Während die Welt schwarz wird
Wie Afrika MAN DARF GEWALT NICHT NUR ANKÜNDIGEN
MAN MUSS SIE AUCH AUSÜBEN Das auswärtige Amt
Erklärt sich mit inwendigem Grinsen
Zu Bosnien Man wird euch zeigen was Arbeit ist
Eine Maschine mit Gliedmaßen geschlechtsneutral
Das Mannequin für die Arbeit von morgen
AM ENDE DES TAGES BIST DU EIN PRODUKT
Das Denken ist genau das was ich vermeide
Das tägliche bedruckte Papier
Der Gewahrsam gegen den Selbstmord der Gattung
Ich lese es nicht, ich schaue nicht hin
Ein Theater gefüllt mit Gleichmut
DER EINZIGE ORT WO ES WOHLTUT
VERZWEIFELN Der ausgelassene Kleist
in Stimmings Krug MEINE GANZE JAUCHZENDE SORGE
EINEN ABGRUND TIEF GENUG ZU FINDEN legt Hand an
Ein Doppelpunkt bei Potsdam Das Warten auf nichts
Das ist das Drama: es gibt keine Handlung
Wir wissen es anders und handeln nicht Nein
Wir können nicht anders Das Kleid
Ist angewachsen MAN ARBEITET HEUT ZU TAGE

ALLES IN MENSCHENFLEISCH Aber sie dauert
Sehen Sie Commodus, ein Tod von der Stange /
Lagerfeld oder Die Gelassenheit Er
Liebt nicht die Schönen, die er haben kann Sein Herz
Sucht die Schönheit überall Die Schönheit
Ist ein Sohn der Gosse Sie ist vorbestraft
Sehn Sie den Steckbrief, schwarze Haut
Ich genieße den Luxus, ausgestoßen zu sein
Ein Idiot im 3. Jahrtausend Ein Bürger der Welt
Helena Christensen verläßt den Laufsteg
Warum soll ich Mode werden
In der Wegwerfgesellschaft
Das Stadion voll letzter Schreie Ideen
Roms letzte Epoche des Unernsts
Sehn Sie nun das Finale ICH ODER ICH
Salute, Barbaren

Nach dem Jahrhundert fundamentalistischer Verwirklichungen warte ich auf ein Zeitalter der Entwürfe. Die Welt war zu sehr Wille, zu wenig Vorstellung. Wir haben, bei allem Wissen, nicht denken können, was wir leben. Die »höchstentwickelte Gesellschaft« handelte, bis es ihr die Sprache verschlug. Es bleiben die blutigen Märchen, von Weltkriegen, von Vernichtungslagern. Die Sagen des Sozialismus, das Sagen der Industrie. Das s i n d die Großen Erzählungen, die weitergehn wie der Widerstand, das Kosten der Niederlagen. Man muß Zusammenhänge zeigen, um den Bruch zu machen. Der Atomisierung des geschichtsvergessenen Geists kann Erfahrung ein Universum entgegensetzen. Es braucht ihre imperfektive Geduld, um weiterzukommen im Text. El Niño verschafft uns nicht mehr als 0,6 Millisekunden, um genau zu sein, und die Erfahrung lehrt, schreibt die FAZ, daß nach der ideologisch gebundnen Gewalt chaotischere Gewalt kommt, und die Währung, sagt Biedenkopf... der Mord... die Währung... an Herrhausen oder Rohwedder – Eben äußert ein postmoderner Minister, daß die Union und die FDP seit zwanzig Jahren den Sozialismus verwirklicht haben und es an den Sozialdemokraten sei, die Bürger wieder freier zu machen. Die Leute lassen sich nichts mehr sagen, aber alles erzählen. Liotard, Jean-Etienne Liotard übrigens hat der Nachwelt etwas Köstliches hinterlassen, ein famoses Bild, das in Dresden hängt, Das Schokoladenmädchen, 1744. Wie schätze ich Liotard.

Anreden III

Nuria Quevedo

Christa Wolf
Plusquamfutur II
Erinnerte Zukunft bei Volker Braun

Allzu nüchternen Zeiten mit surrealen Texten auf die Sprünge helfen – gut, das ist ausprobiert, bekannt und, nach einer Zeit der Irritation, unter dem Stichwort »klassisch« von dem mit kräftigen Kiefern mahlenden Literaturbetrieb zerkleinert und geschluckt. »Avantgardismus«, ein wenig verwelkt, was nicht Schuld der Autoren ist. ‹berhaupt »Schuld« – das Wort ist unterlaufen, ein wenig zu früh, ich lasse es einfach stehen. Aber was soll der realistische Autor – als solcher versteht Braun sich doch – machen, wenn die Zeiten, in denen er nun mal lebt, sich höchst surrealistisch gebärden, und der Autor steht MIT SPITZEM FUSS AUF DEM WELTRISS, UND KEIN SCHUSS FÄLLT. Weil nämlich die Zeitschollen ein Eigenleben entwickeln, voneinander wegdriften – der Autor mit je einem Beine auf je einer Halt suchend – oder sich, im Gegenteil, übereinanderschieben, wobei die eine nicht umhin kann, unterzutauchen, die andere dafür deutlicher, sichtbarer zu werden und sich als alleinige Wirklichkeit zu präsentieren. WIE KONNTE MAN ABER WISSEN, WAS JETZT WIRKLICH WAR? Der ewige Kummer des Erzählers ist es ja, daß er, was gleichzeitig geschieht, in geschichtlichen Sekundenbruchteilen, nicht gleichzeitig erzählen kann, er braucht für seine Hervorbringungen (ein Behelfswort, in diesem Zusammenhang!) die Ausdehnung in der Zeit, und das Material, den STOFF ZUM LEBEN, das ist ihm nur allzu bewußt, weswegen er Wert darauf liegt, seine TEXTE IN ZEITLICHER FOLGE darzubieten, und so liegen sie in zehn Bänden auf meinem Schreibtisch, umgeben von allerlei Einzelbändchen, LUSTGARTEN PREUSSEN, DER WENDEHALS, DIE VIER WERKZEUGMACHER, TUMULUS, um nur einige der letzten zu nennen, kaum bleibt Platz für dieses Blatt, auf dem ich schreibe, mein Tisch quillt über von seinem Werk. Ein Werk, ja! Das sich der Zeit ausgesetzt hat wie kaum eines, und eben deshalb bleibt. Was er wie wohl jeder Autor, der sein Ziel hochgesteckt hat, andauernd bitterlich bezweifelt.
Ich aber kann seine Bücher nicht alle noch einmal durchblättern, ich darf mich nicht festlegen, ich habe einen Termin, der rückt immer näher, ich zähle die Frist bis zu ihm hin nach Tagen, unmöglich, noch zu schaffen, was ich am liebsten täte (aber hätte ich das überhaupt »schaffen« können?): die Spur nachzeichnen, die Volker Braun mit seinen Texten wie kein Zweiter, behaupte ich, in den letzten zehn Jahren in seinen, unseren Lebensstoff eingeritzt, eingegraben hat, sich selbst und uns REDE UND ANTWORT stehend ÜBER DIE ROLLE, DIE JEDER VON UNS SPIELTE, SEIT WIR UNS TRENNTEN IN DEM GROSSEN BOGEN ZEIT, auf den der Autor gespannt war, von den frühen siebziger Jahren:

> Zu den verstreuten, tätigen
> Gefährten, wer es auch sei, muß ich kommen, und nie
> Verlassen den großen Kreis
>
> Und was ich beginne, mit ihnen
> Bin ich erst ich
> Und kann leben, und fühle wieder
> Mich selber in meiner Brust.

Und, AN FRIEDRICH HÖLDERLIN gerichtet, die fast frivolen Verse:
>   Dein Eigentum auch, Bodenloser
>   Die Asyl, das du bebautest
>   Mit schattenden Bäumen und Wein
>   Ist volkseigen;

Über den 11. Oktober 1989 (welche Voraussicht!):
>   Der Planwagen der Händlerin
>   Und der Eisenwagen der Genossen
>   Stoßen aufeinander. Was für alte
>   Fahrzeuge, die nicht wenden können! Ihre sichtbare
>   Schwierigkeit macht uns Mut
>   Zu einer anderen Bewegung. Eröffnen wir
>   Auch das Gespräch
>   Über die Wende im Land.

bis hin zu den Zeilen von 90/91, da der EISENWAGEN DER GENOSSEN sich als unfähig zur Wende/Veränderung erwiesen, der PLANWAGEN DER HÄNDLERIN sich längst in den hoch effektiven Supermarkt verwandelt hatte:

>   DAS EIGENTUM
>   Da bin ich noch: mein Land geht in den Westen.
>   KRIEG DEN HÜTTEN FRIEDE DEN PALÄSTEN.
>   Ich selber habe ihm den Tritt versetzt.
>   Es wirft sich weg und seine magre Zierde.
>   Dem Winter folgt der Sommer der Begierde.
>   Und ich kann *bleiben wo der Pfeffer wächst.*
>   Und unverständlich wird mein ganzer Text.
>   Was ich niemals besaß wird mir entrissen.
>   Was ich nicht lebte, werd ich ewig missen.
>   Die Hoffnung lag im Weg wie eine Falle.
>   Mein Eigentum, jetzt habt ihrs auf der Kralle.
>   Wann sag ich wieder *mein* und meine alle.

So dringen die Zeiten ineinander, in derselben Person DER WECHSEL DER ZEITEN EINE ALTLAST, eben noch, vor kleinen zehn, fünfzehn Jahren, hat der Autor, bei der Einweihung des Palastes der Republik, vorgeschlagen, diesen mit einem weithin sichtbaren Spruchband zu zieren: FRIEDE DEN HÜTTEN; KRIEG DEN PALÄSTEN, nun kann, nein: muß er die uralte Zeile, umgedreht, in den neuen Zusammenhang stellen, wo sie auch ihre Arbeit tut, verkehrte Welt DIE WIRKLICHKEIT SELBER ARBEITET DIE TEXTE UM, MAN MUSS IHR FOLGEN, UM REALISTISCH ZU BLEIBEN, und der Autor springt auf die Zeit VORRÜCKTWÄRTS gewagter kühner Akt ES IST EINE ERNSTE ZEIT DES EBEN MÖGLICHWERDENS UND GERADE VERTUNS die Geschichte nutzen als TREIBSATZ für seine Produktion, was auch heißt, keine Geschichten machen können. Oder doch? Von der ewig UNVOLLEN-

DETEN, sich immer weiterschreibenden GESCHICHTE soll hier nicht die Rede sein, sie gehört zu jenen Arbeiten, die ihn IN DIE SCHMERZZONE DER ERKENNTNIS trieben, WO WIR ZERRISSEN WERDEN, WIE UNSERE INTERESSEN ZERRISSEN SIND. Ich rede von den VIER WERKZEUGMACHERN.

Die vier, privilegiert im DDR-Betrieb in ihrer Facharbeiter-Nische, sind im Herbst 89 nicht auf die Straße gegangen (»Sie waren, wußten sie, eine Macht, sie mußten nicht demonstrieren«), »worauf die Geschichte ... sich mit ihnen einen Scherz erlaubte. ... so daß sie sich bald nicht wiedererkannten und glauben mußten, nicht mehr sie selbst zu sein.«
Die Versuchung ist groß, zeilenweise zitierend lustvoll dem Braunschen Text zu folgen, wie er den vier Werkzeugmachern, besonders dem einen, Matthes, der ihr Brigadier gewesen ist, in seine geheimsten Seelenwinkel nachgeht, während der sich selbst dabei zusieht, wie »sein Leben vertauscht wird«. Wie er Widersprüchlichstes in eine Formulierung zwingt (»die fassungslos aufatmenden Wachtposten«, als der erste einfach durch die Mauer geht), wie er, vor allem, Mittel findet, nacherlebbar zu machen, wie in diesen Arbeitern zwei Arten von Entfremdung sich in einem geschichtlichen Augenblick übereinanderschieben, sich, in einem Mann, zu dessen unaussprechlicher Verwirrung durchdringen. »Wir sind Bestarbeiter, Erfinder«, da steht er noch in der nun alten Zeit. »Bin ich ein Fremder, der sich verlaufen hat? ... Und was, wenn wir wirklich Wichte sind?« Da nagt an ihm der Selbstzweifel, der seiner öffentlichen Entwertung in der neuen Zeit folgen muß (»Am besten, Sie verschwinden, und wir vergessen, daß es Sie gegeben hat«).

Die Demontage, der Umbau eines Menschen in einen anderen durch Arbeitslosigkeit ist wohl noch nie so eindringlich beschrieben worden wie auf diesen wenigen Seiten, auch nicht – dies ist ja mein Thema – die Rolle, welche der Zeit-Wechsel dabei spielt, der ja einem in den nur für ihn neuen Verhältnissen eigentlich alltäglichen Fall im Gefühl des Betroffenen eines besondere Absurdität verleiht, die in diesem Text durch den manchmal scharfen Wechsel, manchmal auch durch das Ineinanderübergehen, Ineinanderfließen von innerem Monolog und Autorenkommentar mit ausgedrückt ist. Mit seiner Frau, Luise, kommt Matthes zwar in einen Dialog, aber was ist das für ein Dialog zwischen ehemals vertrauten Leuten, die sich selber und dadurch einander todfremd geworden sind. »Man hat mein Leben vertauscht«. – »Das kann gut sein«, erwidert Luise lakonisch, als sei dies ein gewöhnlicher Satz in der Küche. – Luise, die eher als ihr Mann entlassen wurde, eher als er begriffen hat, wie der Hase läuft und praktische Ratschläge gibt, aber auch, im Bett, ihrem Mann einen Satz wie den zu kauen gibt: »Mancher findet sich nie wieder. ... Selbstmörder oder wahnsinnig werden, davor ist keiner gefeit. Das ist das Normalste von der Welt.«

Man sieht die vier Werkzeugmacher dann bei der schweren Arbeit, ihre »Erinnerung auszuwechseln wie ein Straßenschild«. Die sich als »Eigentümer« gesehen hatten »von dem Eigentum«: »Jetzt haben sie uns am Arsch,« sagt der, den sie den »Fels« nennen, »und zeigen uns, daß wir kein Leben hatten«. Sie kommen zu dem Schluß: »Wir haben die Vergangenheit mit der Zukunft verwechselt.« Matthes aber ist »es unheimlich und er glaubte zu träumen«. Er schweigt. Es ist »schon nicht mehr ihre Welt«. Dem Beamten auf dem Arbeitsamt gelten sie als die »ungeeignetsten, undankbarsten Kunden, denen vielleicht nicht einmal mit Arbeit zu helfen war. Die sich selber suchten, weil sie sonstwo geblieben waren, in verschollenen Betrieben und Verhältnissen, die sie nicht zurückwünschen konnten und doch entbehrten«. Sie hatten ja gedacht, eine »Stellung in der Gesellschaft« zu haben, »und wer das einmal geglaubt hat, hat einen Knacks weg, auch wenn es ihm später besser geht, da bleibt was zurück«. WAS ICH NICHT LEBTE, WERD ICH EWIG MISSEN.

So entsteht an der Schnittstelle der Epochen, dort, wo Langsamkeit auf Schnelligkeit trifft, ein Zeitwirbel, in den die Arbeiter hineingerissen werden, auch der Chronist, der aber seine Augen offen und den Kopf oben behält. Der die Laune, den verqueren Humor der Geschichte zu würdigen weiß, auf wessen Kosten er auch immer gehen mag. Der diesen »Fall, wie es ihn vielleicht nie in der Weltgeschichte gab«, brennend kühl zu analysieren weiß. »Wer den Schaden gemacht hat, muß auch für den Spott sorgen«, sagt er sich, und das tut er denn auch: »Daß sie nun Menschen waren, meldeten auch die Medien«. So sickert das Surreale in den nüchternen Alltag ein, nicht nur bei einzelnen: massenhaft; was E. T. A. Hoffmann in der Frühzeit des deutschen Kapitalismus in seinen Personen gefunden hat, ihre Ver-rücktheit, das diagnostiziert ein vielleicht unbewußter Nachfahre in dessen Spätzeit, selbstverständlich ohne jeden romantischen Beiklang, das schier unauflösliche Dilemma: die Menschheit »in ihrem fantastischen Zwiespalt, Wahnsinn Vernunft.« Was heißt, daß hier ein Befund erhoben wird, der nicht nur für dieses kleine Land gilt, in dem die vier Werkzeugmacher gelebt haben, nicht nur für die zwei Länder, die bei ihrem vereinigenden Zusammenprall soviel absurde Energie freigesetzt haben. Dieser Autor muß sich gefragt haben, wie seine Figur, »ob er dem Mann (will sagen: dem Leser; uns) die Wahrheit sagen oder mit der Wirklichkeit kommen sollte«, und er muß sich entschieden haben, aber wozu? Mir scheint, zu jener Art Realismus, in dem die Wahrheit aus der Wirklichkeit Funken schlägt.

März 99

Unser Dank für alle, die Theater der Zeit weiterempfehlen oder verschenken.

1

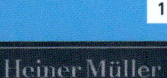

**Heiner Müller
Die Gedichte
Suhrkamp Verlag**
Der erste Band der geplanten vollständigen Werkausgabe: Die Gedichte – „gehören zum Bedeutendsten, was die Lyrik unseres Jahrhunderts hervorgebracht hat"
Alexander von Bormann

2

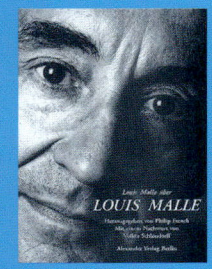

**Louis Malle über Louis Malle
Alexander Verlag**
„Die Gespräche sind klarsichtig, offen und diskret zugleich, und sie zeichnen eindrucksvoll Malles Beweglichkeit in Sujets, Filmen und Sprache nach."
Frankfurter Rundschau

3

**Peter Simhandl
Theatergeschichte in einem Band
Henschel Verlag**
Kompakt und allgemeinverständlich – Die Entwicklung des Dramas und des Theaters von seinen Ursprüngen bis in die unmittelbare Gegenwart.

4

**Jochym Topol
Die Schwester
Verlag Volk und Welt**
Nichts ist wie früher: Die Welt und die Werte sind aus den Fugen. Topol beschreibt mit seinem Kult-Roman eine beklemmende Odyssee durch ein atavistisches Osteuropa.

Theater der Zeit

Ein Abonnement als Geschenk

Ich möchte Theater der Zeit verschenken. Ich bestelle ein Geschenkabonnement (6 Ausgaben + 2 Arbeitsbücher) zum Preis von 98 DM (98 SFR, 690 ÖS). Bitte senden Sie die Hefte an:

Name, Vorname: Telefon:

PLZ, Ort: Straße, Hausnummer:

Als Dank für meine Bestellung möchte ich das hier angekreuzte Buch.   1   2   3   4
Bitte schicken Sie es mit der Abonnementrechnung an meine Adresse:

Name, Vorname:

PLZ, Ort: Straße, Hausnummer:

Ich zahle gegen Rechnung

Ich zahle per Lastschrift von meinem Konto:

Kto.-Nr.:   Geldinstitut: BLZ:

Mein Abonnement verlängert sich, wenn es nicht drei Monate vor Ablauf gekündigt wird. Mit Adressenänderungsmitteilungen durch die Post bin ich einverstanden. Für Lieferungen ins Ausland wird zum o.g. Abonnementpreis zzgl. ein Versandkostenanteil von 15 DM berechnet. Rücktrittsgarantie: Diese Vereinbarung kann ich binnen 14 Tagen (Poststempel) schriftlich widerrufen.

Datum: Unterschrift:

Theater der Zeit, im Podewil, Klosterstraße 68-70, 10179 Berlin, Telefon 030-242 36 88, Fax 030-24 72 24 15

Theater der Zeit Abonnement

Ich bestelle ab der nächsten erreichbaren Ausgabe Theater der Zeit im Abonnement (6 Ausgaben + 2 Arbeitsbücher) zum Preis von 98 DM (98 SFR, 690 ÖS).

Ich bin StudentIn oder RentnerIn und abonniere Theater der Zeit (6 Ausgaben + 2 Arbeitsbücher) zum 20 % ermäßigten Preis. (Einen gültigen Nachweis lege ich bei.)

Name, Vorname: Telefon

PLZ, Ort: Straße, Hausnummer:

Datum: Unterschrift:

Ich zahle gegen Rechnung

Ich zahle per Lastschrift von meinem Konto:

Kto.-Nr: Geldinstitut: BLZ:

Mein Abonnement verlängert sich, wenn es nicht drei Monate vor Ablauf gekündigt wird. Mit Adressenänderungsmitteilungen durch die Post bin ich einverstanden. Für Lieferungen ins Ausland wird zum o.g. Abonnementpreis zzgl. ein Versandkostenanteil von 15 DM berechnet. Rücktrittsgarantie: Diese Vereinbarung kann ich binnen 14 Tagen (Poststempel) schriftlich widerrufen.

Datum: Unterschrift:

Theater der Zeit wurde mir empfohlen von:

PLZ, Ort: Straße, Hausnummer:

Datum: Unterschrift:

Als Dank für die Empfehlung erhält der Werber das hier angekreuzte Buch.   1   2   3   4

Theater der Zeit

versteht sich als Medium der Reflexion, einem Theater zugewandt, das sich vor den Turbulenzen des Hier und Heute nicht ängstigt. In einer Situation gesellschaftlicher Spannungen will die Zeitschrift Theaterleuten aus Ost und West, aus Nord und Süd ein Forum der Kritik, der Debatte und der genreübergreifenden Verständigung eröffnen.

Bitte ausreichend frankieren oder faxen an 030-24 72 24 15

Antwortkarte

Theater der Zeit
Im Podewil
Klosterstraße 68-70

D-10179 Berlin

Bitte ausreichend frankieren oder faxen an 030-24 72 24 15

Antwortkarte

Theater der Zeit
Im Podewil
Klosterstraße 68-70

D-10179 Berlin

- alle zwei Monate neu und zusätzlich zwei Arbeitsbücher
- genreübergreifend: Schauspiel, freie Szene, Oper, Kinder- und Jugendtheater
- Hintergrundberichte
- Reportagen
- Gespräche
- Porträts
- Essays
- Neue Theaterstücke
- Kurzkritiken
- Informationen
- aktueller Premierenkalender

Jens Jessen
Dresden ist meine Heimat, der heimliche Grund, der überwachsene Abgrund

Über ein Motiv bei Volker Braun

In dem kleinen Band, der Volker Brauns Betrachtungen zu und nach der Wende von 1989 sammelt, gibt es einen Essay über die Zerstörung Dresdens, der eine Wendung von seltener Provokationskraft enthält. Sie lautet: »Als Dresdner Bestie bete ich zur Neutronenbombe.« Man muß den Satz zweimal lesen, um über den Schock hinwegzukommen, wie hier einer mit dem Gedanken liebäugelt, daß die Neutronenbombe, falls es sie schon gegeben hätte, die Bewohner Dresdens zwar getötet, aber die köstlichen Gebäude glücklicherweise erhalten hätte.

Beim zweiten Lesen verschiebt sich allerdings das Gewicht auf die selbstironische Formel von der Dresdner Bestie. Dresdner, so deutet Braun an, sind in ihrem Schmerz über die zerstörte Tradition zu allem fähig, selbst dazu, Menschenleben geringer zu achten als das kunsthistorische Erbe. Wenige Sätze weiter wird jedoch klar, daß der Autor damit weit mehr als ein sarkastisches Aperçu formulieren wollte. Es geht um einen Gegensatz von Tradition und Fortschritt, Bewußtseinsmacht der Geschichte und Überlebensanspruch der Menschheit. Diesen Gegensatz will Volker Braun keinesweg fraglos zugunsten der Gegenwart und ihrer utopischen Zukunftserwartungen lösen. Vielmehr schildert er, wie er als Kind von einem der umliegenden Höhen auf das zerstörte Dresden blickt: »Vom Wachwitzer Weinberg sah ich stundenlang, das Physikbuch auf den Knien, auf die leuchtenden Trümmer. Es war eine Sehstörung, die zunahm. Ich sah den Frieden.« Auch diese Passage ist starker Tobak. Zunächst: Kann es erlaubt sein, den Frieden, den endlich errungenen oder vielmehr von den Kriegsgegnern geschenkten, als Sehstörung zu bezeichnen? In der Formulierung liegt ein denunziatorisches Moment; sein Motiv ist abermals der Kummer des Dresdners, der sich über einen Frieden nicht freuen kann, der auf den Ruinen seiner Heimatstadt beruht. Zugleich weiß der Dresdner aber auch, daß er sich, wenn er keine Bestie sein will, über den Frieden freuen muß. Der Kummer hat hier eine Dimension der Selbstentfremdung: Um den Frieden, also übrigens auch die Zukunft zu bejahen, muß er den Schmerz klein halten, der aus Liebe zu dem Verlorenen kommt. Recht eigentlich muß die Liebe zu dem schönen Alten überhaupt überwunden werden, um die Zukunft zu gewinnen. Darin liegt nicht nur ein individualpsychologisches Problem, sondern ein politisches Problem von beachtlicher Reichweite, in Sonderheit war es das für den Versuch, in dem kleinbürgerlich-bürgerlichen, jedenfalls nur noch minoritär proletarischen Deutschland den Sozialismus aufzubauen. Der Sozialismus verlangte (und verlangt) den Verzicht auf vieles liebgewordene und identitätstiftende Kulturgut, um eine neue Identität zu stiften. Nicht alle kostbare Tradition ließ sich als humanistisch-revolutionären Vorlauf der Arbeiterbewegung interpretieren. Die Pflege des klassischen Erbes mußte sich in Widersprüche verwickeln und Widersprüche hervorrufen; und nicht nur wegen ihres zensorischen Umgangs mit dem bürgerlichen Kanon. Wenn es erlaubt ist, ein Brandenburger Beispiel den Dresdner Reminiszenzen beizugesellen: Die Potsdamer Plattenbauten halfen einem Wohnungsmangel ab, den das barbarisch gesprengte Potsdamer Stadtschloß nicht befriedigen konnte; aber gerade darum erinnern sie noch immer an das Stadtschloß, auch wenn viele nicht mehr davon wissen. Auch die Plattenbauten bedeuteten Frieden, und dieser Frieden war nicht zu gewinnen ohne die Zerstörung das Alten; weniger in einem ideologischen Sinne (denn ideologisch war die Zerstörung der Hohenzollernschlösser Unsinn), aber in einem direkten, ökonomischen: Man hätte nicht zugleich das Alte wiederaufbauen und das Neue errichten können.

Die Entscheidung für das Neue verlangte einen barbarischen Umgang mit dem Alten, nur mehr Dekorativen, von dem man überdies fürchten mußte, daß es falsche, bürgerliche Identität stiftete.

Der Sozialismus zeigte also das Medusenhaupt des Fortschritts, und der Blick in dieses Medusenhaupt löste jene Sehstörung aus, von der Volker Braun spricht. Es handelt sich also um kein bloß privates Dilemma des kummervollen Dresdner Kindes. Es ist ein objektiver Widerspruch, und noch nicht einmal nur einer des Bewußtseins, den Volker Braun hier gleichsam im Vorübergehen formuliert: Er sah den Frieden. Er war häßlich.

Das aber ist nun wirklich eine Sehstörung, im doppelten Sinne. Zum einen weiß das Kind, daß es nicht richtig sieht: denn der Frieden ist ja etwas Schönes. Sehstörung heißt hier also: falsche, reaktionäre Perspektive. Zum anderen wird aber das richtige Sehen tatsächlich gestört, nämlich von einer Störung, Verstörung begleitet. Sehstörung heißt also zweitens: Störung, Qual des Bewußtsein durch das, was es richtig sieht. Es sieht das Opfer, das der Frieden verlangt.

An eine solche empörende, in sich verstörende Erkenntnis müßte sich nun eigentlich die Frage nach den gesellschaftlichen Verhältnissen anschließen, unter denen der Frieden ein derartiges Opfer verlangt. Diese Verhältnisse sind zunächst, historisch und politisch korrekt, die des Nationalsozialismus, einer barbarischen Degenerationstufe der bürgerlichen Gesellschaft also. Nun spricht Braun aber in jenem zwielichtigen deutschen Präteritum, das die Bewegung der Vergangenheit auf Gegenwart und Zukunft hin einschließt: Es war eine Sehstörung, die zunahm. Es wird nicht illegitim sein, den Satz über die Situation des Kindes hinaus auf Volker Brauns Wahrnehmung des kommenden Sozialismus auszudehnen. In der Tat schreibt er eine Seite später höhnisch über die Antifaschisten, die von einem wiederaufgebauten Dresden sprechen, das schöner und zweckmäßiger wird; von den Plattenbauten also, in denen Braun den platten Willen zur Uniform erkennt, das Resultat unschöpferischer Arbeit für alle und des sozialistischen Mangels, der das Bewußtsein vergeudete, d.h. nicht beanspruchte.

Wunderbarerweise ist es aber gar nicht nötig umzublättern und weiterlesend zu verfolgen, wie der Autor den Satz von der Sehstörung langsam auffaltet und die enthaltene dialektische Diagnose der sozialistischen Gesellschaft durchführt (einschließlich seiner eigenen subjektiven Position als Dresdner und als Intellektueller). Die einzigartige Sonderstellung Volker Brauns in der deutschen Nachkriegsliteratur (man möchte recht bürgerlich von Genie sprechen) besteht gerade in der Kunst, ein weitläufiges Gelände objektiver und subjektiver Widersprüche in einer Formulierung zu verdichten. Volker Braun schreibt und denkt tatsächlich dialektisch, und das mußte ihn unter den Bedingungen der DDR in eine prekäre Außenseiterrolle bringen; denn der Sozialismus, von dem die Partei zu sprechen verlangte, war keiner, von dem man sagen durfte, daß er nicht nur Widersprüche überwand, sondern auch neue hervorbrachte. Undialektisches Lob für den Sozialismus oder undialektische Ablehnung waren naheliegendere und bequemere

Schreibhaltungen für Intellektuelle in der DDR. Volker Braun hat aber an der Utopie festgehalten und zugleich die Widerprüche illusionslos protokolliert, die bei der Überführung der Utopie in die Realität entstehen. Auch hierfür, für seine eigene Aufgabe und seine eigene Verzweiflung an ihr, hat er in dem Text ein grandioses Bild gefunden. Es ist ebenfalls, wie sollte es anders sein, aus dem Bilderfundus des zerstörten Dresden entlehnt. Dieses Bild zeigt ein Haupt mit abgeschlagener Stirn, schräg auf einem Quader ruhend, als höbe die zerschmetterte Skulpur den Kopf zu einer verzweifelten Frage. Wie soll sie denken. Die abgeschlagene Stirn, das abgeschlagene bürgerliche Bewußtsein des Dresdners, vielleicht auch das behinderte Denken in der DDR, die keine Geschichtstrauer zulassen wollte. Und dann die Frage: Wie soll man denken?

Der Triumph Brauns als Intellektueller besteht darin, daß er den Akzent der Frage auf das Wie verlagert hat, auf die wahrhaftige Ratlosigkeit also und auf das Drängen nach einer Antwort, nicht auf die Resignation. Eine platte Antwort im Sinne einer Lösung, im Sinne richtigen Bewußtseins hat er allerdings nicht gegeben. Seine dichterische Antwort ist die Totalität der Widersprüche, aller Siege und Niederlagen, Hoffnungen und Enttäuschungen.

Auch hierfür, für diesen Dichter, der nichts weniger als die grausige Ganzheit unerschrocken ausbreitet, hat er ein Dresdner Zerstörungsbild gefunden. Es ist die große steinerne Frauenfigur, die leicht vorgebeugt auf die unabsehbare Trümmerfläche weist, sie lächelt, und die offene Hand serviert das Unsere, das Menschenwerk.

Siegfried Adam

Wilfried Grauert
Brief an einen Freund, der sich schwer tut mit Texten Volker Brauns aus der Wendezeit

Lieber Hans,
erinnerst du dich noch an die Rast hinter Ravenna? Wir hatten die Tour durch das Po-Delta in den Knochen und unterm Damm, zwei Tage Gegenwind. Wir hatten uns die Mosaiken im Mausoleum der Galla Placidia angesehen, Dantes Grab, am Grabmal des Theoderich waren wir vorbei gefahren und hatten uns ein schattiges Plätzchen gesucht, ein Picknick unter Pinien. Ich hatte das Gespräch auf Dantes Exil gebracht, seine letzten Jahre in Ravenna. Du holtest gehefete Kopien aus deiner Lenkertasche und rezitiertest Mickels Gedicht *Ravenna*. Mit den besten Grüßen von Boethius: *Vom Trost der Philosophie*. Die Jahre im Gefängnis; *morbus melancholicus*? Keine Rede davon. Das Ende der antiken Philosophie, den Nachgeborenen ins Stammbuch.

(zu *Iphigenie in Freiheit*)

Jetzt nimmst du den Faden wieder auf und sprichst anläßlich Volker Brauns *Iphigenie in Freiheit* von *furor melancholicus* (dazu später) und davon, daß es sich hier um einen zerrissenen Text handele. Und einmal erklärst du arglos, daß Braun noch nicht wieder der alte sei, er sei ästhetisch (noch nicht wieder) produktiv. Was meinst du mit »zerrissener Text«? Beziehst du dich auf das Material im Sinne von ästhetisch mißglückter Text? Oder zielst du auf den Gemütszustand, den dieser Text ausdrückt, das Bewußtsein eines zerrissenen Autors / Menschen? Nun, auf der Ebene des Materials ist Brauns *Iphigenie* kein »zerrissener Text«; er ist disparat und diskontinuierlich, zugleich jedoch, und dies zählt, auf raffinierte Weise konstruiert. In der Titelszene, die etwa die Hälfte des Textes ausmacht, montiert der Autor den Stoff des Tantaliden-Mythos und den gesellschaftlichen Umbruch von 1989 in der DDR / in der UdSSR, so daß die Handlung (Ort, Zeit), das Personal und die Werte und Normen eine doppelte Optik aufweisen und entsprechend zu lesen sind. Indem er sich der griechischen Königstochter und ihres Schicksals bedient, problematisiert er das aktuelle Selbstverständnis der sozialistischen Intelligenz: die Freigabe der Priesterin als Trennung / Befreiung der sozialistischen Intellektuellen vom Macht- und Wahrheitsmonopol der Partei usw.

Hinzu kommen die intertextuellen Bezüge, die ständigen Anspielungen auf Goethes *Iphigenie auf Tauris* – du kannst die Braunsche als einen Widerruf der klassischen lesen –, dahinter lauern die taurische und die aulische des Euripides. Im Rekurs auf den Aulis-Komplex sehe ich übrigens auch einen Bezug auf Racines *Iphigénie*, zumal auf dessen Einführung / Erfindung einer neuen Figur, der Eriphile, die Hand an sich legt, bevor der Priester Kalchas seines Amtes walten kann; es ist eine Figur ganz aus dem Geiste des Jansenismus und dessen *vision tragique* der Welt. Darüber hinaus findest du, komplementär zu den Verweisungen auf den Iphigenie-Stoff, ein dicht geknüpftes Netz von intertextuellen Bezügen: Shakespeare und Lessing, Büchner und Brecht u.a.m. So bekommst du gleichsam ein epochenübergreifendes Resümee des Geschichtsprozesses, der von Gewalt und Rache angetrieben als Barbarei beschworen wird; zugleich wirst du daran erinnert, daß auch eine andere Perspektive bestand / besteht, vielleicht der einzige Rahmen, Gesellschaft und Geschichte anders, Zivilisation neu zu konstruieren, ohne Gewalt, dies vor allem, und als Heimat nun für alle.

Und, fragst du, hält es oder reißt es, dieses mythologisch-literarische Netz, das Braun spannt, um Iphigenie bei ihrem Sprung in die Freiheit zu Hilfe zu kommen?

Oder springt sie gar daneben? Geduld, mein Lieber, zunächst erkennt die Heldin das Scheitern der historischen Mission des Sozialismus, die Pervertierung des sozialistischen Projektes zur stalinistischen Diktatur und ihre Mitschuld. In Dienst genommen, war aus dem Opfer eine Täterin geworden, zumindest subjektiv, die Agentin einer autoritären, repressiven und totalitären Macht, die sich schuldig fühlt. Anschließend wird sie sich der prekären Lage, ja der Ausweglosigkeit bewußt, die sich aus der kapitalistischen Restauration und dem systemkonsequenten Modell der technischen Zivilisation ergibt. Iphigenies Einsicht in das Ausmaß der Umweltzerstörung und die drohenden ökologischen Katastrophen sowie in die undemokratischen und unmenschlichen Lebensverhältnisse in der Dritten Welt führen zu einer radikalen Desillusionierung über den Gesellschafts- und Geschichtsprozess, die sie zum Utopieverzicht bewegt und darüber hinaus die Abdankung einer kritisch-emanzipatorischen Intelligenz signalisiert; des weiteren zum Widerruf des Humanitätsprojektes, wie es in der Traditionslinie Humanismus, Aufklärung, Sozialismus konzipiert wurde.

Das Scheitern ihres Trennungsprozesses bzw. Befreiungsversuches mündet in eine tiefe Sinnkrise, die auf der Ebene der Handlung in Wahnsinn (oder Tod / Selbstmord?) endet. Angesichts des prekären zivilisatorischen Zustandes, dessen konstitutives Moment die Erosion der Humanität bildet, und des daraus resultierenden geschichtsphilosophischen Pessimismus' begreift Iphigenie Geschichte als einen Prozeß der Barbarisierung und verfällt der Resignation, ja der Melancholie. Und diese melancholische Reaktion auf die Erfahrungen mit einem gesellschaftlichen Umbruch, die der Autor an Iphigenie demonstriert, auf den Verlust (nicht nur) der sozialistischen Utopie und auf die Erfahrung der Freiheit, als deren Konstituens sich die Barbarei erweist – ich erspare dir einen Exkurs über das Konzept der Barbarei in der Topik des marxistischen Denkens (Luxemburg, Brecht, Müller) –, kann gewiß als repräsentativ gelten für den aktuellen Bewußtseinsstand eines (großen) Teils der sozialistischen Autoren aus der DDR bzw. aus Ostdeutschland sowie der Bevölkerung überhaupt; womit ich, wie anfangs angekündigt, auf den von dir betonten *furor melancholicus* zu sprechen komme.

Die Melancholie, du hast sie auch mit der Wehleidigkeit verbunden, die viele an den Ossis festmachen und kritisieren. Weißt du noch, wie wir uns darüber gestritten haben? Du hattest die Positionen von Heym und Maron angeführt, beiden recht gegeben. (Ist doch wahr!) Aber hattest du die Lebensgeschichten mitgedacht, die eine solche Phase verständlich machen und zugleich relativieren? Und dann die Attacken auf die Schriftsteller, vor allem die Reformsozialisten, über deren Integration ins System, deren mangelnden Mut vor Fürstenthronen du immer wieder vorgeführt hast. Und schließlich die Generalthese von der Melancholie: Gewiß liegt hier ein Schlüssel zum Verständnis vieler Texte und Positionen in der sog. Wendezeit. Aber: was den Begriff der Melancholie angeht, so kommt es entschieden auf den einschlägigen Kontext an. Nehmen wir ihn als psychologischen oder psycho-sozialen Begriff oder eher als psycho-historischen, wie er in der Geschichte der deutschen Literatur figuriert? Melancholie tritt im 18. Jahrhundert als weitverbreitetes Phänomen auf; manche deuten sie als Ausdruck eines gestörten Gottesverhältnisses, andere konstruieren einen kultur-soziologischen Rahmen: Melancholie als Syndrom für die mentale Reaktion des deutschen Bürgertums auf seine historisch-soziale Situation (Machtdistanz/-verzicht, Handlungshemmung, Reflexionsüberhang, Eskapismus, Innerlichkeit, kurz: die deutsche Misere) – mit dieser Position läßt sich etwas anfangen.

Das durch den *status melancholicus* geprägte Wirklichkeitsverhältnis ist dadurch gekennzeichnet, daß das Individuum zu der es umgebenden Wirklichkeit keine (produktive) Beziehung mehr herstellen kann. Allerdings geht der *status melancholicus* nicht darin auf: Angesichts seiner dialektischen Struktur kann er auch als eine Phase der Inkubation (!) gedeutet werden, in der sich ein neues produktives Verhältnis zur Wirklichkeit vorbereitet (vgl. Benjamins *Trauerspiel*-Buch sowie die Deutung von Dürers *Melancolia 1* in der *Ästhetik des Widerstands*). Dies drängt zu einer dialektischen Lektüre der Titelheldin und des Stücks (übertreibe ich?): Zunächst ist zwischen der Figurenperspektive und der Autorperspektive zu unterscheiden – Iphigenies *furor melancholicus* ist offen für die Rezeptionsarbeit des Zuschauers/Lesers, zumal der Autor der Titelszene die *Spiegelzelt*-Episode vorangestellt hat, in der er einen epochalen Problemhorizont skizziert; ferner ist bei Braun immer das Konzept der Negativ-Didaxe in Rechnung zu stellen, das in der Tradition Diderots, des hegel-marxistischen Denkens sowie von Brechts Methode steht. Erst in der reflexiven und diskursiven Aneignung *ex negativo* wird das semantische Potential des Stückes ausgeschöpft; die abgewickelte Heldin ist nicht das letzte Wort. Der an der Iphigenie-Figur demonstrierte Defaitismus ist im Hinblick auf eine utopische Dimension zu problematisieren: Dabei ist zum einen deren Verschiebung aus der Werkstruktur auf die kommunikative Ebene zu berücksichtigen, zum anderen der Status- bzw. Funktionswandel der Utopie, die nicht mehr als Ausdruck einer (dogmatischen) Systemalternative zu begreifen ist, sondern als (diskursive) Variante innerhalb des Systems. Eine Perspektivierung der gegenwärtigen technischen Zivilisation in Richtung auf eine humane, das heißt ökologisch und sozial verträgliche Zivilisation, das wäre die eigentliche Wende. (Habe ich überzogen?)

Übrigens, wenn du nach dem Zusammenhang des in der Braunschen Iphigenie-Figur dargestellten *furor melancholicus* mit der Melancholie der klassischen Periode fragst – zumal Brauns Figur und Stück sich als Zurücknahme des Goetheschen Schauspiels und seiner Titelheldin lesen lassen –, so gilt es einem Mißverständnis vorzubeugen: Goethes Iphigenie steht quer zum Melancholie-Begriff, wie ihn Elias konzipiert und Lepenies weiterentwickelt hat, oder? Im Hinblick auf die eskapistische Haltung, mit der das deutsche Bürgertum und dessen literarische Intelligenz auf die durch die Machtverhältnisse bedingte Aussperrung vom höfischen Leben reagierte, bildete Goethe die Ausnahme: Seine vielfältigen politisch-administrativen Tätigkeiten am Hof zu Weimar verschafften ihm umfassende gesellschaftliche Erfahrungen, die seinen Reflexionen ein reichhaltiges Material boten. Allerdings hatte die Position als Fürstendiener und Prinzenerzieher ihren Preis: den Verzicht auf eine produktive Verfolgung privater Projekte in Literatur und Wissenschaft. Zu dem Unbehagen, das aus dieser (tendenziell) selbstrepressiven Situation entstand – es war ein Motiv für die Flucht aus Weimar nach Italien –, kam die Enttäuschung über die begrenzten Möglichkeiten einer an den

Interessen des Bürgertums orientierten Reformpolitik im aufgeklärten Absolutismus, seine Desillusionierung über sein persönliches Scheitern bzw. das Scheitern eines bürgerlichen Intellektuellen in der höfischen Gesellschaft. Es ist offensichtlich, daß Goethes Flucht aus Weimar (und Iphigenies Flucht aus Tauris) mit der epochaltypischen Weltflucht der bürgerlichen Intelligenz in Deutschland nicht zu vergleichen ist: Goethes (und Iphigenies) Flucht verdankte / verdankt sich nicht der säkularen Melancholie, sondern einer schmerzlichen Desillusionierung, mit der intellektuelle und imaginative Neugier/Arbeit auf Erfahrungen mit der Macht reagiert.
Soviel zu *Iphigenie in Freiheit*, fürs erste. Übrigens, auch mit deinem Urteil über Brauns Dialogerzählung *Der Wendehals* bin ich nicht einverstanden; doch darüber ein andermal – ich will den Text noch einmal lesen und – genießen.
Sei herzlich gegrüßt
Wilfried

PS. Erinnerst du dich noch an unsere Rast in einem der Dornburger Schlösser? Es hatte stundenlang stark geregnet, trotz der Regenkleidung waren wir naß. Und dann die Steigung hinauf, meine Kette war abgesprungen. In nassen Hosen saßen wir im Restaurant: Roulade gab es, mit Rotkohl, dazu ein Radeberger. In der Wärme bin ich eingenickt. Dann dieser Traum, ich habe ihn dir erzählt, Goethe und Braun im Garten, bei Tisch, im Schatten einer Kastanie. Goethe reicht noch einmal die Teltower Rübchen, Braun nimmt reichlich davon und schenkt Goethe nach, *Poggio ai Mandorli*, von einem alten Winzer, der immer ein paar Verse aus der *Commedia* parat hatte, fürs Leben; zwischen Siena und Arezzo. Goethe weist mit dem Glas auf den Baum: *Wirft man dem Baum vor, daß er um die Wölbung des Steins herumwächst?*; Braun: *Wie kenntlich die verschiedenen Stamm- und Wurzelarten zwischen das Mauerwerk verflochten sind*. Plötzlich zeigt er auf einen Vogel, dessen Schrei ihn aufmerksam gemacht hat: Siehst du ihn? Was meinst du, ist das ein Falke oder ein Bussard? Pause, Goethe wie abwesend: *dem Geyer gleich – so wird's gemacht*. Braun prustet, Goethe feixt. Sie (die Welt unter den Lidern schauend) lachen und stehen auf. *Wir Apatriden ... Auf den Boden Satz!*

Wilhelm Bartsch
Achill Head

Hier sitze ich. Soll sonstwo mancher Käpt'n lauern,
der keiner ist, auf Meuterei. Dreh um den Spieß
allein des Namens – und er muß von Bord. Auch dies

lehrt dieser Ort. Schon stelzt das Licht mit Regenschauern,
die See rührt sanft wie Bodhrantrommler an die Mauern
der Zeit – mich rührt das Herz des Kliffs, und ich berühr's –

Was »wohlfeil« ist wie tot sein – mag's uns »überdauern«
Da sitze – tonlos, scheint's – am Rand des Weltreviers.
Doch »Caliban bannt Ariel«? – So boycottier's.

Hans Kaufmann
Fortgesetzter Widerstand

An einem Spätsommertag des Jahres 1939, Volker Braun dürfte in seiner damals noch unzerstörten Heimatstadt Dresden in der Wiege gelegen haben, heulten in der Hauptstadt Großdeutschlands zum ersten Mal die Sirenen, die die Bevölkerung auf Luftangriffe vorbereiten sollten. Noch fielen keine Bomben, aber jedermann wußte, daß damit der II. Weltkrieg begonnen hatte. Ich tröstete mich damit, daß ich erst dreizehn war und folglich dem Schlachten entgehen würde. Ein kindischer Trugschluß – doch überlebte ich immerhin. Und in der Mitte der 60er Jahre traf ich bei Freunden den jungen Dichter, dessen Name sich rasch herumzusprechen begann.

Braun las Gedichte, und in einer Pause des Nachdenkens merkte ich an, wie ärgerlich es sei, beim Zuhören immer schon daran denken zu müssen, ob dieser oder jener Text Chancen hatte, gedruckt zu werden. Braun entgegnete prompt, das Ohr, das auf solche Weise mithöre, müsse man abschrauben. Da gab der Vorturner beim Training des aufrechten Ganges bereits seine Visitenkarte ab. Er schrieb im Auftrag, doch schon damals nur in seinem eigenen.

Braun war sehr höflich, konnte zuhören und äußerte sich mit Respekt, doch fand sich in seiner Konzilianz keine Spur von Opportunismus. Wo es ihm darauf ankam, trug er seine Ansichten mit einer freundlichen Bestimmtheit vor, die einladend wirkte und von der Kraft ausging. Es kostete übrigens auch Kraft, den eingeschlagenen Weg durchzuhalten gegen Mißtrauen, bösartige politische Unterstellungen, bürokratische Kleinlichkeit und Verbote – und auch gegen nagende Selbstzweifel.

Je näher ich seinem Werk kam, desto deutlicher nahm ich (nicht ohne Erstaunen) wahr, daß dieser junge Bursche – für mich blieb er das in gewissem Sinne immer – mich dahin drängte, meine eigene Aufgabe kritischer zu bedenken. Talente hätten, meinte Goethe, »immer etwas Verwegenes«, und wenn das stimmte, so mochte es wichtiger sein, die Spezifik eines Talentes zu begreifen und begreiflich zu machen, statt es schulmäßig zu belehren. In der Besprechung früher Gedichte Brauns im »Forum« hatte ich 1968, lang ist's her, gemeint, Braun vor einer Neigung zu sensationellen Paradoxien im Sprachgebrauch warnen zu sollen, und hatte eben damit an etwas vorbeigeredet, was zu seinem Eigensten gehörte.

Braun befaßte sich stets mit Politik, und sein jüngst erschienener Band mit »Äußerungen« bezeugt, daß er das auch weiterhin tut. Und da seine Weise, sich zu äußern, das Wort ist, hat er etwas von einem Tribunen – in dem Sinn, daß der Gedanke zur Verwirklichung, das Wort zur Tat drängt. Aber er ist auch kritischer Kopf, analytischer Denker, ein echter Abkömmling von Marx, und kann deshalb nie bloßer Nachredner sein (»Der Widerspruch von Disziplin und eigenem Denken ... war mein eigenes Trauma«, sagt er im Rückblick). Der Tribun und der Analytiker stehen permanent in einem Widerspruch zueinander, der fruchtbar ist, aber einen aufmerksamen Leser verlangt, jedenfalls einen, der bereit ist, sich aus geistiger Bequemlichkeit aufstören zu lassen. Das aufgerufene Wortmaterial, vom Sprichwort bis zum Goethe-Zitat einerseits, zum Jargon andererseits, vor allem aber die abgenutzte, allzu achtlos hingesprochene Phrase, hinterfragt der Poet mit oft sarkastischem Humor, stellt Satzteile überraschend gegeneinander und schafft so neue Bedeutungen oder stellt alte wieder her. In solcherart Ver-

fremdung wird die Sprache gleichsam gewaschen, falsches Bewußtsein ausgetrieben. Indem wir als Leser diesen Prozeß mitvollziehen, werden wir in einen kollektiven Prozeß hineingezogen. Das Sprachgebilde ist Ort der Begegnung.
»Begegnung« scheint mir ein zentraler Begriff des Braunschen Denkens und Fühlens zu sein. Er bildet die Antithese zur »Entfremdung«. Zwar sind die Momente seltener geworden, in denen der in Kämpfe Verwickelte, der »Ent-Täuschte«, der selbst so viel zur Liquidierung von Täuschungen beigetragen hat, das Miteinander befreundeter Menschen, das »laute Gespräch« oder die Liebesbeziehung als besonders intensive Form der Begegnung feiert; doch gehört der Gedanke, daß die von Ämtern und Institutionen aufgebauten oder aufrecht erhaltenen Schranken zwischen den Menschen zerbrochen werden könnten und müßten, zum Kern seines Menschenbildes, ist Utopie und Triebkraft. Sein Verständnis von Demokratie schließt eng daran an. In den Tagen der »Wende« meldete er sich wieder als Tribun zu Wort, suchte die kurzen und bescheidenen Momente des »lauten Gesprächs«, des noch unreglementierten Demokratismus (Meetings, Runde Tische) zu ermutigen, fragte aber vor allem sogleich, welche geschichtliche Dimension diese »Wende« hat.
Der Band, der solche »Äußerungen« sammelt, mischt in seinem Doppeltitel beinahe tückisch Banales mit Hintergründigem: »Wir befinden und soweit wohl« und »Wir sind erst einmal am Ende«. Das scheinen abgegriffene Worte zu sein, doch ist leicht herauszuhören, daß sie Brauns Übersetzung des (Verlegenheits-)Wortes »Wende« bilden und auf das Nicht-Endgültige zielen. Ich blättere in den Verlautbarungen der letzten Jahre, lese mich hinein und sehe mich Seite für Seite bestärkt in der Gewißheit, daß Braun nicht am Ende ist. Seine Bilanz bleibt »vorläufig«, seine Kritik und Selbstkritik – in dem Wort »wir« wächst beides zusammen – ist rücksichtslos, aber nicht fatalistisch oder selbstzerstörerisch. Peter Weiss' »Ästhetik des Widerstands« hat ihn stark berührt, und er macht aus diesem Titel eine Leitlinie für sein weiteres Schreiben und unser aller Handeln: Widerstand wird auch weiterhin nötig sein. Er sagt uns nicht, was kommen wird, doch ist für ihn gewiß, daß die Absage an Fehlentwicklungen und falsche Hoffnungen nicht in Anpassung an eine Welt verewigten Konkurrenzkampfes, die sich als »Spaßgesellschaft« drapiert, einzumünden habe. Man kann nur staunen, wie er dies bereits im Jahr des Um- und Zusammenbruchs in einem zwölfzeiligen Gedicht auf den Punkt bringt, das mit dem Wort *Das Eigentum* überschrieben ist. Es beginnt damit, daß der Dichter (nach seiner Art) zwei lapidare Kurzsätze aneinanderstoßen läßt: »Ich bin noch da: mein Land geht in den Westen«. Mir ist, als meine das zentrale Wort »mein Land« mehr als eine geographische oder auch politische Ortsbestimmung. Bei der Wiederentdeckung der deutschen Romantik fiel der Blick einiger Schriftsteller auch auf Mörikes Dichtung *Der letzte König von Orplid* (aus *Maler Nolten*), dessen Anfang lautet: »Du bist Orplid, mein Land, / Das ferne leuchtet«. Bei Braun wird in dem gleichsam erschrocken konstatierten Bruch zwischen »Ich« und »mein Land« Utopie von gestern aufgerufen und unsentimental verabschiedet. Und was als Hintergrund mitzudenken ist, artikuliert Braun auf doppelt überraschende Weise. War es der sich anbietende Reim auf »Westen«, der ihn inspirierte, das von Büchner aus der französischen Revolution nach

Deutschland importierte »Friede den Hütten, Krieg den Palästen« in Initialen herbeizuzitieren, jedoch auf den Kopf gestellt? Wo »Friede« stand, steht jetzt »Krieg«, wo es »Hütten« hieß, heißt es jetzt »Palästen«. Steht die Welt Kopf – oder nur unsere bisherige Vorstellung von ihr?

Am Anfang des Gedichtes heißt es »ich«, an seinem Ende »alle« – was aber »wir alle« bedeutet. Wenn Braun im Gedicht, im Essay oder auch in lyrisch-dramatischprosaischen Mischformen »ich« sagt, so spricht er als einer von uns. Sein Wort ist an Menschen adressiert, die der Einsicht fähig, nicht weniger aber von Leidenschaften und Leiden, von Freuden und Hoffnungen, den Möglichkeiten und Zwängen des profanen irdischen Lebens bewegt sind – wie er selbst. Einer von uns wird er dadurch, daß er sich sozusagen ungeschützt preisgibt. Der kritische Kopf schreibt immer auch mit Herzblut. Was ihm durch den Kopf gegangen ist, ist ihm auch durch Mark und Bein gegangen (oder erzeugt jedenfalls den Schein, als sei es so). Dabei ist die Authentizität seiner Selbstdarstellung weniger davon abhängig, ob alles, was er ausspricht, sich faktisch so verhalten hat, wie es da auf dem Papier steht. Entscheidend ist die Evidenz, mit der aus dem Miteinander von gedanklicher Durchdringung und emotionalem Berührtsein die Vorstellung von einem ganzen Menschen entsteht. Der da »ich« sagt, ist, wie jeder, sowohl »das Ensemble seiner Verhältnisse« – als ein unverwechselbarer, soziologisch nicht auszudeterminierender »Dieser«. Im ideellen Austausch mit ihm meint man, er sei »frei nach Hölderlin zitiert« »wie Unsereiner«, und man hat es dabei mit einem auf Dauer wichtigen Dichter unserer Zeit zu tun.

Salut, Volker.

Christel und Walfried Hartinger
Unter der Lupe der Frag-Würdigkeit.
In eigenen Nachworten und Aufsätzen zu Volker Brauns Gedichten geblättert...

»Der besondere Studienaufbau in jenen entscheidenden Jahren unserer Republik (nach 1960, nach B.s Immatrikulierung an der Philosophischen Fakultät der Karl-Marx-Universität Leipzig, d. A.) setzte die Studenten einigermaßen der gesellschaftlichen Praxis aus. Die Arbeit in den Jugendobjekten, auf den Erntefeldern, die Debatten mit Bauern, Hausgemeinschaften und Stadträten wurden zum Spielraum der Gedichte Volker Brauns: In den für die Lyrikproduktion und -diskussion so turbulenten ersten sechziger Jahren las er mit anderen Autoren seiner Generation auf den populären Lyrikmeetings überall in der Republik, das Publikum provozierend zu gemeinsamer Anstrengung und Verantwortung. 1965, nach der Diplomprüfung, legte der Dichter mit dem Band ›Provokation für mich‹ eine erste Summe lyrischer Resultate all dieser Entwicklungsjahre vor.« (aus: Nachwort zu V. B., »Gedichte«, Verlag Philipp Reclam jun., Leipzig 1972, S. 114 f.)

Das, was wir damals, so geschrieben, für jene »Entwicklungsjahre« als wesentliche Momente gesehen hatten, ist nun unübersehbar das einseitig beachtete, favorisierte, das vereinfachte »Gesellschaftliche«. Und obwohl wir natürlich auch den Lehrsatz parat hatten, daß der Reichtum eines Menschen der Reichtum seiner gesellschaftlichen Beziehungen sei, kamen solche weiteren, solche eigentlichen gesellschaftlichen Beziehungen nicht in das Blickfeld unseres Nachwortes. Und dies, obwohl doch gerade wir Leute gewesen, die mit eingefügt waren, die wußten von den »Beziehungen« des jungen Dichters zur anmutigen Romanistik-Studentin Annelie Sch., zur Mutter in Dresden und den vier (!) Brüdern in allen deutschen Landen, zu den Denker-Kommilitonen seines Jahrgangs, zu den Lehrenden an der Philosophischen und an anderen Fakultäten – da waren u. a. Ernst Bloch und Hans Mayer noch anwesend im »Spielraum« –, zu den vielen anderen Schreibenden der damaligen LYRIK-WELLE, zu Heinz Czechowski, zu Karl Mickel, zu Rainer Kirsch und zu Sarah Kirsch zumindest, zum Dichter-Mentor Georg Maurer, dessen offenkundig ungewöhnlicher Gebrauch aller seiner Sinne Volker Braun eine bewundernd verehrte Orientierung war.

Von den uns heute ärgerlich auffallenden Kleinigkeiten in jenen Sätzen sei auf die in unserer Formulierung wie ordentlich und vorbildlich erscheinende Reihenfolge – erst Studium, dann Dichtung – kritisch hingewiesen: »1965, nach der Diplomprüfung, legte der Dichter mit dem Band...« Und darauf, daß wir bei der Kennzeichnung der Zielpunkte der frühen Braunschen Gedichtprovokationen »zu gemeinsamer Anstrengung und Verantwortung« den wichtigsten, den neuen vergessen oder vermieden hatten, eben den provozierenden zu EINWAND/ FRAGEN/ KONTROLLE/ UNVERWECHSELBAR EIGENEM BEITRAG ...

Freilich, auf dem Innenblatt dieser ersten Auflage der »Gedichte« bei Reclam schrieb uns Volker : »für C. & W., weil wir all das in 10 Jahren Hand in Hand gearbeitet haben: herzlich V. Juni 72.«

»Das lyrische Subjekt (im zweiten Gedichtband ›Wir und nicht sie‹, Halle 1970) meldet sich nicht mehr nur als Angehöriger des fortschrittlichen Teils der jungen Generation zu Wort, es spricht als Staatsbürger. Hat es so die gesamtgesellschaftlichen Belange im Auge, dann verbietet sich der Rigorismus; in der Realität entdeckt es, wie schrittweise, unter Mühen und auch Beschränkungen, an der Ver-

änderung des gesellschaftlichen Zustandes, des gegenwärtigen Daseins der Menschen in unserem Lande gearbeitet wird...«
Diese Feststellung findet sich in unserem Aufsatz »Unterwegs in die Erfahrung. Zeitgenossenschaft und lyrische Subjektivität « (in: *Ansichten. Aufsätze zur Literatur der DDR*, hrsg.v. Klaus Walther, Halle (Saale) 1976, S.410), einem Versuch, die Gedichtproduktion – wie sie sich bis dato in jeweils drei Bänden ausgewählter AutorInnen einer Generation präsentierte– zu überschauen. Und sicherlich, in gewisser Weise stimmen wir unserer damaligen Feststellung, daß in allen Texten Volker Brauns tendenziell DDR-Geschichte eingeprägt ist, heute noch zu: Eingeprägt zum einen im geographischen/sozialgeschichtlichen/polit-ökonomischen Faktum der ostdeutschen Biographien des Figuren-Ensembles, in den lokalspezifischen Konstellationen vieler Handlungsorte. Zum anderen natürlich auch in der programmatischen Intention des »Gesellschaftsprozesses« in bestimmten, gewissermaßen durch die Parteitage der SED markierten Phasen, in einer vorrangig parteipolitischen Programmatik also, wie wir sie damals zu verstehen zu haben glaubten. Und zum dritten sahen wir diesen DDR-Bezug im Widerstreit der Dichtungen Brauns wie auch seiner vielen polititischen / kulturpolitischen / literaturtheoretischen Wortmeldungen mit der in der DDR herrschenden ideologischen Praxis. (Moment, dieser Begriff sollte im Zusammenhang mit Brauns Bemühungen reserviert bleiben für den geschichtsphilosophischen Aspekt, Korrektur also:) mit den in der DDR herrschenden ideologischen Praktiken. Solche behauptete generelle Fixierung der Dichtungen Brauns auf DDR-Land / -Geschichte ist heute leichter abzuwehren, da sich nun, da »unser Land« wegbrach, »nach dem Westen gegangen ist«, zeigt, daß diese Dichtung nicht in dieser Relevanz allein und in erster Linie verwurzelt ist, sondern im globalen, im universellen gattungs- wie zivilisationsgeschichtlichen Problem-Spektrum. Schon damals hätten wir dies – und eben nicht als Polit-Schlagwort – in den im Text erörterten konkreten Phänomenen wahrnehmen können und müssen, aber wir haben das Beispiel propagandistisch verengt als das Eigentliche erklärt. Und mit dieser oberflächlich deklatierten Totalität von DDR als Welt hängt jene ausgesprochene Borniertheit zusammen, die uns feststellen ließ, daß das lyrische Subjekt im zweiten Band nun fortgeschritten »als Staatsbürger« spräche. Seit 1989, 1990, dem Zeitpunkt enorm rascher, bitterer kritischer Selbst-Sicht, wissen wir, daß wir nicht nur für literarische Angelegenheiten Staat und Gesellschaft synonymisch setzten, da wir marxistische Methodologie und Erkenntnisse unmarxistisch handhaben. In vielerlei Hinsichten eine verheerende Kongruenz...
Über dem Datum »im Nov. 74« enthält eine kleine Widmung Volkers im Gedichtband »Gegen die symetrische Welt« die herzliche, heute, für uns fast nur noch ironisch zu hörende Wendung »für meine lieben Mutmacher. Mitmacher und Schrittmacher...«
»›Der Eisenwagen‹ entwirft eine von schönfärberischer Oberflächlichkeit wie von politischer Unbedachtheit freie Vorstellung realer Revolutionsvorgänge in spezifischer historischer Lage. Dieser Texte verarbeitet das tradierte Bild des ›trunkenen Schiffes‹ (Rimbaud), die Prägung ›Schiff im Land‹ aus einem Gedicht Brauns schon vom Anfang der sechziger Jahre, aber auch die verbreitete Metapher für Revolutionen: ›Lokomotiven der Geschichte‹.«
Das vielschichtig kombinierte metaphorisch- parabelhafte Verfahren ermöglicht, über die Beschaffenheit und die Funktionen des Wagens, über den Modus und die Phasen der Fahrt, über das sich wandelnde Terrain, über die Anforderungen/Behinderungen auf der Wegstrecke, über die Erwartungen und Reaktionen der unterwegs Anzutreffenden, vor allem aber über Motivation und Einsichten

des Sprechers in der Führungsgruppe der Wageninsassen eine umsichtige Prozeß-Analyse zu entwickeln. In ihr wirkt der Sprecher als Erörternder und Wertender des Vorgangs, er ist aber auch selbst als Handelnder, als dazugehöriger Faktor zu beurteilen.

Geschichtsverlauf bleibt dergestalt als ein sich unter Zwängen (konfrontierter Sozialismus) wie unter Alternativen vollziehender Hergang zu begreifen, in dem der einzelne im Subjekt-Vermögen wie im Objekt-Bezug erscheint, in solcher – zugleich souveränen wie determinierten – Lage aber auch überfordert ist, an das »Ende« seiner Möglichkeiten, seiner Reserven, ja seiner Existenz gelangen kann:« Diese unsere Besprechung des großen Textes »Der Eisenwagen« findet sich in einer Gemeinschafts-Rezension zu den neuen Gedichtbänden »Übungen im Joch« von Wilhelm Bartsch, »Bornholn II« von Uwe Kolbe und »Langsamer knirschender Morgen« von Volker Braun, die wir mit den Kollegen Peter Geist und Klaus Werner in »DDR-Literatur '87 im Gespräch« (in der Aufbau-Reihe der Jahressammlungen von aktuellen Rezensionen, hrsg. von Siegfried Rönisch) 1988 veröffentlicht hatten. Schön und gut, diese Sätze, wenn auch schwer verschränkt und vollgepackt, charakterisieren die Dichtung für uns auch heute noch als annehmbar, unsere Sprache hatte sich schon deutlich zu entfernen begonnen vom gängigen ideologischen Zuschnitt. Und wir zitierten die damals sensationelle Schlußpassage vollständig: »»*Mit dieser eisernen Gegebenheit leben und gegen sie, sie benutzend und zerbrechend.* Doch ich konnte mich nicht verständlich machen, meine Zunge von dicken Drähten umwickelt wiederholte automatisch alte Sätze. Mein Sterben hatte begonnen. Ich kam hier nicht mehr heraus. In diesem Augenblick empfand ich es als gerecht, daß die Zeit, in der ich es begriff, die Zeit meines Todes war. Der Wagen würde mein Mausoleum sein, mein Grab. Eine ehrliche, eine eindeutige Lösung, was mich betraf; die anderen mußten die ihre finden.«« Und wir schlußfolgerten: »Solch (im Brechtschen Verständnis) ›einleuchtendes‹ Groß-Bild diskutiert im Unterschied zu den Material-Texten weniger das zum Problemaufschluß ›gegeneinander‹ zitierte Material, seine Fassungskraft amalgamiert es zur unerhörten Vision, der aus dem Rückblick Vorausblick gelingt.«

Welche »Vision« war im Text entwickelt worden, daß wir uns gedrängt sahen, sie als »unerhörte« zu bezeichnen? Welcher Blick war dem Dichter aus dem »Rückblick« gelungen, daß wir uns berechtigt fühlten, ihn als »Vorausblick« zu bezeichnen? Unerhört: wir führten es nicht aus, wir sagten es nicht, ein neuer Abschnitt über das Gedicht »Das innerste Afrika« schließt sich sofort an! Hatten wir einen Beschreibungsversuch unternommen, er war aber vielleicht einem Rotstift zum Opfer gefallen? Dann allerdings auch ohne ernsthaften Protest unsererseits, denn die Rezension ist erschienen. Bezogen wir das visionär dimensionierte Ende nur auf diesen Sprecher, kappten das allgemeingültige Parabelhafte, das wir den anderen Komponenten des Textes aber zubilligten? Wir erinnern uns daran nicht. Fragwürdig nun auch das...

In der Edition »Volker Braun, Lustgarten. Preußen. Ausgewählte Gedichte Suhrkamp 1996 « hatte sich ein Briefblatt Volkers aufbewahrt, auf dem wir wiederlasen: »Euch und den Kindern diese Lebens-Arbeit. Ihr wißt, wieviel gemeinsames Denken und Erleben sie enthält. Und so seid Ihr die besten ›Adressaten‹ und könnt mir sagen, ob die Auswahl klug ist und das Richtige bewahrt. Vor allem aber schreibt uns, wie es Euch gesundheitlich geht: und ob der endliche Frühling Euch kräftigt. Wie wünschen wir, daß Christels Krankheit aufzuhalten ist: so wie es Bahro zu gelingen scheint, der wieder Vorlesungen hält (über ›Landwirtschaft‹ im ökologischen, rettenden Sinn). Und Ihr habt zu schreiben und eine Epoche festzuhalten...«

Leipzig, im März 1999

Wolfgang Fritz Haug
Roter Orpheus, taube Zeit

Als in den siebziger Jahren eine heimlich mit dem Eurokommunismus sympathisierende Mitarbeiterin des SEW-Parteivorstands mir ein Bändchen mit Texten Volker Brauns in die Hand drückte, war dieser gleichsam noch in historischer Stellung, die er auf unvorgesehene aber vorhersehbare Weise ausfüllte: Hier endlich fanden sich funkelnde Elemente der Selbsterkenntnis und Dialektik des Staatssozialismus, Wahrnehmungen und Fragen, für die der Marxismus-Leninismus sich so taub, blind und stumm stellte wie die notorischen drei Affen. Von diesem Autor wollte ich mehr. Am Berliner Ensemble ließ ich mir die ungeheure Geschichtsstunde des *Großen Friedens* erteilen mit einem der boshaft-vergnüglichsten Stücke des neueren Theaters, der Beamtenprüfung; ich entdeckte das Drama eines vom lebensverschlingenden Stand der Produktivkräfte niedergehaltenen Sozialismus in den *Kippern*, geriet schließlich an die konspirativ weitergereichte Abschrift der Revolutionstrilogie, usw. usf. Für einen westlichen Marxisten waren dies ebensoviele Anstöße, ja Aufträge. Die *Theorien über Ideologie* von 1979 haben bei Volker Braun Anhaltspunkte gefunden, der Band zur Aktualisierung Brechts von 1980 enthält eine Studie zur *Widerspruchskunst des Volker Braun* (von Rolf Nemitz), und der Band *Aktualisierung Marx'* von 1983 beginnt mit Volker Brauns Gedicht *Karl Marx*:

>Aber was hat er uns überlassen!
>Welchen Mangel an Illusionen.
>Welchen weltweiten Verlust
>An sicheren Werten. Welche verbreitete
>Unfähigkeit, *sich zu unterwerfen*!
>Und wie ausgeschlossen, unter uns
>Nicht an *allem zu zweifeln*. [...]
>Und wie unmöglich, nicht ans Ende zu gehn:
>Und es nicht für den Anfang zu halten!

Durchsetzt mit (kursiv gedruckten) Marxzitaten agitierte dies die unter dem Bleidach eines zur Staatsreligion pervertierten Marxismus gekrümmten Marxisten, sich aufzurichten und die ureigensten Orientierungen aus ihrem Phrasendasein zu befreien. Der Gegensatz zum real existierenden Kontext beflügelte diesen Text zu verheißungsvoller Verständlichkeit.

Das muß vor hundert Jahren gewesen sein. Seit das mißratene Sorgenkind Sozialismus, dieser Alptraum unserer geheimsten Hoffnungen, untergegangen ist, hat der neu-alte, kapitalistische Kontext den Sub(versiv)text ins esoterische Exil der Geschichte geschickt. Das vorerst letzte Mal, dass Büchner-Heinescher Volkston sich treffen ließ, ereignete sich in einem Gedicht, das unter dem Titel Das Eigentum die Signatur des geschichtlichen Moments und damit die eigene Verbannung ins »Unverständliche« ausspricht:

>Da bin ich noch: mein Land geht in den Westen.
>KRIEG DEN HÜTTEN FRIEDE DEN PALÄSTEN.
>Ich selber habe ihm den Tritt versetzt.

> Es wirft sich weg und seine magre Zierde.
> Dem Winter folgt der Sommer der Begierde.
> Und ich kann *bleiben wo der Pfeffer wächst.*
> Und unverständlich wird mein ganzer Text
> Was ich niemals besaß wird mir entrissen.
> Was ich nicht lebte, werd ich ewig missen.
> Die Hoffnung lag im Weg wie eine Falle.
> Mein Eigentum, jetzt habt ihrs auf der Kralle.
> Wann sag ich wieder *mein* und meine alle.

Dies findet, für die postkommunistische Situation, noch einmal die Töne, die denen eingehen, die (und für die sie) gemeint sind. Der Moment des definitiven staatssozialistischen Untergangs war auf widersprüchliche Weise befreiend, weil er eine schon lange sich hinziehende Aushöhlung jäh beendete. Die Oberen konnten, die Unteren wollten nicht mehr. Da trat, vor aller Augen, eine revolutionäre Situation an den Tag, während, hinter aller Rücken, die Restauration sich anschickte, das Ganze zu kassieren. Für die Poetik des Volker Braun hatte diese Wende in der Wende dramatische, für seine Dramatik aber poetische Auswirkungen. Die zum Repressivstaat versteinerte Revolution hatte ja diesen immerhin als untergründige Möglichkeit heimgesucht. Ihr Untergang, sei es auch in ihrer verknöcherten und entfremdeten Gestalt, bedeutete für Volker Braun ein Ende seiner bisher eigensten Möglichkeiten. Diese Vergängnis aber schlägt seinen Text mit der Form der Dauer. Es ist, als erlaubten die Verhältnisse ihm zunächst nurmehr, Felsenmelodien in den zuzementierten Horizont zu meißeln. Von fremdem Text durchquert und intensiv zusammengeschoben, nehmen sie, obgleich weiterhin »an alle« gerichtet, Züge orphischer Rätselhaftigkeit an. Sie stellen sich dar als geladen mit Hintergedanken, Denk-Schrift als Denkbilder-Folge. Nichts wird aus-gesprochen, im Doppelsinn von zu Ende sprechen und der schlichten Ausdrucksweise für die Bedeutung. Aber was ist denn auch – und wer verfügte über - die Bedeutung, da die Deutungshoheit wie ein fremder Geist über der Szene schwebte? Mußten wir nicht, wie Brecht gesagt hatte, die Verhältnisse als durch uns veränderbare erfahren, um sie erkennen zu können? Das *liebe Zimmer der Utopie* aber hatte uns längst *in den Un-Sinn entlassen.*

Seither, wann immer das war (und immer, wenn es wieder sein wird), ist das unmittelbar Darzustellende der Un-Sinn, durchlungert von Sinn als negiertem. Die geschichtliche Negativität durchdringt die Poetik. Die Darstellung gerät zur Ent-Stellung; sie verhackstückt, wessen sie sich annimmt, widerspricht allem, was sie ausspricht, zerspielt jeden Ton, den sie anstimmt. Sie wird In-Schrift als ineinandergeschriebener Widerspruch, erzeugt mittels Material-Schnitt- & Montagetechnik.

»Die alten Autoren«, ließ Hans Magnus Enzensberger, der wie ein Fisch in den neoliberalen Gewässern der Gegenwart schwimmende, sich dazu vernehmen, »haben das Verschwinden ihres großen Themas, wie der Sozialismus zu verbessern sei, schlecht verwunden. So berühmte Autoren haben sich damit befasst wie Christa Wolf oder Volker Braun. Heiner Müller, der alte Zyniker, hat mehr Erfolg gehabt, weil es ihm möglich ist, zynisch zu sein, doch diese treuen und gläubigen Schriftsteller haben sich von dieser Erfahrung nicht erholt.« Wenn es für viele ein Glück ist, Zyniker zu sein, so bleibt dieses 'Glück' Volker Braun versagt. Ein Schreiber, der gnadenlosen ästhetischen Wahrheitskriterien folgt, kann nicht 'zurücktreten' aus dem Mist der Geschichte wie ein Finanzminister. Der Kommunist war und ist immer der Narr. Bei Shakespeare ist es der besiegte König, den sein Sturz zum Repräsentanten des (all)gemeinen Menschen gemacht hat: inmitten des normalen Irrsinns redet er unnormal irre, uns irre machend an der Normalität. Die Wahrheit lugt aus den Schründen der poetischen Zer-Setzung. Solche Poesie beruht auf *dys-poiesis*. Sie verdichtet, indem sie es durcheinander bringt, das falsche Durcheinander. Sie äußert sich in Sprüchen, in Schul- oder Kirchenbänke zu schnitzen oder in Wände zu kratzen, darauf wartend, verschüttet und von Archäologen ausgegraben zu werden. Wo die Gegenwart am meisten sich brüstet, wird eben diese in ihren stolzesten Figuren wie Trojas Schutt ausgestellt. Wir suchen unwillkürlich nach Spuren des Lebens in ihr.

Der herrschende Geschmack durchforstet die Zeugnisse solcher Suche indes nach Zügen, die für ihn genießbar sind. Er mag vielfach fragmentiert sein, aber herrschend im Sinne von vor-herrschend sind, etwa in der *Frankfurter Allgemeinen*, kulinarische Gütekriterien. Mit ihnen wird, im Feuilleton, eine Kriegserklärung nicht viel anders beurteilt als ein neu erschienener Gedichtband. Es sind die für verwöhnte, überfütterte und überreizte Gaumen gesteigerten und überhöhten Effekte des Marktes, der das je Neue will. Ein kommerzielles Diesseits, das für alle Fälle ein Jenseits unter seinen Fittichen hält, auf jeden Fall zur Unterhaltung, gegebenenfalls zur Erhaltung seiner gott- und götterleeren Welt. Herrschend ist, im Feuilleton, die Gleichgültigkeit des Was & Worumwillen. Die Vorkoster der Konsumenten machen deren Recht geltend, mit Wirklichkeit in Ruhe gelassen und überrascht zu werden durch neue Verbindungen des »scheinbar Unzusammengehörigen«, wie es in einer Rezension der FAZ heißt. Als Handke die Bombenangriffe der Nato auf Jugoslawien kritisiert hatte, wurde im Organ, dessen Politikteil zum Krieg treibt, nicht etwa diese Kritik verworfen, sondern die dabei gebrauchte Metaphorik vom angreifenden Mars. Das sind höfische Umgangsformen einer Macht, die sich so konsolidiert gebärdet, dass sie ihre Noten rein nach Esprit austeilend erscheinen möchte. Wer über genügend Esprit verfügt und ihn entsprechend nutzt, indem er dem herrschenden Kulinarismus wenigstens einen Vorwand dafür liefert, ihn trotz nichtkulinarischer Züge zu integrieren, hat eine Chance, mitgeführt zu werden im Zug des Feuilletons, der hinter Politik und Wirtschaft herfolgt. So heutzutage Volker Braun. Die zweite Kunst, die eigentliche, besteht darin, möglichst kräftigen Widerspruch in den Triumphzug einzuschleusen.

> Die Bauern tanzen
> Um den Galgen
> An dem die Partei hängt, das Gesinde l
> Ustig Plakate im Frühling in Prag
> ER IST GEKOMMEN. WIR AUCH. DEUTSCHE BANK
> Das liebe Zimmer der Utopien

> Entlässt den Gast in den Unsinn
> ES GILT ALLE VERHÄLTNISSE stehenzulassen
> IN DENEN DER MENSCH EIN GEKNECHTETES
> Ich stand mit der Karre in Zeutsch
> Ein Fuß auf der Bremse ein Fuß auf dem Gas
> Die Äste krachten herunter und die Blätter
> Wehten UND EIN ELENDES WESEN IST

Der Schluß läßt sich auch auf dem IST betonen: was jetzt als Herrschendes existiert, ist ein elendes Wesen. Das Gedicht ist schwirig zu sprechen, man muß es als Schrift zumindest mitsehen: »das Gesinde l / Ustig«. Deutsche Bank IST GEGENWART, Marxens kategorischer Imperativ aber, alle Verhältnisse umzuwerfen, in denen Menschen geknechtete und gedemütigte Wesen sind, ist INS GEGENTEIL VERDREHT; an die Stelle des Prager Frühlings, von dessen Abwürgern die Reformer einst »Gesindel« genannt worden waren, trat, als Quittung für die Abwürgung, der frostige Frühling der Privatisierung; hinverdichtet ist der dumme Selbstverrat derer, die das ewige Gesinde(l) stellen; der Un-Sinn herrscht alternativlos, die Utopie ist erloschen...

Wo erscheint diese Inschrift zuerst, wenn nicht am Hofe der Sieger über die entgleiste Alternative, der Nutznießer der Privatisierung des Gemeinguts, appreziiert als Kunst-Stück? Wenn Günther Anders von jiddischen Elementen in der deutschen Umgangssprache nach 1945 sagen konnte, sie seien die Goldzähne der Sprache (bald wird dies Diktum den Jüngeren erklärt werden müssen), so figurieren hier die pervertierten Marxzitate als Beutestücke aus der Kommune, deren Freiheit gegen sie zeugt, die so eingesetzt sind, daß sie gegen das Verlogene dieser Freiheit zeugen sollen. Volker Braun hat das Glück, daß die Deutschen in ihm ihren bedeutendsten lebenden Lyriker haben und daß genügend Kundige dies wissen und deshalb bewirken, daß seine Texte gedruckt werden (obwohl skandalös wenige seiner Schriften im Buchhandel greifbar sind). Doch das Glück ist relativ, denn nicht was er sagt, sondern wie er es sagt, ist seine Eintrittskarte ins Theater der Öffentlichkeit. Der Stückeschreiber Volker Braun zahlt den Preis: das Drama kristallisiert ihm zur Lyrik, und deren dialektischen Tanz versteinern die Verhältnisse zur Inschrift. Die von der geschichtlichen Situation aufgenötigte Produktionsweise ist nicht ungefährlich. Indem hier die Verdichtung auf einen Zusammenbruch folgt, drohen dessen Implosionskräfte die Verdichtungskräfte der Poesie derart zu verstärken, daß diese sich hermetisch zu verschließen und ihre Gebilde künftigen Hermeneuten auszuliefern sich anschicken will. Schwer zu bewahren ist dann, wenn die einfache Sprache als die Sprache der Einfachen sich verweigert, die linksorphische Leichtigkeit des Ineinanderschreibens von Lust und Schrecken, von unten herabblickend aufs Herrschende. Sie ist eines der Geheimnisse der Poesie, wo das Schöne, wenn es nicht auch als des existierenden »Schrecklichen Anfang« und Unterbrechung auftritt und von weit unten ausholt, zur Nettigkeit wird. Der Lust aber kommt es zu, den Schrecken vor der Resignation zu bewahren. Was wäre ein Feuer, das nicht mehr brennte.

Durs Grünbein
Schopenhauer ist tot

Glücklich der hundertste zu sein
Dem von der weltberühmten Brücke der finale Sprung gelang,
Reihte ein Ungar, lebensmüd, sich in die Schlange ein,
Sah seine Chance gekommen, lächelte und, – sprang.

Im hohen Bogen sprang er und verharrte
Für einen Augenblick, die Arme ausgebreitet, überm Tal.
Nun ratet, welche Einsicht ihm von seiner Warte
Kam als die letzte vor dem freien Fall?

Daß Leben trüb ist und die Theorie nicht lohnt?
Daß man früh ausgesetzt ist, wehrlos, zwischen Klinikbetten?
Daß Gott verreist ist in entfernte Galaxien, niemand wohnt

Dort wo ihn alle suchen durch den Rauch der Zigaretten?
Daß nur ein Flug ins Nichts vergessen läßt die Ängste?
Daß also einzig Sterben schön sei? – Denkste.

Schief in der Luft, die Hose flatternd wie ein Kinderdrachen,
Schlug er sich trudelnd an die Stirn und schmierte ab
In diesen grünen aufgesperrten Rachen.
»Was ist die Welt doch für ein wundervolles Grab«,

Stimmte er strahlend an und machte sich vom Hof.
er war kein Vogel und er war kein Philosoph.

Anna Chiarloni
Warum nimmt Thoas am S. Remo-Festival teil?
Nachdenken über Iphigenie im zehnten Jahr der Wiedervereinigung

Der heitere Charakter des Anfangs. Nato con la camicia – ein Sonntagskind – hieß in den 70er Jahren eine Volker Braun gewidmete Sendung des italienischen Rundfunks. Für ihn hatte der Turiner jüdische Komponist Sergio Liberovici die Musik geschrieben: Im Zeichen jener heiteren Vitalität, die die Dissidenz beider unterstützte.

In der Iphigenie spürt man aber eine tiefe Spaltung: Wie im Gedicht *In Venedig* reproduzieren Rede und Gegenrede auf parodistische Weise ein Dilemma. Ist es nicht inzwischen auch unser Dilemma? Bandiera rossa la trionferà... Zu lange haben wir den Blick an die Fahnen geheftet. Nun hat man auch bei uns das Lied *verlernt*. Braun, kühler Beobachter der italienischen Wirklichkeit, schreibt vom Mafia-Blut, das ins Mittelmeer fließt. Von Bettlern, die in der ewigen Stadt von Mensch zu Mensch taumeln.

Im *Spiegelzelt* ist die Stimme gespalten zwischen dem sozialen Menschen, der die ideologische Sicherheit verinnerlicht hat – die Blockschrift schichtet die Losungen des realen Sozialismus über entstellte Motive aus Arbeiterliedern auf – und dem einzelnen Individuum, das eine stark vom Wortspiel geprägte Identität besitzt: DAS VOLK / Ich bin Volker.

Nun wird das tragende mythologische Motiv eingeführt. HEIL OREST. Bist Du derselbe, der neulich einen jungen Afrikaner in den Fluß Po gejagt und dann so lange vom Ufer auf ihn eingeschlagen hat, bis er ertrank? Das Epos der Besiegten, während der Fortschritt als müde ans Ende des Jahrtausends sich schleppender Körper erscheint.

DER MORGEN LEUCHTET IN DER FERNE. Wie für den jungen Wibeau scheint der Spanienkrieg mit seinem Sternenhimmel das einzige Bollwerk zu sein, das der Revision des kommunistischen Denkens widersteht. War das nicht auch das Lied der Thälmann-Brigade? Aber gleich danach verkümmern die Worte des antifrankistischen Liedes in sterilen Slogans, die nur noch den müden Chor der Bürokraten beleben. Seit langem knirschte der Morgen. Bis Ken Loach ihn total verdunkelt hat.

Braun schaut hier in die Zukunft. Die wirklichen Fragen sind heute ökologischer Natur. Es ist der Mord an Mutter Erde. Mit dem Fall der Mauer öffnet sich der Horizont zu einer globalen Sichtweise: Ein Wir, das die alte Aufteilung der Welt in Blöcke transzendiert, ist entstanden. Der eiserne Vorhang ist verschwunden, aber uns allen droht ein verseuchter Himmel, der uns (hölderlinsch) zu Boden drückt. So erscheint hier der klassische Subtext als ein Geist vergangener Zeiten, als verstümmeltes Relikt. Wie die Seeküste mit dem Artemistempel, die eine schlechtriechende, von Trockenheit geplagte Landschaft geworden ist. Inzwischen rollt der Atommüll nach Gorleben weiter. Und aus dem *Abgas Neapels* läßt Plinius grüßen.

Merkwürdig, wie Braun schon 1990 ahnt, was mit der DDR passieren wird. Die Ökonomie wird praktisch lahmgelegt, die Intellektuellen, die weiterhin die sozialistische Sache verfechten, sind Ziel bösartiger Angriffe von seiten der konservativen bundesdeutschen Presse, während die sogenannte Rationalisierung mit den ersten massiven Entlassungen einsetzt. Iphigenie ist eine Tauschware, gerade

1.
LANG LEBE
und so weiter

2.
Was für Schlackhimmel / seit wir das Wetter selber machen

3.
WARST DU SEIN
WEIB. / WIR WERDEN
ES ERFAHREN

noch brauchbar, die europäische Fassade eines wiedervereinigten Deutschlands zu schmücken. Es geht darum, sie auf die Knie zu zwingen und ihr schnellstens das Rechnen beizubringen. Wie oft hat man danach diesen inquisitorischen Ton der Griechen erlebt. Still schaute Europa zu. In der zerbombten Universität von Sarajevo lagen im November 1997 die Bände der *Gelehrtenrepublik* verscharrt im Boden. Auch dort wollte man nach Westen, die Jungen aber lasen Brauns Lyrik weiter.

Undankbar sei Iphigenie gewesen, sagt Orest. Quelle jedes »trouble«. Ist Gott gestorben? Der Lehrbetrieb der DDR-Schulen sei nicht gründlich genug abgewickelt worden, las man zu Weihnachten vorigen Jahres in einer der nobelsten deutschen Wochenzeitungen.

4.
Was trag ich für ein blutiges Gewand

Gleichzeitig aber verdichtet Braun in Iphigenie ein diachronisches Nachdenken über die Geschichte der DDR. Es geht um den Stalinismus. Dabei vermeidet er, sich auf eine durch den kalten Krieg verursachte Zwangslage zu berufen. Iphigenie versteht ihre Bindung an Thoas als eifrige Unterwürfigkeit, die sie dazu getrieben hat, jede abweichende Meinung auf dem Altar der Ideologie zu opfern. Ihr blutbeflecktes Kleid deutet darauf hin, daß sie die Verantwortung für eine repressive Vergangenheit übernimmt. Noch mehr. Mit seiner Blockschrift – GOETHES BRAUT – zögert Braun nicht, die Ambivalenz einer Kulturpolitik zu verspotten, die die DDR zur einzigen legitimen Erbin der Weimarer Klassik erklärte. Doch zugleich ist darin Brauns Wahlverwandschaft mit Goethe aufbewahrt. Iphigenie spricht sich eine Art Zitationsrecht zu. Ihre Goetheworte behalten den Sinn, während sie sich im Mund von Orest und Pylades ins Gegenteil verkehren: EDEL/NICHTWAHR SEI DER MENSCH HILFREICH UND GUT, ironisiert Orest, während er in Richtung Kasse augenzwinkert.

5.
Lust und Liebe

Aus Iphigenies Mund nimmt das klassische Zitat den Sinn einer vom Leid gezeichneten Reflexion über eine Utopie an, die an Brauns junge Jahre erinnert: *Lust und Liebe sind / Die Fittiche zu großen Taten. Ja. / Ich weiß die Zeit, wo wir sie vor uns sahn.*

In diesem Abschied von einer Vergangenheit euphorischer Projekte liegt Bitterkeit, aber auch, gerade wegen der unterschwelligen Symmetrie mit dem Goethetext, die Spur zu einer möglichen Erlösung.

Selbst wenn dieser Iphigenie die Heiterkeit der klassischen Harmonie nicht gegeben ist, so stimmen doch ihre letzten Äußerungen nicht nur mit den Schlußversen des Goethetextes überein – »Leb wohl« –, auch die Einfügung eines für Volkers Dichtungen typischen positiven Motivs – das der Lust – signalisiert deutliche Anlehnung an Goethe.

Das Wiederfinden der eigenen Identität geht nur über das Vergessen der Ideologie: *Ich weiß nichts mehr / und weiß wer ich bin. Ich bin Iphigenie / und lebe dieses unlösbare Leben / mit meinem Leib und meiner eignen Lust.* Dann kommt die Variante: Die Lust der modernen Iphigenie ist untrennbar mit Haß verknüpft. Und wenn die Polarität der beiden Primärtriebe zunächst zerreißend wirkt, so gipfelt sie in Iphigenies letzten Worten in einem panikartigen prometheischen Impuls:

O Freude, in der Welt sein / Alles schmecken Tod und Leben. Thoas / Sag mir Leb wohl. Sags wieder: Lebe wohl. Nun verschwindet Iphigenie aus der Szene des Textes. Frei und so mit der Geschichte verschmolzen.

Freiheit bedeutet hier nicht nur das Ende der Bevormundung durch die UdSSR – eine Vormundschaft, die auf Iphigenies Körper ein Würgemal hinterlassen hat – sondern auch die Konsum-Chimäre, die auf westlichen Fernsehschirmen herrscht. Kirchengemeinden vermieten ihre Türme an Mobilfunkunternehmer, melden die Nachrichten. Und dazu: *Freiheit und Marschmusik*. Die dem Begriff der Freiheit innewohnende negative Dialektik erscheint in der Interaktion verschiedener Stimmen. Die Orests unserer Tage halbieren jeden Himmel. Sie treten mit ihrer Habgier selbst die familiären Gefühle mit Füßen, indem sie das Wort Freiheit aus seiner Einbindung in ein ethisches Handeln lösen.
Daneben versinkt Thoas in der Tiefe. Und manchmal – beispielsweise in S.Remo – in der Seichtheit der Alltagskultur. Wie ein zerrissener König Lear unter einem Himmel, der wie Blut stürzt. Denkt man an das Chaos, das zwischen den Trümmern der Sowjetunion herrscht, sieht man, wieviel diese Iphigenie vorausgeahnt hat.
Freiheit steht also mit dem Bruch des alten Gleichgewichts in Beziehung, ja sogar mit dem Bild der tabula rasa. Die in Thoas Körper versteckte Mine verbindet sich in der Schlußszene mit einer bis ins Paradoxe gesteigerten Spannung: Die Grenzerhand ist weg, aber von Soldaten in Schrecken versetzt, beschließt eine Frau, sich mit ihrem Kind der Gewalttätigkeit durch den Tod im Meer zu entziehen.

**6.
FREIHEIT für das Freiwild**

Mit dem Begriff der Freiheit wird in diesem Finale ein Selbstmord gekoppelt. Der Spielraum des Subjekts war sicher 1991 nach der Golfkrise für den Dichter extrem begrenzt. Die Kalchas waren schon längst am Werk. Endlich wieder goldene Wasserhähne in Kuweit, schrieb Braun bissig. Damals, als Iphigenie erschien, glaubte ich im *Jubel* der Frau, im lyrischen Rhythmus der Schlußverse, einen epischen Ton zu spüren.
Dann kam der Balkankrieg. Überall in der Welt verkaufen heute arme Kinder für ein paar Dollar ihren Körper. Dann der Luftschlag gegen den Irak. Der rasche Kampf verewigt den Mann, sagte Goethe.
Nun schreiben wir anno 1999 und Europa tauscht ganze Völker gegen Militärstützpunkte. Richiamo alla realtà, nennen sie das: Die Sprache prostituiert sich weiter. Aus dem innersten Afrika kommen Briefe von sogenannten Petroleum Corporations, die »in confidence« verschmutztes Geld anbieten. Der Horizont des Goetheschen Menschen scheint auf den schmalen Streifen zwischen einer ankernden Flotte und einer militarisierten Küste zusammenzuschrumpfen.
Aus diesem engen Unland erheben sich doch wieder freie Stimmen: die von Volker Braun beispielsweise. Die Ästhetik des Widerstands habe heute eine andere Dimension, meinte er schon 1986 im Gespräch mit italienischen Studenten. Hoffen wir, daß es ihm – und uns – auch in Zukunft gelingt, ab und zu, *das Blatt zu wenden*.

**7.
JAUCHZEND SAGST DU, KALCHAS**

Domenico Mugnolo
Über die Grenze gehen

Wie so viele Dichter der Moderne, gibt auch Volker Braun dem Gefühl und dem Bewußtsein Ausdruck, daß das Leben dem Menschen fremd ist, daß es ihm nicht gehört – was aber für ihn keine existentielle Gegebenheit darstellt. Die Welt und das Leben zu verändern, seit Rimbaud fester Bestand der Literatur, wird also auch sein Imperativ.

Der ungestillte Wunsch nach wahrem Leben verläuft wie ein roter Faden durch sein Werk: Er erklingt in seinen ersten Gedichten und Dramen vehement (»Was heißt denn ›glückliches Leben‹, das du Großmaul versprichst? Wo ist es? Hab i c h es? Hier was da was, eine Kette von Aufträgen, endlos. Wohin, wohin führt es m i c h?«, *Hinze und Kunze*), später etwas pathetisch und desilusioniert (»Gleich / Leben, gleich! / Ich habe nur noch wenige Sommer«, *Die Industrie*) oder, wie im Vorspruch zum *Ungezwungnen Leben Kasts*, kategorisch (»Im übrigen ist das Leben zu ändern«) und wird in der *Übergangsgesellschaft* auffordernd (»Wir werden uns nicht verstehen, wenn wir uns nicht unsere Träume sagen«).

Das Verlangen nach Leben findet in der Lyrik die angemessene Ausdrucksform

Das Verlangen nach Leben findet in der Lyrik die angemessene Ausdrucksform, wenn es absolut gesetzt wird. Wird es aber ins Verhältnis zu Kräften und Bedingungen gesetzt, die seine Erfüllung verhindern, dann wird ein Konflikt aufgezeigt, dessen Darstellung die dramatische oder epische Form beansprucht: Nicht zufällig bedient sich Braun seit seinen Anfängen all dieser Formen.

Welche Möglichkeiten stehen dem Menschen offen, um den eigenen Wunsch nach Leben zu befriedigen? Immer wieder überdenkt Braun diese Frage, und die Antworten, die er darauf gibt, markieren seine Entwicklung. In seinen frühen Arbeiten steht das Ende der Entfremdung am Horizont einer marxistisch-orthodoxen Geschichtsphilosophie: Es ist nichts mehr und nichts weniger als eine Folge der Errichtung der sozialistischen Gesellschaft. Der nicht zu lösende Konflikt, der die ersten Dramen im wesentlichen tragisch stimmt, erscheint somit im Lichte einer historischen Definition und wird in jene unvollkommene Übergangsphase – wie sie der Sozialismus ist – eingebunden; eine Phase, die durch ein Wirrwarr von Widersprüchen gekennzeichnet ist, wobei die Vermischung von alt und neu in jedem Element der Gesellschaft heraussticht. Die Gestalten sind ihrerseits fest davon überzeugt, daß ihre eigene Verwirklichung an diejenige der ganzen Gesellschaft gebunden ist: »Die ganze Attraktion dieses Gebildes ist, daß es sich verändert. Das, glaube ich, wars, was mich an dem Land kleben ließ: daß es ein anderes würde, wenn ich in kein anderes fortging« *Die Kipper*.

Nun scheint sich ein dauerhaftes Interesse für historische Stoffe abzuzeichnen

Wenn Braun sich über die Vorgänge Gedanken macht, die die Revolution entarten lassen und die Verwirklichung ihrer Ziele verhindern, wird die Krise der frühen Überzeugungen sichtbar. Ende der sechziger Jahre erweitert sich sein anfänglich nur auf die Arbeitswelt der DDR bezogener Horizont. Nun scheint sich ein dauerhaftes Interesse für historische Stoffe abzuzeichnen (*Totleben – Lenins Tod – T., Guevara oder Der Sonnenstaat, Dmitri, Siegfried Frauenprotokolle Deutscher Furor*). Eigentlich stehen aber nicht die Ereignisse, die »sich in den Dokumenten und Geschichtsbüchern« ablagern, im Mittelpunkt der Stücke: In der Trilogie *Totleben – Lenins Tod – T.* zum Beispiel wird nicht nur der Kampf an der Spitze der bolschewistischen Partei gezeigt, sondern auch »das breite, ungestaltete Tagesleben des Volks«, die gesellschaftlichen Verhältnisse, von denen der politische

Kampf der führenden Gruppen nur einen »nahen oder fernen Reflex« darstellten (»Über die Schwierigkeit beim Schreiben der Wahrheit der Geschichte«).
Mitte der siebziger Jahre zeigt Braun, der seit jeher schon gegen eine Literatur polemisierte, die sich »innerhalb der Grenzen dieser Revolution stellt, statt mit ihr die Grenzen aufzusprengen« (»Geschichtsloser Raum«), diese Grenzen auf eine Art und Weise auf, daß seine Leser Eigenart und Konsistenz verstehen können, um sie zu überwinden: »WENN WIR UNS NICHT SELBST BEFREIEN, BLEIBT ES FÜR UNS OHNE FOLGEN« (»Traumtext«).
Folglich nehmen im Konflikt zwischen Individuum, das sich nach dem Leben sehnt, und objektiven Bedingungen, die sich gegen die Erfüllung seines Wunsches stellen, seit dem *Simplex Deutsch* (1978–79) subjektive Faktoren immer mehr Gewicht an, und es wird immer offensichtlicher, daß das Subjekt vor allem seine eigene Immobilität, seine eigene Unselbständigkeit und Unmündigkeit überwinden muß. Parallel dazu entscheidet sich Braun endgültig für eine streng antiillusionistische Dramaturgie, die jeder pädagogischen Versuchung widerstehen und auf dieser Grundlage die Kommunikation mit dem Publikum ermöglichen soll.
Braun ist nun weit davon entfernt, die DDR als eine Gesellschaft zu betrachten, die auf dem Weg ins »gelobte Land« ist; Anfang der achtziger Jahre ist er vielmehr der Meinung, daß sie erstarrt. In dem Stück mit dem sarkastischen Titel *Die Übergangsgesellschaft*, der eigenartigen Bearbeitung der *Drei Schwestern* von Tschechow, erscheint die DDR als eine Gesellschaft, die auf die Gegenwart verzichtet, aber auch nicht auf die Zukunft hoffen kann (»Es mag vorwärts gehen, aber da ist kein Land für uns […] Wir zahlen Tribut, an die tote Zukunft. Ja, einmal war es richtig, es war alles richtig. Wir haben die Morgenröte entrollt, um in der Dämmerung zu wohnen«). Wie das Stück von Tschechow ist auch *Die Übergangsgesellschaft* durch das (thematisch gemeinte) passive untätige Verhalten und durch die Einsamkeit der Gestalten gekennzeichnet: Trotz des ununterbrochenen Redeflusses werden keine zwischenmenschlichen Beziehungen aufgebaut. Nach dem Ende der »KOMÖDIE« – Symbol dafür ist das in Flammen aufgehende Haus, in dem sich die Übergangsgesellschaft befindet – ist nur eine Gestalt, die einzige, die mit der Ideologie ernsthaft abrechnet, vor ihrem Tod imstande, ihr Programm den Zuschauern zu übergeben: »Noch einmal beginnen, mein Leben beginnen. ÜBER DIE GRENZE GEHEN. Mit ihr leben. Es ist ein Traum, nicht wahr. Die bessere Welt ist, wo man kämpft«. Das Scheitern der Ideologie zu durchschauen impliziert einerseits die Weigerung, sie durch eine andere zu ersetzen, gibt aber andererseits den Mut, das tatenlose Warten auf das katastrophale Ende aufzugeben, den toten Punkt zu überwinden und aus der Starrheit des status quo herauszutreten, das heißt über die Grenze gehen.

Die bessere Welt ist, wo man kämpft

Leben bedeutet demnach, am Gegenwärtigen festzuhalten und sich zu entschließen, hier, jetzt und individuell Trugbilder und Illusionen der Ideologie zu bekämpfen.
In *Transit Europa. Der Ausflug der Toten* findet die Entgrenzung, die Selbstverwirklichung statt: Es wird die Illusion, sich der Gefahr des Lebens entziehen zu können und das Leben anderswo zu »finden«, zu Gunsten des Kampfes aufgegeben, sollte es auch den Tod bedeuten, der dann tatsächlich eintritt.

Holger Teschke

Sizilien im Oktober

Zwischen Scylla und Charybdis
Der Blick übers Meer am Morgen
Tochter Krataiis, das grausig bellende Untier
Die das bittere Unheil geboren hat für die Menschen
Auf der Autobahn entlang der Küste Über Felsen und See
Wer schläft in den schweren Pfeilern, Don Leonardo
In der Bucht von Naxos mittags die Palmen im Sturm
Vom zerfallenen Theater der Blick auf den Ätna im Nebel
Höhle der Kyklopen und Werkstatt des lahmen Hephaistos
Vater Pandoras Der Arbeiter auf dem Olymp
Die Fahrt entlang der verlassenen Höfe Dornengestrüpp
Wer weggehen kann, der geht Was bleibt, sind die Alten
Zerarbeitete Hände Erinnerung an Brechts nächtlichen Schrei
Palermo im Regen Kreuze und Marionetten
Im Maßanzug auf der Treppe des Palazzo Normanni
Die Herrn der *omertá* im Gespräch mit Europa
Die Mutter des Minos Dem Richter der Unterwelt
vergewaltigt auf Kreta von einem göttlichen Stier
Und was die Mythologie sonst noch hergibt Scherzos
Für den Toast zum Geschäftsabschluß In den Ruinen der Zukunft
Aus dem Instinkt des Bewahrens bin ich Kommunist
Pasolinis Schrei aus dem Kellerloch seiner Kindheit
In der Capella Palatina das Mosaik von der Sintflut
Ein Rabe hockt auf der Brust eines Toten und hackt in die Augen
Noahs letzter Bote *Bis die Wasser vertrocknen auf Erden*
Zwei Katzen auf einer Treppe im arabischen Viertel
Erinnerung an ein Jahrhundert der Astronomie
Gewitter überm Gebirge der Goldenen Muschel
Nachts auf der Autobahn ein Gespräch über Chicago
Our Mafia is much more effective They're all in Big Business
Economy rules The rest ist just bread and circus
Die Eule der Minerva fliegt lautlos durch die Dämmerung
Unter dem glühenden Ätna In das gleißende Licht ihrer Städte

Manfred Jäger
Volker Braun und kein Ende

»Das ist eine gute Frage«, sagen versierte Teilnehmer am Meinungsaustausch, um vor der Antwort noch ein wenig Zeit zu gewinnen oder um dem Interviewer mit geringem Aufwand ein wenig zu schmeicheln. Das gängige »Wie gehts?« erklärt keiner zu einer solch »guten Frage«, obwohl sie zu den besten gehört. Denn was könnte wichtiger sein als das Wohlbefinden oder der schlechte Befund? Daß die scheinbar teilnahmsvolle Erkundigung eine kommunikative Schrumpfform darstellt und den meisten nur als Synonym für ein simples »Hallo« erscheint, ändert daran wenig.
Volker Braun hat seine Antwort auf die populäre Nachfrage als Titel für das jüngst erschienene Büchlein mit verstreuten Äußerungen zu Politik, Poesie und Gesellschaft erwählt: »Wir befinden uns soweit wohl. Wir sind erst einmal am Ende« heißt die Nummer 2088 der »edition suhrkamp«. Das Selbstzitat entstammt einem 1994 in Swansea geführten Gespräch zur Lage.
Die beiden Sätze stecken voller Doppeldeutigkeiten. Sagt einer, er sei am Ende, kann das heißen, er wisse nicht mehr weiter. Aber das benannte Ende ist eben nicht definitiv. »Erst einmal« sieht es nach einem Finale aus. Bestimmte lästige Verwicklungen, Verklammerungen und Versteinerungen ist man losgeworden. Es sind andere Denkanfänge möglich auch für einen, der weiß, daß es niemals eine Stunde Null gibt. Die Krise als Voraussetzung des Weiterkommens erlaubt es, »insoweit« ein Wohlbefinden zu diagnostizieren. Braun verhält sich ironisch, aber nicht sarkastisch.
Am Ende sein – das ist das Gegenteil einer Ankunft im erhofften, erträumten, erwünschten Endzustand, sei er in religiöser Übersteigerung paradiesisch gedacht oder als politisches Ziel einer gemeinsamen tätigen Anstrengung gewollt. Befreit von der Last falscher Erwartungen und romantischer Aussichten, kann der trotz reicher poetischer Ausschweifung nüchterne Denker fröhlich Bilanz ziehen.
Der Weg war für den Dichter Braun immer wichtiger als das Ziel. Um sich nicht einzurichten, um sich nicht abzufinden, mußte man aussteigen, sich von den geplanten Wegen entfernen, ohne sich davonzustehlen. Ans Ende zu gehen hieß an die Wurzel zu gehen. Die Radikalität rhetorisch wohlfeil zu haben, stieß jedoch gegen Mauern unterschiedlicher Bauart. Im letzten Jahrzehnt konnte unbequemer ideologischer Ballast abgeworfen werden, jedoch ist das politische Gepäck, wie Braun sagt, immer noch schwer zu tragen, aber es treibt die Schritte. Der Zeitenwechsel hat keineswegs alle Texte verfremdet. Der Umbruch mag, wie Braun grimmig feststellt, »höhnisch-fröhlich« Korrektur lesen, das Resultat solcher »Nachlese« kann sich jedenfalls sehen lassen. Der wenig bekannte Text »Die ewige Beschäftigung mit der Zukunft« entstand zum Beispiel schon um 1969 herum. Da heißt es über die Zukunft: »Sie kann längst nicht mehr wie sie will.« Und es wird anti-utopisch gefragt: »Woher wissen wir eigentlich / Daß es sie gibt?« Das Gedicht schließt mit einer überaus skeptischen Lagebeurteilung, die der Zukunft nicht einmal im allegorischen Gewand Vertrauen entgegenbringt:

>»Vielleicht gehst du ihr doch entgegen
>Auf die Gefahr hin, sie nicht zu erkennen.
>Oder stehen die Türen offen
>Weil sie uns schon verlassen hat?«

»Soviel Anfang war nie« wird gern über »1945 folgende« gesagt und gesungen, als enthusiastische Täuschung jene Zukunftsgewißheit produzierte, die ein Aufbauwerk gut brauchen kann. 1989 hat Volker Braun, gewitzt und schmerzerfahren, nur mehr sagen können, auf den Hacken drehe sich die Geschichte um, »für einen Moment / Entschlossen«. So wird die auf den Augenblick zusammengeschrumpfte Zukunft ganz schnell zur Vergangenheit.

Das Bändchen mit dem umständlichen wortspielerischen und nachdenklichen Titel protokolliert Positionen des letzten Jahrzehnts. Vermieden wird sowohl das Ausstellen einer bloß individuellen Befindlichkeit wie die Anmaßung einer Sprecherrolle in Stellvertretung für andere. Das doppelte Wir im Titelzitat erinnert noch einmal an die prekären kollektiven Haltungen und Denkformen, an die aufgezwungenen, die freiwilligen, die erträumten, die konstanten und die flüchtigen. »Wir und nicht sie«, hat Braun zu Beginn der siebziger Jahre eine allzu parteilich auftrumpfende Gedichtsammlung genannt, und als ihm der Gesprächspartner im fernen Wales diese »political correctness« vorhält, räumt er ein, es sei »ein leibloses Buch, elend dem Zeitgeist verbunden«.

Dem Zeitgeist verbunden, wenn auch nicht elend, sind selbstverständlich auch manche Äußerungen aus der sogenannten Wendezeit. Aber Braun tritt nie als Rechthaber auf. Am liebsten zeigt er uns »Unfertiges«, das der Leser in seinem Schädel vollenden oder wenigstens weiterspinnen kann. Darüber kann man Gültiges in dem schon 1967 geschriebenen Text »Ans Ende gehn?« nachlesen.

Das Werk bleibt Stückwerk. Es gibt keine letzten Worte. Gerade das Fragmentarische, das Unvollendete garantiert dem Leser, daß er bei abermaliger Lektüre zu erstaunlichen Entdeckungen gelangen kann. Frei von eitler Allüre, legte dieser Autor eine zehnbändige Ausgabe vor, die seine Texte »in zeitlicher Folge« enthält, darunter naturgemäß manche, die der Autor am liebsten nicht noch einmal auf bedrucktem Papier gesehen hätte.

Auch die jetzt zusammengestellten »Äußerungen« sind chronologisch geordnet. Wieder kann der Zeitgenosse Fehleinschätzungen und autosuggestive Selbstüberredungen kritisch wahrnehmen. Braun entsorgt sie nicht als peinlichen Restmüll von gestern. Denn er hat sehr früh von Brecht gelernt, daß, wer reinen Tisch mit sich machen wollte, als Exekutor einer nachträglichen und nachtragenden Selbstzensur alsbald vor einem leeren Tisch stünde.

Wer Braun unvoreingenommen liest, findet faszinierendes Material für die Gleichzeitigkeit des Ungleichzeitigen, nämlich freie Aufschwünge des Denkens und strenge Fixierungen an einige wenige Essentials, die auch der auf Veränderung und Wandlung Versessene nicht aufgeben will, weil er wohl den Vorwurf des Opportunismus so sehr fürchtet wie der Teufel den Ausschluß aus der Hölle.

Das läßt sich gut mit dem Gespräch belegen, das Braun am 18. Oktober 1989, also auf dem Höhepunkt der Agonie der SED-Herrschaft, in Budapest mit dem ungarischen Journalisten Vörös führte. Der fragte als erstes, was er von der Öffnung der ungarischen Westgrenze für die geflüchteten DDR-Bürger halte. Brauns Antwort unbefangen, freudig, zustimmend: »Das ist eine Maßnahme, passend in eine neue Welt. Es ist viel wichtiger zu zeigen, daß man kein Satellit mehr ist, als danach zu fragen, ob man ein anderes Ländchen in Verlegenheit bringt. Es bringt uns in die Verlegenheit, uns in eine neue Welt zu passen. Ein fantastischer, d. h. realistischer Entschluß der Ungarn.« Braun hat keine Scheu, von »Satellitenstaaten« zu reden, also einen sogenannten imperialistischen Propagandabegriff zu benutzen; auch relativiert er wieder, wie schon so oft, die größte DDR, die es je gab, zum »Ländchen«. Im Unterschied auch zu manchen prominenten Schriftstellerkollegen hat er die Weggeher nicht beschimpft, obwohl er sich nie vom Klischeebild der Verführung durch die glitzernde kapitalistische Warenwelt befreien wollte. Er hat stets gefragt, warum die Leute so gern ausziehen wollten.

Sein Text von den »Lemmingen«, die im Neusiedler See verschwinden, ist oft mißverstanden worden. Man hat überlesen, daß hier das Propagandabild der Medien und Plakate nachgezeichnet wurde. Den eigenen Bruder hat Braun vorm Mauerbau ins Westberliner Flüchtlingslager Marienfelde begleitet. Anders als mancher Weggefährte hat er sein eigenes Verbleiben in der DDR nicht zur Ehrensache eines guten Sozialisten stilisiert. Er hatte nur die Hoffnung, die DDR könne anders werden, wenn er (wie andere Gleichgesinnte) bliebe. Auch darin hat er sich getäuscht, wie er nur zu gut weiß. Die DDR ist kein anderes Land geworden. Braun nimmt für sich in Anspruch, daß wenigstens sein Denken auswanderte. »Der Körper blieb haften«, sagt er, und daß er »im Lande kleben blieb«. Der kluge Zeitbeobachter besitzt natürlich Grundkenntnisse über »leibseelische Einheit«, er weiß im Inneren, daß die mechanistische Trennung den Sachverhalt nicht angemessen beschreiben kann. Der Journalist vom Zentralorgan der ungarischen Kommunisten ging nur mit knappen Fragen dazwischen, aber er vermaß dabei ganz lässig die Distanz zu Brauns Illusionen über wahren Sozialismus. Als der deutsche Gast nämlich Freiheit für alle Gruppierungen und Parteien wollte, die »auf dem Boden der sozialistischen Verfassung stehen«, hakte Karoly Vörös ein: »Wenn es denn eine sozialistische sein muß.« So gereizt, ließ Braun sich dazu hinreißen, vor »einem kleinen ungarischen Raubkapitalismus« zu warnen und vor dem Abdriften der Volksrepublik in den Westen. Ich hoffe, Volker Braun kann längst darüber lachen, daß er den Budapester Lebenskünstlern immer noch als treudeutscher Lehr- und Zuchtmeister gegenübertrat.

Auf einem Foto, das das gelbe Bändchen mit dem langen Titel eröffnet, sieht der Dichter sehr fröhlich aus. Ich kann bestätigen, daß wir sehr gern miteinander lachen, wenn wir uns sehen. Im persönlichen Gespräch und auch vor Fernsehkameras wirkt er in auffälliger Weise gelöster und lockerer als viele seiner Texte erwarten lassen. Der Härte im Schreiben, so hat er einmal gesagt, stehe ein gelebter, versöhnlicher, freundlicher, sachter Umgang entgegen. Bleibt die Politik eine bloße Papierform? Gab es nicht nur die ungern zugegebene »Müdigkeit beim Gedanken an die Macht«? Gibt es sie nicht auch beim Innewerden der unaufhebbaren Ohnmacht? Das Wohlbefinden gehört zur simplen Lebenspraxis, zur »Utopie des Körpers«. »Wie gehts?« kann Volker Braun inzwischen auch einen Spiegel befragen, den nicht jeder zu Hause hat, eine von Jo Jastram gefertigte »Lebendmaske«. Die zum Objekt der Lebensfreude umfunktionierte Totenmaske betrachte ich als eine erfreulich konkrete Antwort auf die einstige ungeduldige Frage »Wann, wenn nicht jetzt?« Ich bin am Ende und will nicht darüber hinaus – das wäre die wahre Resignation. Der frühe autobiographische Text vom Lebenswandel Volker Brauns, einer der gemischten Gefühle, begann (1971) autosuggestiv: »Ich bin an einem Sonntag geboren und verfolgt vom Glück«. Viel Glück sei gewünscht und keinerlei Verfolgung und Gesundheit und heitere Rückkehr von überall her!

Hartmut Lange

Er war mein Zwillingsbruder, Volker Braun
Wir hingen selig an derselben Amme
Zwei Jahre jünger, blieb er Feuer und Flamme
Ich bin derweilen schnurstracks abgehaun.

ich ging ins Nichts. Er blieb bei seinem Wort.
Als liebenswerten Parzifal mit grauen Haaren
Sah ich ihn wieder, und nach vierunddreißig Jahren
War unser beider Amme auch schon fort.

Ach, Volker, ja das waren bessere Zeiten
Als mein Verrat noch zuverlässig schien.
»Die Übergangsgesellschaft« ist zerstoben

Wie soll das Werk jetzt seinen Meister loben?
Die Zeit vergeht, es läßt sich nicht bestreiten
Verzeih es ihr, ich hab ihr längst verziehn.

Géraldine Boissière/Katrin Mackowiak

Lieber Volker Braun,

es fing ganz harmlos an: Ein Beitrag zu den *Kippern* sollte entstehen und plötzlich stand Lara Croft in der Tür.
Géraldine kam gerade aus Frankreich. Sie las die *Kipper* einmal, sie las sie zweimal und blickte auch beim dritten und vierten Mal hilflos drein. Es gab keinen Funken zwischen ihr und Ihrem Stück.
Selbst mir, die ich in der DDR aufgewachsen bin, blieb es trotz einiger vertrauter Bilder eigenartig fremd. Es fiel schwer, das Besondere oder gar Aufregende zu entdecken, von dem Menschen aus der Generation meiner Eltern immer wieder schwärmten.

Schließlich war Géraldine ziemlich geknickt: Ich verstehe nicht, was es soll bedeuten mit diesen Kippern. Ich sehe keine interessante Geschichte, nur der Paul Bauch erinnert mich an so eine Figur, so eine Frau, die lebt in einem Computerspiel. Wie heißt denn die? – Lara Croft?! – Genau, ich weiß auch nicht, es ist schwierig für mich zu sagen, aber diese Lara und Paul Bauch, das ist irgendwie das Gleiche.
Seitdem steht Lara Croft in der Tür und wir werden sie nicht los. Wir kommen auch nicht an ihr vorbei. Also begannen wir einen Tunnel unter ihr zu graben, aber an dessen Ausgang stand Paul Bauch und kippte ihn fleißig mit Kies zu.

Ist es möglich, daß er es tut,
weil er damit einfach nicht aufhören kann?

Ist es möglich, daß er sich immer wieder
neue, größere Kubikmeterzahlen als Ziel vorgibt
und das Fortschritt nennt?

Wir wissen es nicht genau, aber er verhält sich wie jemand, der in furiosem Tempo von einem Level ins nächste zu gelangen versucht. Er hat ein neues Verhältnis zur Arbeit gefunden, indem er sie zum Spiel macht und das Spiel zur Arbeit. Das ist heute die Aufgabe der Erfinder von interaktiven und Computerspielen oder einer Lara Croft, die vielbeschäftigte Heldin des berühmt gewordenen CD-Rom-Spiels *Tomb Raider*.

Was sollen die vielen Menschen tun,
deren Arbeit nicht mehr gebraucht wird?

Möglicherweise am Computer Arbeit spielen?

Was sollen diejenigen tun,
die Arbeit haben und zu deren täglichen
Grunderfahrungen trotzdem die
Ohnmacht gehört?

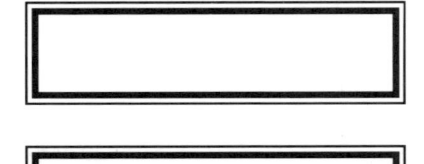

Sie am Computer abreagieren?

Die Technikbilder aus den *Kippern* (Züge, Bagger, Tagebau ...) wurden ersetzt durch Technikbilder wie beispielsweise Computer und Satelliten. Sie dienen als Instrumente einer Weitergabe und sekundenschnellen Verbreitung von Informationen, was wiederum zu einer weltweiten Beschleunigung aller Prozesse führt. Das Eingreifen in diese Prozesse erfordert ein Maß an Konzentration und Geschwindigkeit, in welchem sich ein Mensch mit der Maschine kaum mehr messen kann, weil Aktivität, Bereitschaft und Konzentration rund um die Uhr ein menschliches Maß und Vermögen übersteigen. Das Rennen nach dem Fortschritt und der gleichzeitige Versuch seiner Zügelung erweisen sich als Dilemma. In der Folge wird Aktivität vorgetäuscht oder eben an virtuelle Stellvertreterfiguren delegiert. Wie Paul Bauch besteht Lara Croft unerschrocken und kraftvoll die Herausforderungen einer virtuellen Welt. Wie Lara Croft ist auch Paul Bauch eine oft überarbeitete, eine fremden Interessen angepaßte Figur. Paul wurde im Sinne bestimmter ideologischer Vorgaben erschaffen und verformt, Lara entsprechend den Vorgaben und Interessen potentieller Käufer. Durch die Bearbeitung gewann sie immer mehr sowohl an Kaufinteresse als auch an Idolqualitäten und Identifikationsmöglichkeit. Der Unterschied zum älteren Bruder Paul besteht wahrscheinlich v. a. in graduellen Abstufungen dieser Virtualität und dem Versprechen, daß der Spieler wieder zum *Mit*spieler in einer sich scheinbar verselbständigten Welt wird, die sich der persönlichen Mitgestaltung entzogen hat oder entzogen wurde.
Fiktive Landschaften, Geschichten und Figuren, die sich in virtuellen Welten bewegen, können immer wieder neu modelliert und inszeniert werden. Indem der Spieler auf diese Weise Wirklichkeitsgestaltung simuliert, gleicht er wahrscheinlich seine Ohnmachtsgefühle aus.

Zieht das auf lange Sicht ein völliges
Desinteresse an einer Einmischung
in die Gestaltung der »realen« Welt nach sich?

Die Erwartungen an das reale Leben können durchgespielt und vorgedacht, aber nicht wirklich erfüllt werden. Das zeigt sich auch im Umgang mit der Natur:
»*Bauch*: ›Ja. – Ich kann mich nicht hinstelln und acht Stunden dies Land sehn. Das muß alles anders aussehn, daß man gern herkommt. (...) *Zu König* – Ist das keine schöne Arbeit. Sieh dich um! Das Land, das unsere Augen erwarten, gibt es nicht mehr, es wird verändert nach unserm Bild!‹« Naturunterwerfung als

Spiel, in dem man(n) mit Hilfe von Technik versucht, die Rolle eines Gottes zu übernehmen. Das Spiel mißlingt, weil die Wiederherstellung der Natur nicht genauso einfach funktioniert.

Also »andere Augen und andere Gedanken« anschaffen?

Vielleicht Computer, mit denen ein künstliches Bild von Natur geschaffen wird?

Vielleicht brauchen Ihre *Kipper* diese technische Form der Inszenierung. Vielleicht braucht das Stück aber auch die Bühne. Es könnte inszeniert werden als Infragestellung eines mörderischen, besinnungslosen Tempos und als konsequente, selbstbewußte Behauptung einer Langsamkeit, die Raum läßt für Leben. Schwerpunkt einer solchen Inszenierung wäre z.B. nicht die Frage nach weiterer Produktivitätssteigerung, sondern nach der Sinnlosigkeit und Lebensfeindlichkeit von Höchstleistungen, deren Ziel nur die Jagd nach einem sich ständig verschiebenden Horizont ist.

Oder sollte das Stück als Cyberspacespiel inszeniert werden, bei dem der eine Art elektronischer Brille trägt und im Raum umherlaufen kann?

Spieler

Aber was ist, wenn der – halb blind – gegen einen Waggon torkelt und in die Kiesgrube fällt? Bei dem Tempo mit dem Paul kippt...

Error!

Christian Hippe / Jörg Kopec
Wichtige Kundeninformation zu Brauns DRAMA-TINKA®

Wir möchten uns bei Ihnen für Ihr Vertrauen in Brauns DRAMA-TINKA®[1] bedanken und begrüßen Sie in der ständig wachsenden Familie zufriedener Kunden. Bevor Sie bei Funktionsstörungen gleich den Braun-Kundendienst in Anspruch nehmen, lesen Sie doch bitte die nachfolgenden Abschnitte »Fehlererfassung« und »Fehlerbeseitigung«. Falls weiterhin Schwierigkeiten auftreten, studieren Sie den Abschnitt »Alternativer Gebrauch«, um das defekte DRAMA-TINKA® auf andere Weise nutzen zu können. Auch ohne Funktionsstörung sollten Sie diese Hinweise zur Kenntnis nehmen, um zu gewährleisten, daß Sie die Möglichkeiten von DRAMA-TINKA® voll ausnutzen können.

1. Fehlererfassung

Fehler:	Fehleranalyse:
Das Liebespaar Brenner und Tinka trennt sich, obwohl die beiden sich weiterhin lieben.	Die Ursache dafür liegt im Ausfall der Automatik (per Parteibeschluß). Der automatisierte Betrieb ist Teil der gemeinsamen und gesellschaftlichen Utopie von Brenner und Tinka. Da diese »dritte / Gemeinsame Sache«[2], erschüttert wird, trennen sich die Wege der Liebenden.

2. Fehlerbeseitigung
Um die Beziehung zwischen Tinka und Brenner zu retten, werden zwei grundsätzlich verschiedene Methoden vorgestellt, auf den Ausfall der Automatik zu reagieren.

2.1

Methode Brenner	Gefahr:
Die Methode Brenner beruht auf strategischer Intervention. Dazu muß die gegebene Situation, der Ausfall der Automatik, akzeptiert werden, um diese mit den Mitteln, die das System zuläßt, korrigieren zu können. Eine Möglichkeit besteht im Einschalten höherer Instanzen des Apparats, die dazu aufgefordert werden, das Problem der Automatisierung zu überprüfen.	Die Hoffnung in die Korrekturmöglichkeit des Systems mag trügen. Liegt einer gesellschaftlichen Utopie ein unbegründeter Optimismus zugrunde, besteht die Gefahr, vor vermeintlichen Sachzwängen zu kapitulieren und keine Eigenverantwortung zu übernehmen. Das hört sich dann so an: »Brenner: Ich bin Hans Arsch. Lacht, schweigt. Ich seh es ein. Es ist alles notwendig. Frühling Sommer Herbst und Winter. Schande.«[3]

[1] Grundlage bildet die späte Fassung von »Tinka«, in: Volker Braun, Texte in zeitlicher Reihenfolge, Bd. 4, Halle und Leipzig 1990, S. 133–208.

[2] Bertolt Brecht: »Das Lob der dritten Sache«, in: ders. Große kommentierte Berliner und Frankfurter Ausgabe, Bd. 14, S. 122–123.

[3] Braun: »Tinka«, S. 181.

2.2

Methode Tinka	Gefahr:
Die Rücknahme der Automatisierung veranlaßt zur grundlegenden Überprüfung des Systems. Denn gerade weil die Utopie wieder unkonkret geworden ist, kann deren ganze Größe neu entdeckt werden. Statt nur den technischen Defekt, den Ausfall der Automatik, beheben zu wollen, wird auf den Mangel an öffentlicher Aussprache und demokratischen Entscheidungsstrukturen hingewiesen. Diese Methode lenkt vom Einzelfall ab und beruht auf Provokation. Das Risiko von Anpassung und Kriecherei der Methode Brenner (siehe 2.1) bleibt ausgeschlossen.	Wenn die Provokationen erfolglos bleiben, können sie – um nicht der Wirklichkeit nachgeben zu müssen – nur noch auf einer spielerischen Ebene aufrecht erhalten werden. Provokante Spielereien mit der Werkleitung und dem Geliebten drohen sich dabei zu verselbständigen und wenden sich im äußersten Fall gegen sich selbst. Verstellungen bis zur Unkenntlichkeit und damit verbundene Selbstentfremdung sind kaum abzuwenden. Die Utopie droht, sich, nachdem sie Risse bekommen hat, im Spiel zu verlieren.

Keine der Methoden kann für sich beanspruchen, die richtige zu sein, wie auch keine Variante das unbedingte Mißlingen der anderen verschuldet. Weder die Methode Brenner noch die Methode Tinka garantieren eine Reaktivierung der Automatisierung und damit die Rettung der Beziehung zwischen Tinka und Brenner. Auch eine Anwendung beider Varianten, verschiedentlich ausgeglichen, kann hundertprozentigen Erfolg nicht versprechen. DRAMA-TINKA® lädt zur interaktiven Nutzung ein und fordert den lernbereiten, problemorientierten Benutzer, der Fehlverhalten selbständig analysiert und sich an der Lösungsfindung beteiligt.[4]

3. Alternative Nutzung
Falls die Schwierigkeiten mit Ihrem DRAMA-TINKA® nicht behoben werden können, sollten Sie sich von der Möglichkeit alternativer Nutzung überzeugen. Selbstverständlich können Sie diese Sonderfunktion auch bei einwandfreiem Betrieb wählen.
Der Ausfall der Automatik hat auch sein Gutes. Sicherlich, die gemeinsame Utopie einer fortschrittlichen Gesellschaft wird für das Liebespaar Brenner und Tinka erschüttert, ihre Beziehung zerbricht. Die Schuld dafür trägt aber kaum die ausbleibende Automatisierung des Betriebes, als vielmehr die Schwäche ihrer Utopie, die gegen Rückschläge nicht gesichert ist. Deshalb sollte das Ende der Automatik in erster Linie in seiner Bedeutung für utopisches Denken befragt werden. Mit dem Ausfall der Automatisierung wird der Fortschrittsglaube an eine »automatische« Entwicklung der Geschichte zum Besseren gebrochen. Wenn aber keine »objektiven Gesetzmäßigkeiten« den Gang der Geschichte bestimmen, dann erhält das Subjekt eine ganz neue Aufgabe und Verantwortung. Diese Kon-

4 Im Prolog zu »Tinka« heißt es dazu: »Aber nicht nur Sie testen das Stück: das Stück testet auch Sie. (...) Das Gute Ende, nehmen wir nur vorweg: Das zeigt nicht das Spiel, aber es ist sein Zweck.« Ebenda, S. 199.

sequenz ist der Methode Tinka deutlich eingeschrieben, weshalb ihre Anwendung auch angesichts eines Mißerfolgs vielversprechend scheint. Denn wenn die Wirklichkeit keine Utopieverwirklichung in Aussicht stellt, sondern im Gegenteil verhindert, dann kann es geradezu notwendig sein, mit provokantem Auftreten zum Störfall zu werden. Auch wenn die konkrete Wirkung solcher Provokationen gering sein mag, sind sie als Zeichen eines neuen Selbstverständnisses zu verstehen: das Subjekt wird zum Provokateur der von jeder zwangsläufigen Entwicklung befreiten Geschichte überhaupt. Dem neuen Subjektbewußtsein entspricht das Recht auf Selbstverwirklichung, das mit der Methode Tinka vehement eingeklagt wird: »Es liegt an uns selber, was wir mit uns machen. Immer mehr – hängt es von uns ab, ja? Wir reden uns nicht mehr heraus.«[5]

Ihr DRAMA-TINKA® erlaubt diesen grundsätzlichen Verzicht auf Automatik, denn das entspricht seinem strukturellen Aufbau. Die Einzelteile Ihres DRAMA-TINKA® lassen sich verschiedentlich kombinieren. Der Benutzer ist ausdrücklich dazu aufgefordert, die Montage zu prüfen und einzelne Module gegebenenfalls auszutauschen oder neu zu konstruieren.[6]

Eine Garantiezeit für den Gebrauch von DRAMA-TINKA® kann nicht eingeräumt werden. Stand dieser Informationen, 3.4.99 (Version 4.1).

---

[5] Ebenda, S. 194.

[6] Vergleiche dazu die »ANMERKUNG« zu »Tinka«, in der andere Ausgänge des Stückes empfohlen werden. Ebenda, S. 197.

Peter Brasch

Leuchtspur der Narben

Nicht die Illusionen wurden massakriert, sondern die Massaker wurden illusioniert.
Atmungslos:Ein Hohnlachen für / mit / gegen die symmetrische Welt, die mich völlig asymmetrisch 1976 der Universität verwies und mir für den Hörsaal der Frauenklinik wegen unsozialistischem Verhalten und Trunkenheit auf der Bühne Hausverbot erteilte.
GUE VARA ODER SONNENSTAAT: Marcos, der anarchistische Wildfang dem Seziertisch der Sozialisten entgangen, tot im bolivianischen Urwald oder in den Abhörsälen, egal, ich war froh, daß ich mir diese Verrenkung nicht mehr antun mußte: zwischen veralten Journalistikvolontären zu versiechen, so froh, daß ich bei meinem Abgang noch mal gegen die Regenrinne der Karl-Marx-Universität pinkelte, wo die Illusionen bereits archiviert wurden, als sie noch nicht mal Ideale waren.

Wer nicht wenigstens ein Mal im Kopf vögelt, vergißt irgendwann, wie es ist, mit den Beinen zu denken.

Wegrennen hieß Weg rennen. Und bleiben und sich hineingeboren (Uwe Kolbe) wie hinausgestorben (Katja Lange-Müller) fühlen, egal wo. Ob im Leipziger Regenwald als wetterfester Anarchistenklon eine kahle Parkplatzwand anpissen oder im bolivianischen Pappmachéurwald nachts laut GUE VARA ODER DER SONNENSTAAT rezitieren, wo ihn nur die gedankenschwangeren Nachtvögel hörten.
Das war der Weg, schleimsteinig und unbehaust, breitbeinig und unbeholfen.
Absurderweise hat mir diese Ratlosigkeit über die Laufzeit der Deutschen Demokratischen Republik geholfen, bis sie am Ziel
eingelaufen war. Und als sie eingelaufen war, war guter Rat teuer, das Geschrei laut und das Gewese um das Gewesene nachher um so heftiger.

WIR WOHNTEN NIE IN EINEM HAUS
WIR LAUFEN NIE WIR RENNEN
WIE LANGE HALTEN WIR DIESE FREIHEIT AUS:
UND DAS, WAS WIR ERDE NENNEN.
VON DER SONDERBAR IN DIE WUNDERHAFT
SAUFEN KANN MAN ÜBERALL, NUR NICHT TRINKEN
    WER UNS GLÜCKLICH AUS DIESER HAFTBAR SCHAFFT
    DARF, WENN WIR STERBEN, AUCH WINKEN

März 1999

Klaus Gehre/Oliver Hohlfeld
Das ist ja Totenbeschwörung, was wir hier machen.

Klaus Gehre: Für den Müller fängt ja an der Stelle erst das ganze Theater an. Aber wenn das mal keine tote Leiche ist, die wir hier mit dem *Großen Frieden* ausbuddeln.

    Oliver Hohlfeld: Hier läßt sich schon noch was finden. Wir müssen nur lange genug graben.

Im Sumpf der Utopie. Der Braun hat ja prophetische Qualität entwickelt: der hat geahnt, daß das ein Faß ohne Boden ist und man öfter mal den Kopf in den Sand stecken muß, um nicht drin zu versinken. Aber letztlich hat er das Scheitern der DDR beschrieben und zugleich einen Utopieentwurf verabschiedet, an den man sich gewöhnt hatte.

    Die Utopie ist nicht das, was uns als Utopie im Prolog angeboten wird. Da lacht einer die ganze Zeit – »Ha«. Aber dahinter – da wird es interessant: Warum nicht eine Utopie des Subjektes, das sich auf andere Weise zur Gesellschaft verhält, als es bisher geschehen ist? Zum Beispiel ein Ende der Simulation von Individualität?

Deswegen auch Prolog. Das ist Vor-spiel. Aber wie das so ist mit den Vorspielen: Wer die nicht ernst nimmt, hat letztlich schon verloren. Weil da Bedingungen abgesteckt werden für das Eigentliche. Ohne daß die deswegen endgültig sind. Die müssen immer wieder neu ausgehandelt werden. Das läßt sich bei kleinen Kindern schön beobachten: Wie die zwischendurch immer mal wieder den Tisch abräumen, einfach, um noch einmal von vorn anzufangen. Nichts anderes macht Braun – vielleicht, weil über solche Dinge wie Utopie lange nicht mehr nachgedacht wurde. Warum schreibt er sonst, daß der Sozialismus eine lange Antwort sein wird? Das setzt voraus, daß überhaupt gefragt wird.

    Nun wird aber im Stückverlauf vorgeführt, daß nach der Tabula rasa innerhalb einer Gesellschaft die Terrassierung auf der eben erst geschaffenen Ebene sofort wieder einsetzt. Das wird als beinahe zwangsläufig vorgeführt. Die scheinbare Ebene enthält schon, was über ihr liegen wird.

Sie verkümmert zum Fundament?

    Da wächst immer wieder was raus. Das bleibt nicht eben. – Aber wird damit soziale Utopie an sich verworfen? Wenn das so ist, dann wirkt da Furcht wie Bequemlichkeit.

Wenn nach der Tabula rasa nur kurze Zeit später wieder etwas entsteht, das weder besser noch schlechter scheint als vorher, aber bereits wieder den Keim für eine neue Einebnung in sich trägt – und das geht immer so weiter bis zum Jüngsten Gericht – dann frag' ich mich eher, inwieweit man aus Bisherigem überhaupt heraus kann. Da scheint es Dinge zu geben, die sich nur bedingt durch Denken ändern lassen: diese Last der Vergangenheit oder auch gegenwärtige Beziehungsmuster, die sich in Persönlichkeitsstrukturen niederschlagen.

    Eine gesellschaftliche Terrassierung als präfiguriert in den Gehirnen? Wo dieses Freimachen eben noch nicht in den Gehirnen stattgefunden hat, weil das alte Maß immer wieder an die neuen Zustände angelegt wird?

Wo soll das neue Maß herkommen? Da reicht der gute Wille nicht. Aber warum nicht die Terrassen als etwas Gegebenes akzeptieren – als Ausdruck eines komplexen Systems, wo Unterschiede zwischen den einzelnen Teilen nicht nur existieren, sondern sogar notwendig sind?

> Terrassen als Ausdruck gesellschaftlicher Differenzen – die entstehen, sobald das Denken Macht als etwas Notwendiges ansieht?

Mit oder ohne Macht – das entsteht einfach. Aber wenn man das akzeptiert, dann kann man anders, möglicherweise totaler auf die Dinge draufschauen. Tabula rasa aber bedeutete dann nicht mehr das Gleichmachen von Ebenen. Die Terrassen sind dann das Fundament.

> Das hieße einen veränderten Blick auf die Gesellschaft zu gewinnen, wenn man sie sich als Modell vorstellt. Aber läßt sich allein durch eine solche Veränderung schon eine andere Transparenz dieses Modells erreichen? Oder eine Gesamtschau, die hilft, dieses Modell, oder seine Entsprechung, in irgendeiner Form zu verändern?

Ja. Wie kann man sonst diese Gleichheit begreifen, ohne sofort in ein »Wir wollen alle gleich sein« zu verfallen. Schließlich kannst du auch keine Uhr aus lauter gleichgroßen Zahnrädchen bauen. Da brauchst du wenigstens noch zwei Zeiger und eine Feder. Aber als Gleichzeitigkeit, als dialektische Gleichzeitigkeit, wo das »gleich« ein »zugleich« ist – wenn sowas mit dem Stück gezeigt werden kann. Zumindest als Denkhaltung, die zuläßt, zugleich anderes mitzudenken, sich von eigenen, zwangsläufig beschränkten Wahrnehmungsmustern zu entfernen. Ich weiß zwar nicht, wer das im Stück repräsentieren könnte. Selbst der Philosoph Wang steckt ja am Ende, genau wie am Anfang, in seinen eigenen Interessen drin. Der entwickelt sich ja auch, nicht wirklich.

> Allein die Abkehr von der Annahme, daß es e i n e n Wang und e i n e n Weg gäbe, zeigt doch, daß in Wang etwas weiterschreitet. Oder nimm die letzten vier Zeilen: »Damen und Herren, sie sehen, ich lebe und gern. *Legt das Kostüm ab*. Die neuen Zeiten von den alten wund sind neu genug erst, wenn wir aufrecht stehn. Die Plage dauert und kann uns vergehn. In unsern Händen halten wir den Grund.« Hier ist eine – das Wort »Entwicklung« ist freilich schwierig – aber eine Veränderung ist zumindest ablesbar: Jetzt wird das Denken selber in Frage gestellt, indem es als von den alten Zeiten wund charakterisiert wird.

Aber Braun läßt die Figur des Wang durch seinen Darsteller begleiten. Die eigentliche Entwicklung kommt nicht von Wang selber, sondern aus der Reflexion des Schauspielers. Und damit letztlich von einem imaginierten Zuschauer, auf den er verweist.

> Das ist eine strukturelle Geschichte, die du aufrufst: daß eine Figur nicht vollständig von Anfang bis Ende behauptet wird, sondern »als ob« ausgestellt wird. Wobei beides letztendlich wieder über den Darsteller miteinander verbunden ist. Aber das zeigt doch nur, daß es keine ungebrochenen Texte mehr gibt, nur noch verschiedene Wahrnehmungen, eine Vielzahl von Wahrnehmungsmustern. Sich diesen aber auszusetzen und darüber hinaus nach Utopie oder Sehnsucht ganz allgemein zu fragen, dazu fordert das Stück heraus – in einer Zeit, wo über Utopien leichthin gelacht wird, auch wenn es vielleicht nur ein Lachen der Verzweiflung ist.

Wenn das Stück aber zwei formale Ebenen hat – eine Darstellungs- und eine Reflexionsebene – dann hat das Konsequenzen: Das läßt sich nicht als etwas Abgeschlossenes von Anfang bis Ende durchspielen, vielleicht noch mit einer gewaltigen Portion Illusion. Hier muß die spielerische Brechstange ran, einfach um die reflexive Ebene des Prologs anwesend zu halten, als eine Art Denkraum für die eigenen Fragen. – Ich würde das Stück immer wieder anhalten. Bei so gewaltigem Stoff tun Pausen einfach gut.

> Mir fällt da ganz pragmatisch der Bleistift ein, einfach, um Sachen aus dem Text herauszukatapultieren, die ich für mich nicht nutzbar machen kann. Nicht nur, weil da persönliche Erinnerungen wach werden. Da ist vieles heute historisch noch

> nicht weit genug weg, als daß man mit einer gewissen Gelassenheit diskutieren
> könnte. Aber was notwendig und für mich auch möglich ist: daß sich der Text mit
> Heiterkeit inszenieren ließe.

Vor dem Bleistift ist das für mich zuerst eine Frage nach der Art und Weise, wie
ich diesen Text inszenieren wollte. Und da gibt der Text für mich eine Struktur vor,
von der sich heute eine Seite besonders stark machen läßt. Der Prolog als Programm für das restliche Stück: Arbeit gegen die Verführungskraft der einfachen
Utopie. Wenn ich mir das Stück als Film vorstelle, der ich weiß nicht wie viele Kilometer lang ist, dann würde ich vielleicht Schwarzstellen reinkleben, alle zehn oder
zwanzig Meter, daß das Bild aufhört, daß da eine Pause ist, nicht nur zum Nachdenken. Die anders gefüllt wird. In dem Sinne meine ich Aufbrechen.

> Was du beschreibst, sind alles Formen von Fragmentarisierung eines ansonsten
> glatt erscheinenden Ganzen – sozusagen eine Terrassierung in Kontinuitäten. Das
> ist ein Gedanke, den ich ganz unabhängig von diesem Text interessant finde: die
> Aufhebung einer Illusion innerhalb eines Textes, einer ästhetischen Äußerung.

Aber hast du dir schon mal Rezensionen angeschaut von den ersten Inszenierungen? Da schlägt dir eine Gewißheit entgegen, daß das alles so funktionieren wird,
wie man sich das vorstellt – die Gesetzmäßigkeit der Geschichte. Daß da vielleicht
im Kern was nicht stimmt und der Wurm tiefer sitzt. – Aber wer weiß, worüber
wir uns in zehn Jahren wundern werden.

> Aber das ist im Text angelegt. Und ich weiß, daß das in Halle nicht so war. Die
> haben schon Utopie überprüft. Das war für sie der wesentliche Grund. Daß ich
> mich weigern würde, diese einfache Utopie, die in ihrer Sehnsucht natürlich auch
> großartig ist, mal eben so zu liefern, das unterschreibe ich sofort. Gerade diesen
> einfachen Weg auszuhebeln über das Komische – Der Schwarzfilm, von dem du
> vorhin gesprochen hast, das sind für mich zwei Buchstaben – Ha. Und wenn man
> anfängt, diesen Text für sich urbar zu machen, ihn als die Erde zu begreifen, die
> man auf dem Theater pflügen will, dann sind diese beiden Buchstaben die Steine, die man sich in den Weg legen muß – was bedeuten die an welcher Stelle?
> Wenn man die übersieht, dann haut man sich nicht nur den Pflug kaputt – dann
> vermehren sich merkwürdigerweise auch die Steine.

Wir sind schon wieder beim Prolog. Vielleicht sollten wir den Rest einfach gleich
weglassen.

> Die meisten wollen für ihr Geld aber was sehen. Da wird Qualität noch in halben
> Stunden gemessen.

Aber nur bis zweieinhalb, dann werden Wurzeln gezogen.

> In welcher Potenz?

Na, je höher um so besser. Aber das kann wieder keiner mehr im Kopf rechnen.
Da brauchst du gleich wieder einen Computer.

> Dann aber für jeden einen – der Gleichheit wegen. Und die müßten alle miteinander vernetzt sein. Dann ziehen sie sich gegenseitig die Wurzeln.

Bis auf einen, der die ganze Zeit über reglos im Zuschauerraum sitzt und einfach
nur lacht – das »Ha« aus dem Prolog, das die ganze Zeit über anwesend ist.

> Das ist ja nicht nur der Prolog, der komisch ist. Das Stück ist voller komischer
> Momente, die bis ins Groteske gehen. Am Anfang zwischen dem König und
> Wang, wo er am Ende hingerichtet wird: Jemand kommt mit einem Strauß leuchtend weißer Ideen und der andere pennt darüber ein. Oder auch die Schamdiskussion zwischen Wang und der Puffmutter. Das ganze Stück ist vom Konzept her
> komisch.

Was hier die Komik erzeugt, ist das Nicht-Funktionieren von Kommunikation. Da
reden zwei miteinander von Angesicht zu Angesicht. Aber sie verstehen sich nicht

– die Worte kommen einfach nicht an. Aber irgendwie kommt mir das bekannt vor: Alle reden miteinander, aber keiner versteht den anderen. Wenn sich das in einer Inszenierung stark machen ließe – als Provokation bis ins Absurde gesteigert, daß man es nicht mehr aushält...

> Es läßt sich auch in ununterbrochenen Monologen prima unterhalten – das Glück der Einsamkeit. Ist das nicht ein Kommunikationsmuster, das heute aktuell ist: viele Sender, aber keiner empfängt mehr, jedenfalls nicht wirklich?

Aber nehmen die Sender den Empfänger nicht dahingehend ernst, daß sie ihn bedienen, wo sie glauben, daß er das und das fordert? Deswegen hat das Fernsehen vielleicht auch solchen Erfolg – weil der Empfänger das Gefühl hat, ernstgenommen zu werden.

> Die sitzen trotzdem nicht auf e i n e r Terrasse. Und wer legt fest, wer wo wann sitzt?

Liegt die Einsamkeit nicht darin, daß Sender und Empfänger letztlich ein und dasselbe sind, im Moment der Verständigung zwangsläufig zusammenfallen? Einfach weil Verständigung prinzipiell auf Konsens zielt.

> Was heißt Einsamkeit – das ist eine Vermassung des Denkens, das nicht mehr Prozeß, sondern Produkt ist, das frei Haus geliefert wird und in der scheinbaren Freiheit des Zugriffs sedativ wirkt – weil es weder eine Herausforderung ist, noch Dinge in Frage zu stellen versucht.

Das ist die andere Seite: daß das Nicht-Verstehen genauso dazugehört – als Irritation, damit es weiter geht.

> Dieses »Alles geht« absorbiert Denken. Das wirkt als Impulsfalle: Ein Impuls zu denken kommt und fällt hinein. In die Grube einer Informationsvielfalt, die ich nicht mehr überschauen kann – noch dazu, wo mein Blick bereits gelenkt wird. Dann kann ich mich vielleicht noch freuen, »von oben« auf's Elend schauen zu dürfen, anstatt mich begaffen zu lassen.

Aber Kommunikation hat für mich vor allem eine integrative Funktion. Sie bindet zusammen, ohne daß jeder sofort zur Keule greift. Es ist doch lustig, daß der Punkt, ab dem etwas anfängt auseinanderzufallen, k r i t i s c h e r Punkt heißt. Sich öfters mal über das Wetter zu unterhalten, ist bestimmt nicht verkehrt.

> Ich möchte lieber mal wissen, wo der Braun die Götter gelassen hat.

Die Götter?

> Ich kann mir China vor 2000 Jahren nicht ganz ohne Götter vorstellen.

Die sind unterwegs auf der Strecke geblieben. War schließlich ein weiter Weg bis heute.

> Geister gibt es immerhin, unterschiedliche sogar, nur daß sie im Dunkeln wirken. Die sind also auch nicht richtig da.

Aber alle gleich.

> Die Gleichheit ist aber doch in einem sehr obskuren Raum angesiedelt.

Wo alle gleich blind sind und keiner was erkennen kann. Aber wenigstens sind die Götter ebenso zum Lernen gezwungen. Zumindest stehen sie genauso ratlos vor den Problemen und warten auf neue Zeiten.

> Daß von Braun schon an dieser Stelle eine Lösungsinstanz verweigert wird – um sie noch mehr zu verweigern in der Figur des Philosophen, von dem man eigentlich erwartet, daß er die Lösung hat – setzt für mich den Strich unter die Behauptung: Komödie.

Daß kein deus ex machina auftaucht, der uns die Lösung aus der Tasche zaubert, spricht eher gegen Komödie. Aber vielleicht fehlt ja nur die Tasche. Die ist mit verloren gegangen – unterwegs. Aber damit ist jetzt Wang und letztlich der Zuschauer gefordert. Und bei aller Ambivalenz von Wang liegt darin auch eine Hoffnung:

daß er nicht tot zu kriegen ist und daß, selbst wenn wir die Lösung nicht haben, wir die Möglichkeit haben, weiter nach Lösungen zu suchen. Das ist als Horizont da. Und dann ist es eine Komödie, wenn auch keine von den leichten.

> Ja, die Komödie riecht ein bißchen nach Bittermandel, aber das find' ich ganz angenehm.

Sie garantiert uns kein Ankommen, zumindest kein endgültiges.

> Aber ein Gefühl der Heiterkeit: Daß man trotz aller Schmerzensschreie angesichts dessen, was man alles sieht, darüber wenigstens an manchen Stellen noch lachen kann. Interessant finde ich, daß die Tasche verloren gegangen ist, aus der die guten Lösungen kommen sollen. Du beschreibst es als Hoffnung, als Horizont, dem man sich zuwendet. Aber wie das so mit Horizonten ist: Man kommt nie an.

Ich will schon ankommen. Aber nicht weil ich glaube, daß ab da alles »in Ordnung« ist und auch so bleibt. Das ist völlig linear gedacht und funktioniert so natürlich nicht, weil Gesellschaft etwas Lebendiges ist, was nicht zur Ruhe kommt. Ebenso wie die Vorstellung von Revolution – als ob sich etwas derart umwälzen ließe, daß wir uns danach bequem in den Sessel zurücklehnen können. Der »Große Frieden« ist kein Zustand, der irgendwo irgendwann hergestellt werden kann. Die Herausforderung liegt darin, ihn als eine Arbeit zu verstehen, die immer wieder geleistet werden muß.

> Oder in der unbedingten Behauptung des Subjektiven, des Grenzganges – sich als Subjekt dem existierenden Zustand zu verweigern. Gesellschaft über sich in Frage zu stellen – auch in ästhetischer Weise. Der Beruhigung und Blendung zu widerstehen, Ausschau zu halten und nicht die Kollision zu feiern, die mich auflöst.

Verweigerung – das ist mir zu gewaltig. Das klingt zwar schön, aber am Ende der Fahrt steht doch die Wand.

> Nicht, wenn ich das vorher auf den Tisch bringe. Das muß natürlich befragt werden. Und das heißt zu allererst, immer sich selbst zu prüfen. Allein diese Zuordnung »Intellektueller« – die immer wieder abzuklopfen, weil das Unterscheidungsmerkmale sind, die mir damit geliefert werden. Aber was verbirgt sich dahinter? Und wo werde ich in ein Rollenverhalten gedrängt? – Ich möchte die Jacke ausziehen können, wenn sie mir nicht paßt.

Aber scheitert das nicht oft daran, daß es zu wenig Jacken gibt und man oft gar keine Wahl hat? Deswegen glaube ich auch nicht an die Sprengkraft revolutionärer Situationen. Die sprengen wohl, aber das ist zwanghaft, weil es keine Alternativen läßt. Ich muß schon aus solchen Handlungszwängen herausgenommen sein, um wählen zu können – um überhaupt kreativ zu sein.

> Dann wären ja heute die besten Zeiten – die konservativsten Zeiten – die Wiegen der Revolution? Aber wenn in unserer schönen Spaßgesellschaft sich ja doch noch so viele wohlfühlen, wer soll dann wann worüber nachdenken? Und die, die darüber nachdenken wollen, sind so sehr dann doch mit dem Überleben beschäftigt, daß sie nicht mehr dazu kommen. Und wem sollen sie's erzählen. Man landet dann vielleicht als Wang wieder vor dem Thron des Königs und am Ende unter der Erde.

Oder es interessiert einfach niemanden, was man da macht.

> Aber im Stück gibt es eine revolutionäre Situation und heute nicht.

Das ist ja die Chance, das als Qualität sichtbar zu machen.

> Wie stellst du dir das konkret vor? Wie soll man etwas Vergleichbares finden für das, was Ausgangspunkt der Handlung ist, auch wenn es nur als Folie dient?

Dahinter steht für mich die Frage, wie sich Lust wecken läßt auf Veränderung. Wo soll der Hunger herkommen, um schauen und sogar verändern zu wollen – wenn man satt ist? Aber auf dieses Problem ist aufmerksam zu machen mit dem Text. Daß der »Große Frieden« etwas sehr Fragiles ist, das immer wieder zerfällt. Oder sogar zerstört werden muß, damit es wieder neu hergestellt werden kann, daß es überhaupt eine Chance hat. Also ein Sensibilisieren für die Dynamik dieser Prozesse, das Ineinandergreifen unterschiedlichster Stränge – weg von den einfachen Ursache-Wirkungs-Relationen, die vielleicht beim freien Fall funktionieren, aber nicht hier.

>Aber dabei die revolutionäre Situation eben nicht im Sozialen zu suchen – und damit die anfangs verweigerte Utopie doch noch einzufordern –, sondern sie im Gedanklichen anzusiedeln, eine Entsprechung auf der Kommunikations- und Denkebene zu finden. Mit diesem Text mediales Verhalten zu thematisieren, Wahrnehmungsmechanismen – das ist für mich möglich. Ohne ihn dabei beschädigen oder ihn zur Hure machen zu müssen. Und wenn's geht: das Ganze noch mit Heiterkeit.

Zeigt, daß in der Leiche noch Leben steckt?

>Daß das nicht nur DDR-Literatur ist, sondern mehr. Sie sollte »normale« Literatur werden dürfen. Klar gibt es diesen und jenen Ballast, aber den hat jeder Text, wenn er nicht gerade auf dem Mond geschrieben ist. Und dieser Ballast läßt sich abwerfen. Ob der Ballon deswegen höher steigt, ist nicht auszumachen. Aber er sinkt auf keinen Fall.

(Das Gespräch fand am 25. Februar 1999 in Berlin statt.)

Manfred Grund

Rolf Jucker
»Mitdenken mit der Welt«
Volker Braun als Produktivkraft

Ich halte Volker Braun für einen der ganz wenigen zeitgenössischen Autoren, die wirklich auf der Höhe der Zeit oder ihr sogar einen Schritt voraus sind – und ich meine damit nicht auf der Höhe des Zeitgeistes, dessen Verbindung zur Realität außerhalb der wohlbeheizten Redaktionsräume der Medienschaffenden und Büros der Akademiker ja in aller Regel nicht-existent ist. Ich möchte vier Punkte erwähnen, wo Braun für mich als Lehrer gewirkt hat.

1. Der Kritiker des Sozialismus, der nie bereit war, »die rohen nackten Tatsachen« »vor den Palisaden [unserer, R.J.] Gewißheiten«[1] außer acht zu lassen und schon gar nicht auf die Substanz seiner libertären Ideen zu verzichten – mochten sie noch so sehr von seinem Staat mit Politexkrementen besudelt worden sein –, wurde mir dadurch zum anregendsten Kritiker meines Systems, des Kapitalismus. Volker Braun hat mir einmal einleuchtend erklärt, worin das Problem des realexistierenden Sozialismus lag, mit Bezug auf die Industrialisierung der DDR bzw. den Braunkohletagebau. Jede einzelne Handlung – desjenigen, der schaufelt, des Baggerführers, des Dispatchers etc. – war für sich genommen logisch und sinnvoll; erst in der Totalität zusammengenommen offenbarte sich ihr Irrsinn. Genauso scheint es mir mit dem realexistierenden Kapitalismus zu sein, und dies erklärt gleichzeitig, warum wir solche Schwierigkeiten haben, den Wahnsinn, den wir betreiben, als solchen zu erkennen. Die einzelnen Tätigkeiten, die wir ausführen – sei es die Fahrt im Auto zum Supermarkt, die Arbeit als Börsenmakler, als Dozentin, als Bauarbeiter, als Fahrzeugmechanikerin, als Büroangestellter –, scheinen in sich Sinn zu machen, wir können Befriedigung aus ihnen ziehen, stolz sein über die Professionalität, mit der wir sie ausführen, die Wichtigkeit, die wir ihnen beifügen; erst wenn wir all diese Tätigkeiten zusammennehmen, und zwar weltweit, werden die Konsequenzen sichtbar; erst dann merken wir, daß sie innerhalb des uns als Lebensgrundlage zur Verfügung gestellten Systems Planet Erde keinen Sinn mehr ergeben, sondern destruktiv werden. In den Worten Brauns: »die Arbeit / sie hat es **in sich**, ein zweischneidiges Schwert / Entwicklung und Verwüstung«.[2]

2. Für mich beeindruckend ist die Lernfähigkeit des Autors Braun. Am klarsten ist dies vielleicht ersichtlich in der Art und Weise, wie Natur in Texten Brauns auftaucht. Zu Beginn seiner Karriere war sein Naturbegriff identisch mit dem von Walter Benjamin klar herausgearbeiteten, leider immer noch gültigen sozialdemokratischen/marxistischen: »Die Arbeit, wie sie nunmehr verstanden wird, läuft auf die Ausbeutung der Natur hinaus, welche man mit naiver Genugtuung der Ausbeutung des Proletariats gegenüber stellt. [...] Zu dem korrumpierten Begriff von Arbeit gehört als sein Komplement *die* Natur, welche, wie Dietzgen sich ausgedrückt hat, ›gratis da ist‹.«[3] Man lese dazu etwa den frühen Text *Der Schlamm* erneut. Mitte der achtziger Jahre dann ist das Ausmaß der Zerstörung der industriellen Zivilisation, vor allem auch die damit implizierten sozialen, anti-libertären Konsequenzen, unübersehbar in die Texte Brauns eingeschrieben, vom *Bodenlosen Satz* bis zur *Iphigenie in Freiheit*. Produktiv an dieser Entwicklung ist nun aber, daß Braun nicht einfach auf den modischen Zug ›Ökoliteratur‹ aufgesprungen ist, um ihn dann an der nächstmöglichen Haltestelle wieder zu verlassen, sollte sich der Wind des Zeitgeistes drehen. Nein, bei Braun führt die Aus-

---

1 Volker Braun: Das Nichtgelebte. Eine Erzählung. Leipzig: Faber & Faber, 1995 [=Die Sisyphosse 1]. S. 32.

2 Volker Braun: Leipziger Vorlesung. In: ders.: Texte in zeitlicher Folge (Halle: Mitteldeutscher Verlag, 1993). Bd. X. S. 173–192, hier S. 178. Auch abgedruckt in: Braun: Wir befinden uns soweit wohl. Wir sind erst einmal am Ende. Äußerungen. Frankfurt/M.: Suhrkamp, 1998 [=edition suhrkamp 2088]. S. 29–50, hier S. 33.

3 Walter Benjamin: Über den Begriff der Geschichte. In: ders.: Gesammelte Schriften. Hg. von Rolf Tiedemann und Hermann Schweppenhäuser. Frankfurt/M.: Suhrkamp, 1977. Bd. I, 2. S. 691–704, hier S. 699 [These XI].

einandersetzung mit dem Thema zur Kritik im besten Sinne, indem nämlich die Implikationen des notwendigen Paradigmenwechsels von der Ökonomie zur Ökologie in all ihren Dimensionen – und dazu gehören Fragen nach der Demokratisierung unserer hochgradig autoritären Gesellschaften, insbesondere was die Wirtschaft anbetrifft, wie auch soziale, mithin der Gerechtigkeit – den LeserInnen zum Bedenken aufgenötigt werden.[4]

3. Diese Lernfähigkeit des Autors macht sich auch im persönlichen Umgang bemerkbar und wurzelt in einer Unnachgiebigkeit im Denken, die sich nicht mit billigen Zwischenantworten, den schon erwähnten »Palisaden [unserer, R. J.] Gewißheiten« zufrieden gibt, sondern den Dingen auf den Grund gehen will. Unvergeßlich ist mir das Gespräch mit Braun im März 1994 in Swansea, wo der Autor dem Interviewer, der eigentlich die Fragen zu stellen hätte, nach dreistündiger, intensivster Diskussion an den Kopf wirft, und gerechtfertigt dazu: „Wir sind noch nicht beim Innersten, frag härter."[5] Diese Schonungslosigkeit hat Braun aber immer auch gegen sich selbst gewendet. Ein schönes Beispiel dafür ist seine Auseinandersetzung mit der *Unvollendeten Geschichte* im Lichte seiner Lektüre der Stasiakten. Daraus resultiert eine kritische Selbstbefragung in zwei Akten (*Das Ende der Unvollendeten Geschichte*[6] und *Es bleibt die unvollendete Geschichte. Ein Nachtrag*[7]).

4. Ich kenne wenige andere zeitgenössische AutorInnen – dazu mögen Christa Wolf, Heiner Müller und in einer ganz anderen, aber ebenso aufwühlenden Weise Stefan Schütz zählen –, die sich in ähnlicher Radikalität wie Braun den großen Herausforderungen unserer Zeit stell(t)en. Natürlich hört sich das großmäulerig und typisch germanistisch an, aber ich meine es tatsächlich, nicht werbestrategisch. Braun fiel nie auf das dümmliche Geplapper vom »Ende der Geschichte« herein, das die Globalisierung und die ›freie‹ Marktwirtschaft als Paradies auf Erden und die liberale Demokratie als den »end point of mankind's ideological evolution« und »final form of government« verkaufen wollte.[8] Auch den postmodernen Versuchungen, die in der Verabsolutierung des Relativismus letztlich nur die implizite Kollaboration der (meist) westlichen Intellektuellen mit dem wirtschaftlichen Kolonialismus der Reichen gegen die Armen der Welt und die ökologischen Lebensgrundlagen legitimieren sollen,[9] ist er nie erlegen, schon weil er solchen eurozentristischen Verengungen das nötige Maß an Skepsis entgegenbringt. Die Implikationen unseres Denkens und Tuns zu Ende denkend, wird seine Utopie – »Freizügig und selbstbewußt, solidarisch mit sich und mit der Natur und mitdenkend mit der Welt«[10] – zur radikalen Herausforderung für unsere Saturiertheit. Angesichts der Erkenntnis in *Iphigenie in Freiheit*: »Und von jetzt ab und eine ganze Zeit / Wird es keinen Sieger mehr geben / Sondern nur mehr Besiegte.[11] / [...] / Der Fortschritt krebst ans Ende des Jahrtausends«, angesichts des »Mord(es) an Mutter / Erde« sowie der Einsicht »Und in kein Ausland flüchtet sich die Hoffnung / Die wüste Erde ist der ganze Raum« und wissend auch, daß sich die vierte Welt nicht aus der Festung Europa heraushalten wird lassen,[12] angesichts dieser nüchternen Analyse der Weltverhältnisse auf allen Ebenen, die die »Zukunft nicht (mehr) kennt« und dennoch *nicht* auf Kosten der Zukunft leben will,[13] ist nur noch ein Ausweg denkbar: Askese, Exil, Armut. Diese Einsicht ist aber immer noch

4 Vgl. dazu meinen Aufsatz: Von der »Ziehviehlisation« (1959) zur »ZUVIELISATION« (1987): Zivilisationskritik im Werk Volker Brauns. In: Volker Braun, hg. von Rolf Jucker (Cardiff: University of Wales Press, 1995 [=contemporary german writers series]). S. 55–67.

5 Siehe: »Wir befinden uns soweit wohl. Wir sind erst einmal am Ende.« Volker Braun im Gespräch mit Rolf Jucker. In: Volker Braun. Hg. von R. Jucker. A.a.O. S. 21–29, hier S. 28.

6 In: Sinn und Form 48 (1996) 4. S. 582–592.

7 In: Sinn und Form 49 (1997) 1. S. 156.

8 Siehe: Francis Fukuyama: The End of History? In: The National Interest (1989). Nr. 16. S. 3–8, hier S. 4.

9 Vgl. dazu meinen Artikel: Zur Kritik der realexistierenden Utopie des Status Quo. In: Zeitgenössische Utopieentwürfe in Literatur und Gesellschaft. Zur Kontroverse seit den achtziger Jahren. Hg. von Rolf Jucker. Amsterdam; Atlanta 1997 [=Amsterdamer Beiträge zur neueren Germanistik; Bd. 41]. S. 13–78.

10 Volker Braun: Lösungen für alle. Gespräch mit Karoly Vörös, Budapest 18.10.1989 (X 158–162, hier 162).

11 Dies ein Zitat aus Bertolt Brecht: Der Untergang des Egoisten Johann Fatzer. Bühnenfassung von Heiner Müller (Frankfurt/M: Suhrkamp, 1994 [=Edition Suhrkamp Leipzig 1830]). S. 116.

12 Vgl. dazu Braun: »MEIN HUNGERVOLK SAMMELT SICH IN DER STEPPE / ZUM HUNGERMARSCH IN EURE METROPOLEN / SEIN HUNGER

NAGELT MICH IN MEINEN KREML / UND AUS DEM HUNGER SPEIST SICH UNSRE MACHT.« (X 138) Sowie die Stelle im Gedicht »Das innerste Afrika«: »EUROPA SACKBAHNHOF die verdunkelten Züge aus der vierten Welt vor Hunger berstend / hinter der Zeitmauer Getöse unverständliche Schreie / Blut sickert aus den Nähten der Niederlage / Zukunftsgraupel und fast will / Mir es scheinen, es sei, als in der bleiernen Zeit« (VIII 88) Die »Verteilungskriege, wenn der Tisch gedeckt wird« (Böhmen am Meer, X 74), die dieses Blut verschulden, werden wohl das 21. Jahrhundert dominieren.

13 Vgl. dazu Volker Braun: Ist das unser Himmel? Ist das unsre Hölle? Rede zum Schiller-Gedächtnis-Preis (Stuttgart 10.11.1992): »Der Mensch muß damit leben, daß er die Zukunft nicht (mehr) kennt, ohne daß er beginnt, bedenkenlos gegen andere und Zukünftige zu leben. Die Lösungen für alle können kein Luxus der Künste bleiben. Das Ideal ist zur elementaren Angelegenheit geworden, es setzt das blutige, hungernde, lebendige Fleisch der Probleme an. Die Idee der Menschheit ist zur Sache der Wirklichkeit verdammt.« (In: Sinn und Form. 45 (1993) 1. S. 166–169, hier S. 169, wieder abgedruckt in: Wir befinden uns soweit wohl. Äußerungen. A. a. O. S. 81–87, hier S. 87)

derart inkompatibel mit unseren gewohnten Denk- und Verhaltensmustern, daß selbst Braun es nur versteckt in zwei Arbeitsnotizen formuliert hat: Zu *Transit Europa* heißt es am 29.3.85: »und das exil kann nur modell sein für die heutige befindlichkeit, für unser aller leben im übergang: die wir den alten kontinent unserer *gefährlichen gewohnheit und anmaßenden wünsche* verlassen müssen, ohne doch das neue ufer zu erkennen zwischen uns.« (Herv. R.J.) Und zu *Die Übergangsgesellschaft* am 25.9.82: »wir wissen, es ist die hauptsache, das leben zu ändern, d.h. das eigene ... aber wir wollen uns nicht aus unseren halterungen reißen. weil wir sonst elende wären, verdammte, entlassene, denen niemand die hand gibt, außer den künftigen freien unvorstellbaren menschen. man muß aber in das elend gehn.«

Foto Hans-Ludwig Böhme, 1988

Foto G. Klemm, 1943

Ich wurde 1939, an einem Sonntag vor dem Krieg, geboren. Mein Vater fiel am letzten Kampftag, mein 6. Geburtstag war der Tag der Befreiung und Besetzung. Dresden war zerstört, meine ästhetische Schule waren die schönen Ruinen. Sorglos und entsetzt begann ich zu leben. Meine Mutter ließ uns fünf Söhne, der Not trotzend, dem Antrieb der Neigungen folgen; der Staat, abstrakter denkend, zwang mich auf die übliche Landstraße. Nach dem Abitur in die Produktion, der Rausch der Arbeit (an den Handbaggern) und die stumpfe Qual, eine Erfahrung der Ungleichheit, von schöpferischer und Dreckarbeit: der elementare Stoff des Schreibens. Selbstgefühl und Mitgefühl waren die geheimen Motoren, und die intimen Berichte wurden unverhofft zum öffentlichen Vorgang.

Wir waren eine Generation, die der Widerspruch großzog; soziale Revolution und politische Bedrückung, die konträren Wirklichkeiten diktierten unser Dichten, Satz und Gegensatz gleichermaßen gültig. Es war die Kunst, es stehenzulassen, unaushaltbar. Wir hatten ein Vaterland in zwei Welten, und unsere Lehrer waren Emigranten, die jetzt Kompromisse lehrten. Ich Vaterloser konnte mir die Väter aussuchen, Brecht trat in seine selbstverständlichen Rechte. Wir berieten uns zugleich mit den Toten, die die Worte genau und hart fügten, Klopstock, Hölderlin, Büchner; sie waren die Überlebenden und trugen enorm zur Geselligkeit bei. (Um das Wir zu entziffern: Mickel, Kirsch, Tragelehn u. a. gehörten ihm an, man sprach von der Sächsischen Dichterschule.) Auch die Magistrale des Marxismus führte, in Leipzig, statt auf die Höhe des Bewußtseins, **in befreiende Abgründe; die hegelsche Dialektik** Was vernünftig ist, das ist wirklich; und was wirklich ist, das ist vernünftig **sog ich auf in der subversiven Wendung: daß keineswegs alles, was besteht, auch wirklich ist.**

Am Berliner Ensemble, an das mich Helene Weigel holte, der Versuch eines philosophischen

von links nach rechts unten:

Foto Maria Steinfeld, BE Probebühne, 1973

Foto Vera Tenschert, BE, 1979

Foto Archiv, Hamburg, 1989

Foto Peter Leske, Maxim Gorki Theater, 1988

von links oben nach rechts unten, Volker Braun...

...mit Hans Mayer in Tübingen, 1989. Foto Annelie Braun

...mit Christa Wolf in Berlin, 1989. Foto Vera Tenschert

...mit Paul Dessau in Leipzig, 1973. Foto Wolfgang Swietek

...mit Günther Grass in Dresden, 1997. Foto Ludwig Böhme

...mit Nuria Quevedo in Halle, 1988. Foto Reinhard Hentze

...mit Tschingis Aitmatow in Berlin, 1989. Foto Isolde Ohlbaum

...mit Giorgio Strehler, Ernst Schumacher und Senka Korea in Berlin, 1982. Foto Renate Schumacher

Fotos Christina Zilioli, Neumarkttheater Zürich, 1984

von links nach rechts unten:

...mit Heiner Müller, 1985. Fotos Karin Rocholl

...im Arbeitszimmer, 1985. Foto Roger Melis

... im Literarischen Colloquium Berlin, 1989. Foto Renate von Mangoldt

Volkstheaters: in unphilosophischer Zeit, in der das Volk eine unbegriffene große Rolle spielte. Was lag näher und ferner, als die Möglichkeiten geschichtlichen Handelns zu untersuchen. Ich schrieb ein paar Dramen mit Personen oder Unpersonen, deren Gedanken und Leiber zermahlen werden von der Macht. Ich sah die Geschichte marschieren, stillestehn und auseinanderlaufen; sah sie wiederum siegen und, wie es hieß, enden. Aus den Knochen des einzelnen war sie nicht zu erklären, aber nach dem Los des Letzten zu beurteilen. Die Antwort, warum ich mitten in den Katastrophen blieb, war die Frage nach einem anderen Globus der Chancengleichheit.

Marc Aurels Bekundung, ein Mann von vierzig Jahren, in genügend hoher Stellung, habe alles Wesentliche erfahren, was je zu erfahren sein wird – diese abgeklärte Lehre sei, sagte Bloch, vor der Geschichte zuschanden geworden. Aus genügend niedriger Sicht sehe ich das gelassen. Daß die Arbeit auf eine Wende zu paradox im Umbruch endete, hat mir im Alter von fünfzig eine Biographie verschafft. Was denn anderes als Scheitern ist das Ziel des Alleingangs der Poesie. In lärmender Zeit, ohnehin, der ironische Beruf, sich freizuschaufeln aus dem Müll der Meinungen, dem Flugsand der Rezensionen, und mühsam sich seiner selbst zu erinnern, seiner leibeigenen Existenz. Zuwider ist mir Macht, Dichtung ist die Sprache, die sie desavouiert, indem sie von Liebe spricht, Geschlecht, Tod und Gemeinsamkeit.

Sagte ich: meiner selbst? Immer gerate ich in Landschaften, die unbeirrt blühende Natur, die Elbe, die ich noch, und Grünbein nicht mehr, durchschwimmen konnte, Barockschutt, man kann in den Fundamenten wandeln. Der Widerspruch, das Eigenste nur als das, nur gegen das Gesellschaftliche formulieren zu können, läßt mich Einzelnen Ihr Votum, Mitglied dieser Akademie zu sein, dankbar annehmen.

von oben nach unten, Volker Braun...

...und Annelie Braun, 1985. Foto Roger Melis

...mit Tochter Arne, 1999. Foto Brigitte Friedrich

...mit der Mutter, 1993. Foto Annelie Braun

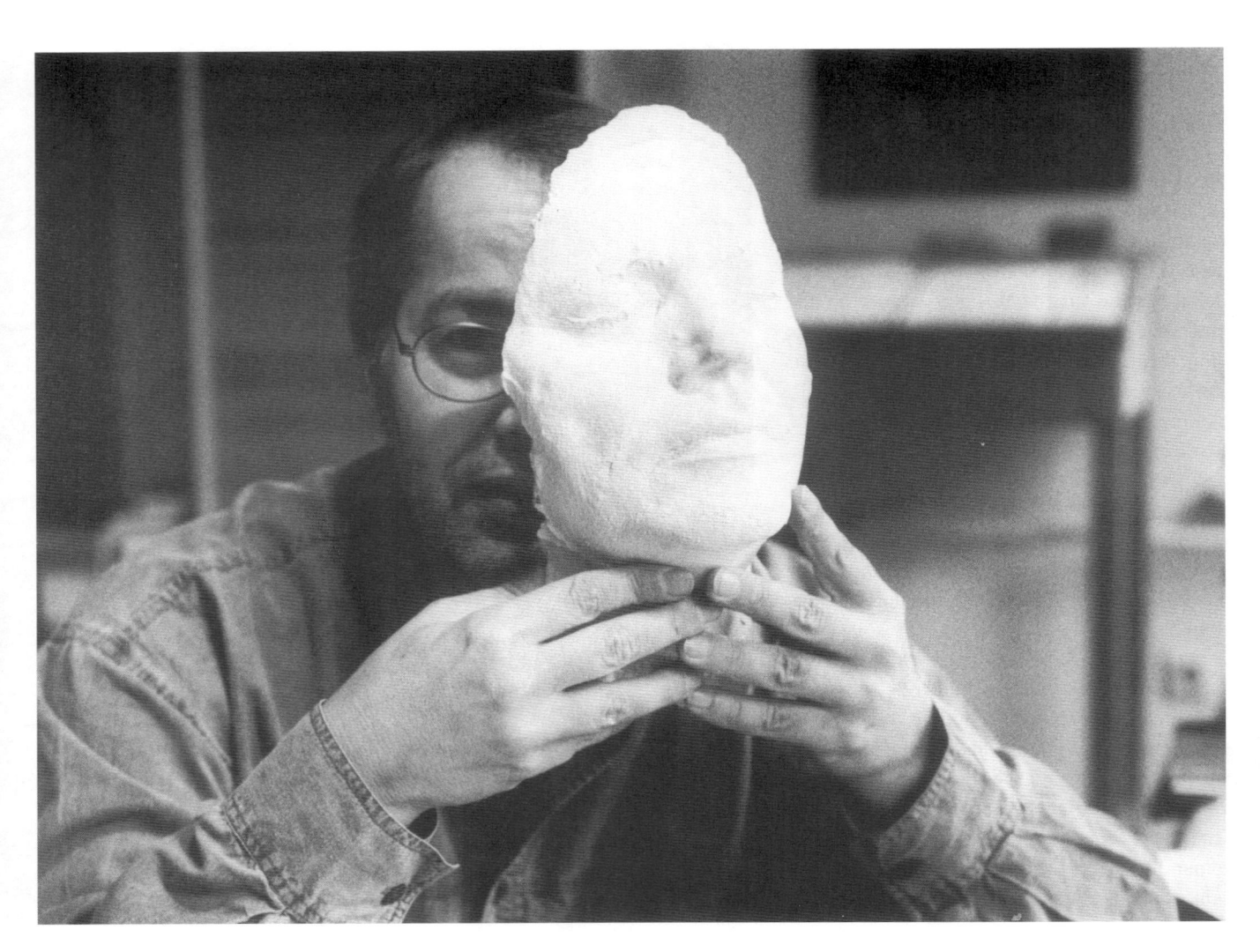

Foto Stefan Moses, 1990

Daniela Danz
Zeichen in Gemengelage

Auf der diesjährigen Leipziger Buchmesse hat Volker Braun aus seinem neuen Gedichtband *Tumulus* gelesen. Auf dem schwarzen Umschlag ist ein Bild von Hermann Glöckner mit dem Titel *Roter Punkt über grünweißer Faltung*, eine auf- und untergehende Sonne über einer verwickelten Landschaft mit Kehrseite, ein Mensch, dessen Kopf losgelöst vom Körper blickt auf die vorhaltende Geste seiner Hand. Es ist, entstanden in der Zeit vor dem Zweiten Weltkrieg, vor der Teilung Deutschlands in seiner geometrischen Schlichtheit, wie das Zurückgehen an eine Wegscheide, um ruhiger das bisherige, das weitere Vorgehen zu betrachten. Ganz anders ist dieses Bild als das auf dem Umschlag des Bandes *Lustgarten. Preußen* vor zwei Jahren. Ein Strichmensch mit ausgebreiteten Armen und zu Flügeln aufgespreizten Fingern, die ins Lehre greifen, balanciert über einen Steg, den das Feuer aus dem Abgrund, den er überbrückt, schon in Brand gesetzt hat. Die Luft ist voll Rauch, und rot glüht der Widerschein des Feuers über dem einen Land. Der Mensch geht nicht in die Richtung, in die gewöhnlich Menschen auf Bildern gehen, sondern von rechts nach links, wo die Luft noch klar ist. Die haltlosen Hände sind noch im einen, schon im anderen Land, der Mensch aber dazwischen. *Der Übergang* heißt dieses 1963 entstandene Bild des Malers A. R. Penck, der auch in Tumulus zitiert wird: »OSTEN WESTEN / EINE VERMISCHUNG sagt Penck UNTEN OBEN... / Nein eine Trennung«.

Der Zusammenhang dieses Zitats mit dem Bild stellt sich dabei vor allem auf einer formalen Ebene dar. Pencks Worte wie seine Bilder sind zeichenhaft, plakativ, dabei aber ambivalent. Der Mensch erscheint als abstraktes Zeichen, auch seine Gebärden und schließlich seine Umgebung sind zeichenhaft. Es gibt klare Polarisierungen, Gegensätze, die jedoch trotzdem keine einfache Deutung zulassen, da sie gleichzeitig universell oder sogar beliebig erscheinen, Vermischung und Trennung ineins sind. Die Bilder Pencks haben den Charakter von Schautafeln, die beidermaßen die Welt erklären und verunklaren, wodurch erst eigentlich ihre Transparenz entsteht. Das, was ist, wird in Pencks Bildern aus sich selbst heraus sichtbar, bricht auf, indem Bilder, die in den Köpfen spuken und Stile, die hoch und runter dekliniert wurden, zeichenhaft auftauchen und, gleichgesetzt mit anderem Zeichenhaften den Kampf der Statik beginnen, indem ihre starre Festigkeit Grund für die eigene Zerstörung wird, sie sich aneinander reiben, sich in sich verdrehen, verkanten, schließlich porös werden und brach liegen: Material. Diese gegenseitige Aufspaltung der Motive geht mit der Freisetzung von Energie einher, und es ist diese Energie der Bewegung, die zutage tritt, wenn der Blick des Betrachters sich an den magischen Zeichen, die dem Bewußten wie dem Unterbewußten nahestehen, festgehakt hat und unter der zeichenhaft-glatten Oberfläche eine karstige, poröse Struktur sich öffnet. Das Material, die im Unterbewußtsein des Menschen und der Gemengelage der Zeit vorkommenden Zeichen und seine Gestaltung durch den Künstler inspirieren sich gegenseitig, wobei mehr entsteht als die Summe des Materials und seine bewußte (manipulierte) Gestaltung, aber die einfachen Zeichen, herausgelöst aus der Starre und Bedeutungslosigkeit durch Bedeutungsüberfrachtung, noch erkennbar sind.

Was ist eine unserer Zeit angemessene Literatur? Wie läßt sich künstlerisch der Fragmentierung des Verstehens einerseits, der Monumentalisierung von Interpretation andererseits begegnen? Ein in diesem Jahrhundert sehr früh entstandenes künstlerisches Verfahren ist das der Collage oder Montage. In der bildenden Kunst gibt es Ansätze dieser Technik in Japan bereits im 12. Jahrhundert und auch in Europa werden in Bildern immer wieder Materialstücke verschiedener Provenienz zu einem Bild verarbeitet. Das alles hat jedoch eher kunsthandwerklichen Charakter, die Collage im Sinne einer Antwort auf die disparate Erfahrung von Realität taucht zuerst im Kubismus auf. Picasso klebt 1912 ein Stück Wachstuch in ein Stilleben. In enger Zusammenarbeit mit Braque wird dieses Verfahren weiterentwickelt, ganze Ansammlungen unterschiedlichster Materialien werden auf die Bilder aufgeklebt, collagiert. Die Faszination dieser Materialien besteht darin, daß sie einen Eindruck von greifbarer Wirklichkeit vermitteln und somit den Tatsachengehalt des Bildes erhöhen. Schließlich vermitteln sie auch der kubistischen Idee selbst neue Impulse, indem sie, durch die so entstandene Ersetzung der einzelnen Bildelemente, die wiederum in der frühkubistischen Phase erst durch das Aufbrechen der festen Form entstanden waren, diese Bildemente autonom machen. Das Bild erscheint nun nicht mehr primär als in seine Bestandteile zerfallenes Ganzes, sondern als Sammlung einzelner Teile. Als dieser Stand erreicht ist, entstehen, provoziert durch die Verselbständigung der eingeklebten Materialien, Bilder, in denen wiederum eine Synthese der Bruchstücke zu einem Ganzen in den Vordergrund rückt. Die Technik der Collage beherrscht weiterhin die Bilder des sogenannten synthetischen Kubismus, jedoch ist das Anliegen, aus den autonom gewordenen Elementen von Realität wieder ein komplexes Bild zu kreieren und auf diese Art von der vorgefundenen Abstraktion zur konkreten Wirklichkeit zu gelangen, wie Juan Gris in einem 1921 erschienenen Aufsatz sagt. (Dokument zum Verständnis der modernen Malerei, Hrsg. W. Hess, Reinbeck 1956, S. 28.) Diese ganze Entwicklung spielte sich in einem Zeitraum von etwa sieben Jahren ab, doch daß die Möglichkeiten der Collage damit noch lange nicht erschöpft waren, beweist ihre bis heute anhaltend große Beliebtheit in den verschiedensten künstlerischen Strömungen. Begeistert griffen nächst den Kubisten die Dadaisten diese neue Möglichkeit auf. Wirksamer als jede andere Technik stellte die Collage, die sie aufgrund ihrer Auffassung des Künstlers als Ingenieurs mit dem technischen Begriff Montage versahen, eine Möglichkeit dar, die Welt ohne den tradierten künstlerischen Schöpfermythos in die Kunst, die keine sein sollte, aufzunehmen. Bald fand die Collage auch Einzug in andere Künste wie etwa die Literatur. Montagetechniken waren auch hier des längeren bekannt, beispielsweise findet sich ein ähnliches Vorgehen in E. T. A. Hoffmanns *Lebensansichten des Katers Murr*. Die Collage im engeren Sinne jedoch, gekennzeichnet durch Zitate, erreichte auch hier erst mit der dadaistischen Literatur ihre Blüte. Zitiert wurde aus Zeitungen, Radiomeldungen und anderen öffentlichen Medien. Schlagworte wurden aufgegriffen, aus dem Zusammenhang gerissen und so der Absurdität preisgegeben, die Sprache der Werbung wurde ebenso wie Texte der Weltliteratur durch ihre Entkontextualisierung ironisiert. Schließlich übernimmt das Zitat in der Literatur ganz vielfältige Funktionen, es tritt mit dem Text in Dialog, ergänzt, widerspricht, konterkariert, belegt, autorisiert, verweist, knüpft an Traditionen an. Zur Ausreizung der letzen Möglichkeit der Collage kam es schließlich durch die von den Dadaisten geschaffenen Ready-mades, bei denen das vorgefundene Material in einen Kunstkontext gestellt und ihm, durch die so veränderten Prämissen der Rezeption, eine neue Bedeutung verliehen wird. Diese Ready-mades, wie sie sich in der neueren Literatur beispielsweise bei Peter Handke finden, werfen jedoch auch exemplarisch die Probleme dieses Verfahrens auf. Je umfangreicher die aufgenommenen Realitätselemente werden, umso schwieriger ist es dem Autor, sein Material zu durchdringen, aus dem Vorhandenen, durch seine Erfahrung von Wirklichkeit neue Sprachmöglichkeiten zu formen, um sie als Mittel zum Umgang mit der sich verändernden Zeit den Lesern anzubieten.

»Immer, wenn ich die Stimme hebe, Sie werden es merken, sind es Zitate«, schickte Volker Braun seiner Lesung voraus, bevor er das Gedicht *Material XVI: Strafkolonie* las. Es finden sich in diesem Band Zitate der verschiedensten Art, und es finden sich gegenüber den Gedichten in *Lustgarten. Preußen* mehr und kompaktere – Werbeslogans, Schlagworte, Redewendungen, Witze, Zeitungsüberschriften, literarische Zitate und Äußerungen anderer. Auch einzelne Worte, die eigentlich in den ganz normalen Sprachgebrauch eingeflossen sind, werden hervorgehoben, wodurch beim Lesen ein Stolpern, eine Irritation hervorgerufen wird.

Oft haben, wie in dem oben genannten Gedicht, die Zitate aber auch die Funktion des O-Tons, der den Text kontrastiert.

Diese Zitate sind vielleicht die Nahtstellen, an denen der Umgang mit der Zeit, auf den die Frage nach einer angemessenen Literatur sich richtet, am besten erkennbar ist. Und gerade bei diesen Zitaten, die aus der (Medien-)Wirklichkeit, entnommen sind, geht es vielleicht vor allem um die Sprache, die Ausdrücke ermöglicht wie »ruhigstellen« und Sätze wie »Krupp schluckt Thyssen«. Wie lange muß Sprache gesprochen werden, um die alltäglichen Ungeheuerlichkeiten eingängig zu machen? Die Metapher wandert solange durch aller Munde, bis tatsächlich die niedlich-gruselige Vorstellung des großen Fisches Krupp entsteht, der, mit einem darwinistischen Aufseufzen, den kleinen Thyssen schluckt. So entsteht Sprache, und so entsteht Wirklichkeit. So wird Sprache zum abstrakten Zeichen, zum Brocken, zum Fraß.

Was hilft dagegen? Hilft es die Selbstverständlichkeit aufzubrechen, Irritation zu wecken über diese schnell verschluckten, unverdauten Sprachbrocken, die schwer im Magen liegen? Und ist denn noch Coca Cola Grund, sich daran zu reiben? Wo verlaufen die Frontlinien außerhalb und innerhalb unserer selbst? Wenn über die »Macht des Feuilletons« geredet wird, so ist das nur eine Seite, das Verständnis einer Gesellschaft aus der Produktion heraus ist mitunter ein anderes. Das ist vielleicht auch ein Grund dafür, daß diese andere Gesellschaft in Brauns Gedichten zugänglicher war, durchdrungener erscheinen konnte, wohingegen die Komplexität jetzt dazu zu zwingen scheint, Wirklichkeit als Rohmaterial aufzunehmen. Lassen sich aber so noch die abstrakten Zeichen aufbrechen? Ein anderer Umgang muß der inzwischen selbst zur Collage gewordenen Realität, im Gegensatz zum zumindest als einheitlich postulierten Gefüge der DDR, Rechnung tragen. Erst durch diese neue künstlerische Behandlung der »neuen Zeit« können sich Text und zeichenhaftes Zitat wieder aneinander reiben, so daß die Energie freigesetzt wird, mit der sich an dem Festgefügten und weiter Erhärtenden rütteln läßt.

Könnte jetzt nicht, angesichts des eingeschlagenen Weges der Collage, Zeit sein für einen neuen »synthetischen Kubismus«, von dem Juan Gris in dem bereits zitierten Aufsatz schreibt: »...ich versuche, das Abstrakte konkret zu machen, ich gehe vom Allgemeinen zum Besonderen, d. h. ich gehe von einer Abstraktion aus, um zu einer konkreten Wirklichkeit zu gelangen [...]. Ich will dazu gelangen, neue Einzeldinge herzustellen, indem ich von allgemeinen Grundformen ausgehe.« Das ist auf einer formalen Ebene ein ganz ähnliches Verfahren wie das Pencks, wenn er die verschiedenen Stile und magischen Zeichen benutzt, um die Abstraktionen aus sich selbst heraus lebendig zu machen. Ein Kinderspiel voll Ernst: die Figuren ins Feld führen und die Bedingungen schaffen, daß sie ihre eigene Potenz zur gegenseitigen Verwandlung aktivieren.

A. R. Penck

Joachim Staritz
AUF ROT

Nichts hatte ich von ihm gelesen bis dahin, bevor ich ins Zuchthaus kam. Nach Brandenburg-Görden. 25 Jahre alt. Student. Verurteilt zu acht Jahren Zuchthaus für die »Verbreitung einer trotzkistisch-revisionistischen, staatsfeindlichen Plattform unter Berliner Kulturschaffenden und Studenten«.
Wegen Staatsverrats. Als Westberliner. Ich kannte nicht einmal seinen Namen. Aber mir scheint, ich bin Volker Braun zum erstenmal im Kammkasten begegnet. 1959. In dem eineinhalb Meter schmalen, vier Meter hohen, hellgrau getünchten Kummerschacht, in einer der jedes Geräusch aus dem Zellenhaus verstärkenden Einzelzellen der roten, schnörkellosen Bauhaus-Kuben unter gläsernen Dächern. Im Kommando IV. In strenger Einzelhaft. Auf ROT. Volker Braun weiß nichts von dem öden Klickklack hinter der Zellentür, vom Ostinato der schweren Bohnerbesen auf dem bis zu mir hinein nach Wachs duftenden Linoleum der Gänge vor den Zellen und über den bunten, fernwehmütigen Windrosen im Fußbelag an den Kreuzungen mit den Stahlglaskanzeln der Vollzugsbüttel, die in Brandenburg seit Häftlingsgenerationen SCHIENS genannt werden. Schien vom französischen Le chien, der Hund. Volker Braun hat mich AUF ROT getroffen, wie so viele an wirtlicherem Ort, ohne davon zu wissen. Hinter mir vergrollte damals der Staatstheaterdonner der Gerichtsverhandlung im schlüpfrig-schwelgenden Jugendstil des dunklen Justizgebäudes in der Littenstraße, durchweht vom kalten Preußenmuff, wie die Kasernen, Gefängnisse und Schulen des Vaterlands. Beinahe überwunden hatte ich den ängstlichen Widerwillen gegen die aufschießende Angst vor einer Justiz, die ich nie in Frage gestellt hatte. Ich war kein Feind der DDR. Ich hoffte noch immer, daß die SED fähig wäre, aus einem sich selbst genügenden Beamtenkörper wieder zu einer revolutionären Partei zu werden. Ausgefochten aber hatte ich den halbherzigen Kampf gegen die positive Versuchung, öffentlich im Prozeß zu bereuen, wie Wolfgang Harich mit persiflierender Übertreibung, wie früher schon Radek und Rajk und Genossen. Positiv wie Grabhügel sie alle. Das war ein Kampf, den ich schließlich, mehr trotzig als mutig, gegen mich gewann. Negativ wie die bergende Grube. Und eben dafür AUF ROT für die nächsten fünf Monate. Kafkas eisernen Stachel tief in der Stirn. Unter der Egge, wie Volker Braun schon damals, vermutlich. AUF ROT. Nach acht Monaten Einzelhaft in der Untersuchungshaft des MfS, im bräunlichen Backstein des Altbaus am Amtsgericht Pankow in der Arkonastraße, die voll kräftiger Amsellaute war in jenem Sommer. Fast ein Jahr lebte ich da, in zittrigem Grau, furunkulös, mit Victors Volkslesebuch über Bettina von Arnim im Arm und mit der Schichtsirene der Zigarettenfabrik Garbaty im Ohr. AUF ROT, im Staub von Brandenburg, bekam ich gar nichts zu lesen. AUF ROT war ich allein mit den Geschöpfen meiner Tagträume, ohne die ich gestorben wäre. Allein mit den Liedern meiner Mutter und denen aus der *Mutter Courage*, allein mit allen Gedichten, die ich auswendig wußte, von Werner Riegels *Abendlaub – ein Dunkelblau* bis zu Erich Weinerts pasteurisiertem Freudenhaus, von Wirtinnenversen (Perlen deutscher Lyrik) bis zu Hölderlins: »Unergründlich sich verwandt,
                hat sich, eh wir uns gesehen,
                Unser Innerstes gekannt.«

Allein blieb ich mit den zärtlich verschwimmenden Erscheinungen der Frauen, die ich geliebt hatte, und dem Bild der Frau, die ich liebte, allein mit den alten Freunden und mit denen, die mir noch zuwachsen sollten, mit diesem Volker Braun zum Beispiel, dem sechs Jahre jüngeren, dem sächsischen Gesinnungsgenossen.

Sie alle waren mit mir auf dem zweimal fünf Meter langen Fußweg durchs Jahr, durch die Ängste meiner Kindheit vor dem arischen Vater und seinen Volksgenossen, durch die tägliche Gegenwart des nachgebenden, rechteckigen Lichtblocks, der die Zelle füllte, sengendheiß und weiß im Sommer, kalt und sterbensblau im Winter. Hin, aufs Drahtglasfenster zu, hinter dem die Drahtglasblenden jede Aussicht zusätzlich versperrten, und her, zu der blechbeschlagenen Tür mit dem Spion, dem Auge des Großen Bruders, das sich in müden Intervallen öffnete, mit einem Augapfel füllte und still wieder schloß. Der Große Bruder, der hier so erfrischende Namen trug wie »Dreißigpullenbier«, »Der Eiskalte« oder »SchnauzeDu«, Kosenamen sozialistischer Menschenbilder. Deren einer, »Der Remisenkater«, ein rosiger, ewiger Leutnant, würdigweiß, milchblaue törichte Augen, glänzt auf in der Erinnerung mit dem wegweisenden Bekenntnis: »Wir Kommunisten kennen nur zwei Elemente: Feuer und Wasser!« Die langwimprigen Knastsozialisten »Angelina« und »Fickmich« hingegen, Zwillinge, früher der FREIHEITLICHDEMOKRATISCHENGRUNDORDNUNG verpflichtet, Kalfaktoren in tätiger Reue, blickten nur zur Abschreckung durch den Spion auf den Staatsverräter, den »Roten Studenten«, wie sie mich für Jahre tauften, mit dem Rattenradar wirklicher Spione, fliegengewichtige Freiheitskämpfer des BND, verdonnert zu unglaublich hohen Haftstrafen. (Später traf ich einen Schausteller aus Wismar, der war auch zu fünfzehn Jahren verknackt, wegen seines Eintretens für die deutsche Einheit, wie er sagte, für den dänischen Geheimdienst und ein bescheidenes Honorar.) Daß diese Patrioten, die für ein paar Westmark spitzelnden Eisenbahner, die von Adenauer 1955 heimgeholten SS-Biedermänner, die sogenannten Kamtschatkajungs, »Mamatschi-schenk-mir-ein-Pferdchen«-Knödler, die Rübe-runter-Moralisten, Antisemiten, Intellektuellenhasser und Bordellmacker, daß die »Deutschland!«-grunzenden Dorfschläger (Aus'm Rhinluch?) es waren, die mir das Leben im Zuchthaus vergällten, mehr als die tägliche Arbeitsfron, Krankheiten und die VP, daß sie es waren, die Jahre später meinen Entschluß, in der DDR zu bleiben, mitentschieden: Volker Braun hätte nicht anders empfunden.

»Soll ich singen mitm Loch im Kopf, mit Blut im Mund, heiser
Vom Wutschrei singen das Hochlied auf die Jugend Fehrbellins?«
AUF ROT ahnte ich sie (in machtgeschützter Innerlichkeit?) noch nicht einmal in meiner Nähe. Nah war nur die Wand und das Ferne. Links, hochgeklappt, im eisernen Knebel ein eisernes Bett. Gegenüber ein kurzer, hölzerner Tisch unter einer schirmlosen Glühbirne. Rechts bei der Tür, ein zweiteiliges Holzregal mit Hausordnung, Blechnapf und Löffel, Zahnbürste und Waschschüssel. Links, neben der Tür, der Kübel, der im Winter nach Chlor stinkt. Überm Kübel, das schwere Atmen mundauf unterdrückend, die Hand vor dem Hosenschlitz, als wollte er pissen, das Gesicht dicht am Spion, mein Freund, der mich kennt, der mein Feind ist, dem ich mein Leben verdanke, mein alter ego, ich seins. Oben, unter der Zellendecke, winzig auf dem Hölzchen, in glänzend schwarzem Federkleid, mit leidenstiefen Kuh-

augen, pfeift Heinrich Böll katholisches Liedgut. Schnee fällt schräg durch das neblige Licht der Milchglaslampen, die sich zu Kugeln blähen in den Kandelabern am Pavillon im Tiergarten mit den schlafenden Kaffeehausmusikern. Ich erkenne, ich rieche WANDA, den Hals und die graublonden Locken der Intendanzsekretärin, deren Gesicht ich noch heute suche unter Frauen. Sie schiebt die California-Brille hoch über die verschwitzte Nase. Sie hat die pelzigen Brauen zusammengezogen wie unter einem Schmerz und ihre Lippen festgemacht; zu allem entschlossen. Der Dampfer der Stern- und Kreisschiffahrt dieselt durch den Geruch von Öl und heißem Holz, vollgesogen mit Karbolineum. Da stehen die Wassertropfen fest, ohne zu zerfließen auf dem Bootssteg der lindgrünen, verbuschten Insel Imchen im Wannsee. WANDA öffnet die Perlmuttknöpfchen ihres Kleides aus herbstgrauer Seide, und ich gleite zu ihr, oder ist es der Andere, in Hemingways verliebten Schlafsack, während sich aus dem Rumpf unseres Schiffes lautlos ein zweites Schiff schiebt, in die Spree vor der Schauspielschule in Oberschöneweide. Rudi Penka winkt vom Ufer, lorbeerbekränzt in einer knallgelben Toga, und der schneeweiße Haarkranz von Jan Koplowitz taucht auf aus der Wassertiefe und legt sich um unser Schiff wie eine zarte Krause aus silbernen Strahlen, und als ich in WANDAS Mundwinkel erwache, flüstert sie: »Ich verzichte täglich auf dich.« Und ich antworte: »Und mit dir verliere ich alles, auch mich.«

Das sind die Schlußzeilen eines der schönsten Liebesgedichte von Volker Braun, abgedruckt im »Vorwärts«, der Montagsausgabe des ND, letztes, sichtbares Zeichen der Fusion von SPD und KPD: Mein Klopapier AUF ROT, sorgfältig diagonal in handtellergroße, scheinbar unleserliche Stück zerschnitten. Aber »Angelina« hatte die Schnipsel nicht noch einmal gemischt und so lag übereinander, was zusammen gehörte: Die Zauberformel, die mir den Stachelschmerz linderte in der Stirn.

»Und mit Dir verliere ich alles,
auch mich.«

Der vertrackte Schlüssel für kommende Entschlüsse:
Zu meiner Liebsten zu gehen, die auf mich wartete am Prenzlauer Berg. Die Sache nicht preiszugeben, der ich anhing, trotz alledem. Vor meinem Fenster in Weißensee sehe ich auf den roten, schnörkellosen Bauhauskubus der »Ersten weltlichen Schule Berlins«. Der Architekt Reinhold Mettmann hat sie 1932 errichtet. Sein Hauptwerk aber, der Weißenseer Schule bis zu den Treppengeländern ähnlich, ist das Zuchthaus in Brandenburg-Görden. Ich betrachte es täglich. An meiner Wand Volker Brauns *Strafkolonie*. Ablichtung aus der FAZ.
»Kein Zeichen der Erlösung ist zu entdecken.
Durch die Stirn geht der eiserne Stachel.«
Volker Braun spricht es aus, in die Aussicht hinein, und macht es mir leichter damit.

Reiner Kunze
Fern und nah

Vor ungefähr dreißig Jahren schrieb Volker Braun das Gedicht »R.«, für das ich ihm noch heute dankbar bin. Dann kamen wir an eine Gabelung, und wir gingen und gehen noch immer konsequent den jeweils anderen Weg, was uns jedoch nicht hindert, Gemeinsames heute wieder gemeinsam zu tun.
Ich wünsche Volker Braun, dessen poetisches Talent ich immer geschätzt habe, ein gutes Stück dritten Jahrtausends.

Jens Sparschuh

Das langweiligste Land der Welt

Als ABF-Student war ich 1972/73 ein Jahr lang freiwilliger Insasse der Francke-schen Stiftungen in Halle. Der pietistische Geist dieser Einrichtung (»...im Mittelpunkt stand nicht mehr die Rechtfertigung, sondern die Wiedergeburt (Bekehrung) jedes einzelnen Menschen« – vgl. Meyers Taschenlexikon, Bd. 17) war zwischenzeitlich wunderbarerweise auferstanden und lebte nun auf neue Weise fort: in FDJ-Versammlungen, Gruppengesprächen, Polit-Treffs und anderen liturgischen Verrichtungen, die fast täglich hinter den verwitterten, blaßgelben Gemäuern der damals dort innewohnenden Arbeiter-und-Bauern-Falkultät »Walter Ulbricht« stattfanden.

Jedes unserer 5-Mann-Zimmer war zur besseren geistigen Orientierung auf eine Tageszeitung abonniert, mehr noch: auf die eine, das Zentralorgan. Und so konnte es nicht fehlen, daß ich nachmittags regelmäßig im »Neuen Deutschland« blätterte.

Dort las ich dann eines Tages auch das Verdikt gegen Volker Brauns *Kipper*. In diesem Stück, so wurde bemäkelt, war tatsächlich – von der Bühne herunter! – behauptet worden, die DDR sei das langweiligste Land der Welt.

Das ist ja spannend! dachte ich – in diesem langweiligen Land. Aber, das konnte so natürlich nicht stehen bleiben. Denn als Dramatiker verfügte ich damals bereits über einschlägige Erfahrungen mit etlichen nicht geschriebenen Theaterstücken – und das wußte ich doch immerhin: Bühnenfiguren, wenn sie mehr als nur traurige Pappkameraden sein sollen, müssen so ziemlich alles sagen dürfen, ohne daß man es dem Autor in die Schuhe schiebt.

So konnte ich also voll aus meinem dramaturgischen Halbwissen schöpfen und setzte mich zu nachtschwarzer Stunde, als die anderen schon längst den erholsamen Schlaf der Vernunft schliefen, in unseren leeren Versammlungssaal und schrieb einen Brief.

Ja, an wen schreibt man denn da? – An das ZK natürlich, denn das war ja der Urheber dieser mißlichen Verwechslung von Mime und Autor. (Ich fürchte, damals war ich wirklich so blauäugig, wie ich tat.) Draußen, auf der Hochstraße nach »Hanoi« (Halle-Neustadt), knatterte ein letzter verirrter Zweitakter vorbei. Und ich schrieb. Auf nervige Art belehrend, wie es Siebzehnjährige manchmal sein können, in einem Anflug von aufklärerisch umnebelter Romantik legte ich also den Genossen in Berlin handschriftlich meine ungefähren Vorstellungen von Aufbau, Sprache, Wirkung eines Dramas dar. Beispiele waren beigefügt.

Noch einmal das Ganze überflogen – ja! Das Nötige war gesagt –, zugeklebt, eine Ulbricht-Marke entschlossen von hinten angeleckt und – ab die Post!

Längere Zeit war Funkstille in Berlin.

Aha, dachte ich, sie überlegen.

Wochen später – ein Brief in der Post. Eine Einladung. Und zwar in die SED-Bezirksleitung Halle. Nachdenklich betrachtete ich das Parteiemblem im Briefkopf: zwei abgehackte Hände. – Ob das wirklich ein so guter Einfall war, direkt an den König zu schreiben? kam es mir nun doch bänglich bei.

Aber, einige Tage später – durchaus freundlicher Empfang. Erst nach und nach merkte ich, die beiden Genossen reden zu mir mehr wie zu einem Halbirren. Keine Rede übrigens mehr vom Theater! Sie interessierten sich viel eher für die poli-

tische Arbeit an der ABF. Und – kameradschaftlicher Knuff in die Seite: wird auch
genug Sport (sprich: »Schport«) bei Euch getrieben? Das war überhaupt die Kern-
frage, um die unbegreiflicherweise alles immer wieder kreiste.
Die beiden kamen mir vor wie zwei Strafgefangene – so lebhaft interessierten sie
sich für das Leben draußen. Ich mich ja auch. Aber näher kamen wir uns dadurch
nicht. Eher war das ein Probedurchlauf für ein Stück des verpönten absurden
Theaters: die Schauspieler reden und schweigen konsequent aneinander vorbei.
Als Laiendarsteller spielte ich meine Rolle – halb Kohlhaas, halb Don Quichotte –
soweit ganz überzeugend. Aber die erfahrenen Genossen durchschauten mich
natürlich. Mehr als ich sie. Es ging hier gar nicht mehr ums Theater.
Auch ich merkte das irgendwann und senkte den Kopf. Dabei, die Hände meines
einen Gegenübers, gelbgeraucht und verschwielt, hätten durchaus von einem der
Braunschen *Kipper* stammen können.
Der Rest unserer immer einseitiger werdenden Unterhaltung erfolgte dann im
Esperanto der Körpersprache. Die Hände brav gefaltet. Die Hände, unschlüssig
meinen abgestempelten Brief haltend. Eine Hand, plötzlich in einzelne Finger zer-
fallend, die auf dem Tisch trommelten. Eine andere, sich zu einem ins Leere auf-
gereckten Zeigefinger verdichtend. Und noch eine andere, die »es sich an ihren
fünf Fingern abzählen konnte«. Die Hände abschließend übereinandergelegt.
Müde und vergilbt. Wie zwei Akten.
Nein, langweilig war die DDR wirklich nicht!

Matthias Braun

»Che Guevara – oder der Sonnenstaat« – Bedenken hatten nicht nur die kubanischen Genossen

In den siebziger Jahren gehörte Volker Braun längst zu dem kleinen Kreis von DDR-Dramatikern, deren neue Stücke von den Theaterleuten stets mit Spannung erwartet wurden, und deren Aufführung in jedem Fall künstlerische und kulturpolitische Aufmerksamkeit für alle Beteiligten garantierte. So ließ der Dramatiker Braun sein jeweils neuestes Stück zunächst einmal in der »Szene« zirkulieren. Er konnte daraufhin ziemlich sicher sein, daß gleich mehrere Regisseure / Dramaturgen bzw. Theater ihn umwarben und dabei zuweilen die Interessenten auch gegeneinander konkurrierten. Jeder wollte möglichst mit einer Uraufführung oder zumindest mit einem gezielten Gegenentwurf zur Erstinterpretation Aufmerksamkeit im Osten und im Westen Deutschlands erregen. Diese individualistischen Bestrebungen erregten bei den SED-Kulturfunktionären zu allen Zeiten Mißtrauen. Die Mitte der siebziger Jahre erfolgte Rücknahme der »begrenzten Abkehr von alten Tabus«[1] schränkte darüber hinaus erneut die kulturpolitischen Spielräume ein. In deren Folge gerieten der Dramatiker und die Theatermacher bei dem Aufführungsversuch von *Che Guevara* in eine für sie kaum noch zu überblickende Gemengelage zwischen den vermeintlichen Interessen des ZK bzw. der verschiedenen Bezirksleitungen der SED und des Ministeriums für Kultur (MfK). Außerdem mußte sich die *Che Guevara*-Fraktion eines jeden Theaters auch gegen andere Interessengruppen in ihren Häusern, hin und wieder auch gegen die eigene Leitung behaupten. Darüber hinaus mischte bei diesem Uraufführungsversuch noch ein zusätzlicher »unsichtbarer« Regisseur, das Ministerium für Staatssicherheit (MfS), nach Kräften mit.[2] Somit unterlag diese Theaterarbeit einer auch für DDR-Verhältnisse nicht alltäglichen Beobachtung und Kontrolle.

Über den Regisseur Hans Georg Simmgen alias »Sumatic« erhält das MfS im Mai 1975 das erst unlängst von Volker Braun abgeschlossene Manuskript zu *Che Guevara*. Nur wenig später kommt die Abteilung XX/7 der Berliner Bezirksverwaltung des MfS zu einer durchaus freundlichen Einschätzung der Stückvorlage.

»Die Aufführung eines Stückes des Volker Braun ist nach dessen politisch zweifelhaften Dramen ›Tinka‹ und ›Lenins Tod‹ vorteilhaft. Sie ist geeignet, eine weitere Verhärtung der Auffassungen des Braun, die sich gegen die Kulturpolitik der SED richten, abzufangen.[...] Braun regt mit seinen Texten das Nachdenken über revolutionäre Umgestaltung an und wirft dabei Licht auf verschiedene Gedankengänge die Marxisten-Leninisten dazu haben (verkörpert besonders in der Gestalt Fidel Castros und des Sekretärs der KP Boliviens). Er läßt aber auch die Ideen der Ultralinken, der Revoluzzer und Anarchisten stark anklingen. [...] Das Stück enthält Anregungen, den Weg Guevaras als sinnlos zu erfassen.« Abschließend heißt es: »Das von Volker Braun erarbeitete Stück bietet Möglichkeiten zur Aufführung in unserer Republik.«[3] Auf der Basis dieses Gutachtens entwickelt das MfS ein Konzept, in dem es zeitweilig zum vehementesten Förderer von Volker Brauns Stück mutiert. Dabei geht es der Staatssicherheit in erster Linie darum, den Dramatiker in von ihr gesteuerte Aktivitäten zu verwickeln, um sowohl seine subjektiven Zielstellungen besser erkennen zu können als auch über entsprechende inoffizielle Mitarbeiter (IM) »positiven« Einfluß auf den Schriftsteller Volker Braun zu nehmen. Aus diesen Intentionen heraus erarbeiten die Tschekisten einen durchaus sachkundigen Maßnahmeplan.

1 Manfred Jäger: Kultur und Politik in der DDR 1945–1990, Köln 1994, S. 139 ff.

2 Vgl. Beschluß zur Anlage eines Operativen Vorgangs (OV) im Februar 1975. BStU, ASt Berlin, AOP 15582/83, Bd. 1, Bl. 13 ff.

3 BStU, ASt Berlin, AOP 15582/83, Bd. 2, Bl. 122 f.

»Aus politisch-operativer Sicht ist es wünschenswert, wenn das Ministerium für Kultur dem Staatstheater Dresden den Auftrag zur Inszenierung dieses Stückes gäbe. [...] Da das Thema Guevara die Potenz in sich birgt, seine Bühnenaufführung zum Wallfahrtsort verschiedenster linkssektiererischer Kräfte werden zu lassen, empfiehlt es sich, dieses Stück zunächst nicht in der Hauptstadt zu bringen.« Mit einem geschickten theaterpolitischen Argument untermauert der Leiter der Berliner Bezirksverwaltung des MfS, Oberst Wolfgang Schwanitz, beim stellvertretenden Minister Mittig den Plan. »Eine operativ gesteuerte Förderung Brauns als Theaterstücke Schaffender wäre ein Mittel gegen die Okkupation der Bühnen durch Peter Hacks und dessen Theaterauffassungen. Es wäre ein Weg, das zeitgenössische Theaterleben der DDR zu bereichern.«[4] Desweiteren ist vorgesehen, den am Dresdner Theater engagierten IMF »Sumatic« (Hans Georg Simmgen) mit der Inszenierung des *Che Guevara* zu beauftragen. Als mögliche Ersatzvariante wird eine Gastregie des IM »Sumatic« an einem anderen Theater, z.B. dem Maxim Gorki Theater in Berlin (MGTh) vorgeschlagen.[5]

Binnen weniger Tage meldet sich die Berliner Abteilung XX des MfS beim Leiter der Abteilung Kultur in der SED Bezirksleitung Berlin an, um ihm mitzuteilen, »daß es auch vom Standpunkt des MfS nützlich wäre, wenn dieses Theaterstück aufgeführt wird.« Ferner »wurde empfohlen, das Stück an einer Bühne in Dresden inszenieren zu lassen und eine entsprechende Anregung an das Ministerium für Kultur zu geben.«[6]

Parallel zu diesen Aktivitäten hat der Regisseur Simmgen bereits Anfang Juni dem Dresdner Generalintendanten und dem Parteisekretär des Theaters *Che Guevara* zu lesen gegeben. Mitte Juni macht die Staatssicherheit weiter Druck und gibt an »Sumatic« die Order aus: »Alle Möglichkeiten aktivieren um Stück in Dresden unterzubringen. Weitere Gespräche zum Verständnis des Stückes führen.«[7]

Am 10. Juli führt Simmgen mit dem zuständigen Mitarbeiter der Kulturabteilung der Bezirksleitung Dresden ein erstes Gespräch mit dem Ergebnis, das Stück im ersten Quartal 1976 in Dresden aufzuführen. Voraussetzung hierfür seien jedoch einige Veränderungen am Stück.[8]

Sowohl die künstlerischen als auch »operativen« Aktivitäten für eine Uraufführung konzentrieren sich zu Beginn der Spielzeit 1975/76 weiterhin auf das Staatstheater Dresden. Ab Mitte Oktober treten dort zunehmend Probleme auf. Zum einen beteuert zwar der Generalintendant: »Es ist ein Stück, um das es sich lohnt zu kämpfen«.[9] Zum anderen unternimmt er aber auch nichts dagegen, daß sich zwischenzeitlich die theaterinternen Prioritäten zuungunsten der Uraufführung verschieben.

Ein weiteres Negativsignal geht inzwischen vom Berliner Sekretär der SED-Bezirksleitung, Dr. Roland Bauer, aus. Der läßt nämlich in einem Gespräch mit seinem Dresdner Kollegen Forker die Bemerkung fallen, »daß es unangebracht ist, überhaupt ein Stück von Volker Braun zu inszenieren. Nach seiner Ansicht wäre der Volker Braun ein Vertreter anarchistischer Ansichten.« Daraufhin hat offensichtlich der Sekretär für Kulturfragen der Bezirksleitung Dresden erst einmal »kalte Füße« bekommen, so daß IM »Sumatic« davon ausgeht, daß »es gegenwärtig unwahrscheinlich ist, daß sich der Intendant des Dresdner Theaters für eine Inszenierung dieses Stückes entscheiden wird.«[10]

Nach Aktenlage treten spätestens um die Jahreswende 1975/76 die Aktivitäten um eine Uraufführung von Volker Brauns Revolutionsdrama in eine neue Phase. Sie zeichnet sich nicht nur dadurch aus, daß jetzt neben Simmgen (Dresden) der Regisseur Manfred Wekwerth für das Regieinstitut, die Studentenbühne Leipzig und auch die Regisseure Christoph Schroth, Karge / Langhoff und Erforth / Still-

4 Ebd. Bl. 125.

5 BStU, ASt Berlin, AOP 15582/83, Bd. 1, Bl. 80.

6 BStU, ASt Berlin, AOP 15582/83, Bd. 2, Bl. 138 f.

7 BStU, ASt Berlin, AIM 6710/91, Bd. 2, Bl.13.

8 Vgl. ebd., Bl. 29.

9 BStU, ASt Berlin, AIM 6210/91, Bd. 2, Bl. 61.

10 Ebd., Bl. 64.

mark sowie nicht näher genannte Theater im Westen starkes Interesse an einer Inszenierung des Stücks bekunden.[11] Unterdessen hat offenbar auch die SED-Bezirksleitung Berlin ihre Meinung geändert. Sie lanciert nun auf der SED-Wahlversammlung am DT (am 11. Januar 1976) die Empfehlung, daß dieses Theater an *Che Guevara* weiterarbeiten solle. »Gründe hierfür lagen vor allem in der Person des Autors, Genossen Volker Braun, weil das Stück in seinem Schaffen als ein politischer Fortschritt angesehen wurde.«[12]

Da sich einstweilen für den Regisseur Simmgen am MGTh keine Inszenierungsmöglichkeit ergibt und er längst wieder in Dresden, jetzt mit Thomas Wieck als Gastdramaturgen, am Stück weiterarbeitet und darüber hinaus am 5. April 1976 auf der Berliner Intendantentagung die Vergabe der Uraufführung an das DT entschieden wird[13], läßt auch das MfS seine Ersatzvariante (Inszenierung am MGTh) rasch wieder fallen.[14]

Unterdessen hat am DT das Regieteam Klaus Erforth / Alexander Stillmark sein Interesse an einer Aufführung von Volker Brauns *Che Guevara* bekundet. Ihr konzeptioneller Grundgedanke kulminiert in der Fragestellung: Was ist das eigentlich, ein Held? Den Regisseuren ist viel daran gelegen, die Stückvorgänge in einem unmittelbaren Bezug zu den eigenen Verhältnissen in der DDR zu sehen und zu reflektieren.[15]

Dem Dresdner Team Simmgen / Wieck geht es dagegen vornehmlich darum, durch dramaturgisch schlüssigere Textveränderungen den Blick für die Situation außerhalb des Landes zu schärfen und damit zugleich eine »Auffächerung verschiedenartiger Sozialismuswege« sinnfälliger auf der Bühne zeigen zu können.[16] Neben diesen aufwendigen Vorarbeiten wirbt der Regisseur Simmgen auf der SED-Bezirksebene, bis zum 1. Sekretär Modrow, um prinzipielle Zustimmung für die *Che Guevara*-Aufführung in einer Stadt, die sich offenbar noch immer dem »elbisch-adligen Flair«[17] stark verpflichtet fühlt.

Einem MfS-Bericht ist zu entnehmen, daß im Mai 1976 »nach Absprache mit dem Stadtrat für Kultur, Gen. Oswald, und dem Sekretär der Bezirksleitung der SED, Gen. Bauer, festgelegt wurde, daß die Premiere Ende Januar 1977 im Deutschen Theater stattfinden soll. Im Februar folgen dann Aufführungen in Dresden und Potsdam.«[18] Nachdem die Partei definitiv entschieden hat, stellt das MfS seinen »Förderplan« ein und beschränkt sich nun wieder vornehmlich auf seine Aufgabe als geheimpolizeilicher Beobachter.[19]

Für die Kulturadministration scheinen die Dinge endlich ihren »geregelten« Verlauf zu nehmen. Doch bereits wenig später löst die erste öffentliche *Che Guevara*-Aufführung (Ende Mai 1976) der engagierten Leipziger Studentenbühne auch einen ersten Eklat aus. Die Probeaufführungen werden von der Universitätsleitung schließlich gestoppt.[20]

In diesem Kontext fordert die Kulturabteilung des ZK der SED (Sektor Theater) u.a. vom Theaterverband eine Analyse zu *Che Guevara* an.[21] In ihr wird zunächst die ästhetische und kulturpolitische Bedeutung des Dramatikers herausgestellt. »Braun leistet einen erheblichen Beitrag im ideologischen Klassenkampf, indem er auf künstlerisch anregende Weise die Persönlichkeit Che Guevaras für unsere Gesellschaft – vor allem für unsere Jugend – kenntlich macht als großen Internationalisten und Revolutionär.« Nach dieser Standortbestimmung werden vor allem drei noch zu leistende Aufgaben formuliert: »a) Verzicht auf die Zwischenszenen b) dialektische Behandlung der Frage: ›wer führt den Kampf strategisch in Bolivien‹ und c) die grundsätzliche Auseinandersetzung zwischen Che und Castro muß die tatsächliche historische Bedeutsamkeit der Auseinandersetzung über zwei Konzepte revolutionären Handelns erlangen.«[22]

---

11 Ebd. Bl. 99.

12 SED-Bezirksleitung Berlin, Abt. Kultur: Information vom 22.3.1977; vgl. BStU, ASt Berlin, AOP 15582/83, Bd. 4, Bl. 28 ff.

13 SED-Bezirksleitung Berlin, Abt. Kultur: Information vom 22.3.1977, ebd.

14 BStU, ASt Berlin, AOP 15582/83, Bd. 2, Bl. 35 f.

15 Vgl. Klaus Erforth im Gespräch mit Matthias Braun am 22.3.1999.

16 Vgl. Thomas Wieck im Gespräch mit Matthias Braun am 24.3.1999.

17 BStU, ASt Berlin, AIM 6210/91, Bd. 2, Bl. 159 ff.

18 BStU, ASt Berlin, AOP 15582/83, Bd. 3, Bl. Bl. 111.

19 Vgl. Treffberichte und Aufträge von IMF »Sumatic; BStU, ASt Berlin, AIM 6210/91, Bd. 2.

20 Vgl. Brief des Prorektors der KMU Leipzig an den stellv. Minister für Hoch- und Fachschulwesen vom 17.6.1976, BStU, ASt Berlin, AOP 15582/83, Bd. 4. Bl. 29.

21 Autor ist der hauptamtlich beim Theaterverband beschäftigte Thomas Wieck.

22 BStU, ASt Berlin, AIM 6210/91, Bd. 2, Bl. 132–137.

Besonders die zuletzt genannten Defizite macht sich die Kulturabteilung des ZK auf einer Beratung mit dem Intendanten des DT, des 1. Sekretärs des Theaterverbandes und eines Vertreters der Abteilung Kultur der SED-Bezirksleitung Berlin zu eigen. Eigentlicher Anlaß dieser Zusammenkunft sind die in Folge der Studententheateraufführung vorgebrachten Bedenken der kubanischen Botschaft und der Abteilung Internationale Verbindungen des ZK der SED. Die Kulturabteilung teilt nun den geladenen Genossen mit, daß »alles zu unternehmen ist, um mit Volker Braun **zusammen** solche Änderungen an diesem Stück zu erreichen, daß es aufgeführt werden könne.« Gewissermaßen als Chefdramaturg gibt die Kulturabteilung auch gleich noch die Richtung vor. »Zwei Varianten würden sich anbieten: 1. Den historischen Wahrheitsgehalt in diesem Stück zu vertiefen. 2. Den Stoff von konkreten historischen Bedingungen völlig zu abstrahieren.«[23]

Im DT informiert Gerhard Wolfram am 29. Juli darüber, daß die kubanischen Genossen folgende vier Einwände gegen das Stück vorgebracht hätten:

1. Fidel Castro kann nicht als Theaterfigur erscheinen.
2. Szene mit dem Sekretär der bolivianischen Kommunistischen Partei ist historisch falsch.
3. Die Hauptfigur würde nur abgebaut.
4. Die Liebesbeziehung Che – Tanja kann in der bisherigen Form nicht gezeigt werden.[24]

Außerdem teilt der Intendant mit, daß die genannten Punkte bei einer weiteren gemeinsamen Bearbeitung des Textes mit dem Dramatiker Braun zu beachten seien, um das Stück im DT zur Premiere bringen zu können. Alle anderen Theater erhalten offiziell vom Kulturministerium die Nachricht, daß bei Volker Brauns neuem Stück noch »Klärungsbedarf« besteht. Die Dresdner Administration reagiert auf diese Information prompt mit der Einstellung der Arbeit.

Nach einer Beratung Volker Brauns in der ZK-Abteilung Internationale Verbindungen und einem Gespräch mit dem kubanischen Kulturattache, der »kategorisch erklärt, daß die Liebesgeschichte von Tanja und Che sowie der Auftritt von Fidel Castro verschwinden müßten«,[25] legt Braun Anfang September im DT eine neue Fassung vor. Mit kurzen Strichen versucht er den Einsprüchen Rechnung zu tragen. Diese neuen Striche hält der Regisseur Klaus Erforth jedoch für Unsinn, er wolle das Stück so spielen, wie es vorher war.[26] Ausweislich einer ZK-Information hat ein Mitarbeiter der Kulturabteilung den Auftrag erhalten, Volker Braun zu weitergehenden Streichungen zu bewegen. In diesem Zusammenhang stellt das Parteimitglied Braun die Frage, »ob unser Staat und unsere Partei nicht einmal ihren Standpunkt den Kubanern gegenüber zeigen müßte?«, und erhält zur Antwort: »daß in der Frage Che – Monje [Bolivianischer KP Sekretär] und Che – Castro allein unsere eigenen Überlegungen und Urteile maßgeblich sind. Nur in der Frage der Liebesbeziehungen Tanja – Che hören wir auf den Rat der kubanischen Partei.«[27]

Anfang November erklären Volker Braun und das DT die Bearbeitung am *Che-Guevara*-Text für beendet. Intendant Wolfram informiert darüber zunächst den Sekretär der SED-Bezirksleitung Bauer und bittet zugleich »um eine schnelle Terminierung der verabredeten Aussprache«.[28] Erst danach (am 8. November) übergibt das DT auftragsgemäß die neue Fassung mit einem Begleitkommentar an den stellvertretenden Kulturminister Werner Rackwitz. In diesem Kommentar wird zwar betont, daß es bei den Änderungen vorwiegend darauf ankam, »falsche ideologische Ausdeutungen zu beseitigen und zu berücksichtigen, daß es evtl. Einsprüche vom Personenrecht her geben könne«. Letztendlich versucht sich aber auch das Theater eher mit »Kunstgriffen« als mit substantiellen Textveränderungen aus der Affäre zu ziehen.[29]

23 ZK der SED, Abt. Kultur: Aktennotiz vom 23.7.1976, LAB 900 IV D 2.802/653.

24 Vgl. BStU, ASt Berlin, AIM 6210/91, Bd. 2, Bl. 147.

25 ZK der SED, Abt. Kultur: Information vom 27.8.1976, LAB 900 IV C-2/9.02/592.

26 Vgl. ebd. und Gespräch mit Klaus Erforth.

27 ZK der SED, Abt. Kultur: Information vom 27.8.1976; LAB 900, ebd.

28 Brief von Gerhard Wolfram an Roland Bauer vom 5.11.1976; LAB, 900 IV C-2/9.02/592.

Mitten in diesen ohnehin schon komplizierten Genehmigungsprozeß von Volker Brauns neuem Stück fällt am 16. November 1976 die Ausbürgerung des Liedermachers Wolf Biermann.[30] Einerseits heißt es in diesen Tagen, Minister Rackwitz habe »zustimmende Miene zur jetzigen Fassung und Aufführungsmöglichkeit«[31] gezeigt, und andererseits vertritt eine seiner Mitarbeiterinnen, die IM »Tanja«, zugleich die Meinung, daß »auf alle Fälle eine Inszenierung auf der Grundlage des vorliegenden Manuskriptes, was bereits geändert wurde, nicht realisierbar [ist].«[32] Anfang Dezember ist völlig unklar, wie es in Sachen Uraufführung weitergehen soll. Schließlich erteilt am 14. Dezember das MfK dem DT Berlin unter bestimmten Auflagen die Spielgenehmigung für *Che Guevara*[33], so daß nun endlich die Proben beginnen. Hinter den Kulissen finden immer wieder Gespäche statt[34], und es werden Briefe geschrieben, doch im großen und ganzen können die Regisseure Erforth / Stillmark ihre Proben bis zum März 1977 ungehindert durchführen. Durch andauernde theaterinterne Probleme verzögert sich im Staatstheater Dresden der Probenbeginn bis zum Februar 1977.

Am 14. März erscheint Frau Tamara Bunke im DT und meldet Protest gegen eine Aufführung des Stückes in der DDR an. Hiervon wird das MfK durch das Theater informiert.[36] Notwendigerweise muß sich nun auch der Parteiapparat erneut mit dem aktuellen Stand von Volker Brauns Stück und der geplanten Uraufführung auseinandersetzen. Die Staatssicherheit beschränkt sich bereits seit Monaten auf die Rolle des Protokollanten, der zuweilen beklagt, daß »die Praxis der sich ständig widersprechenden Anweisungen in bezug auf die Behandlung seiner [Brauns] Werke« die eigene operative Arbeit erschwert.[37]

Bei der Kulturabteilung der SED-Bezirksleitung Berlin heißt es zunächst noch: »Das Ensemble arbeitet mit großem künstlerischen Einsatz und politischem Verantwortungsbewußtsein.«[38] Vom Parteiapparat jedoch ergeht ein Beschluß zum Aufführungsstopp. Intendant Wolfram kann am 22. März nur noch lakonisch den gefaßten Parteibeschluß mitteilen. »Als Begründung wurde der Einspruch der kubanischen Botschaft genannt.« Einzelne Ensemblemitglieder äußern Zweifel an der gegebenen Begründung. »Offensichtlich mache es sich die Parteiführung wieder einmal einfach und nutze die Bedenken der Genossen aus Kuba um ein Stück von Volker Braun zu verbieten.«[39] Parallel dazu unterrichtet der »Buchminister« Höpke den Dramatiker Volker Braun, daß *Che Guevara* erst aufgeführt werden kann, wenn es den politischen Anforderungen entspricht.«[40] Daraufhin schreibt Volker Braun einen Protestbrief an Parteichef Honecker.

In Dresden gibt am 23. März der Generalintendant den Abbruch der *Che-Guevara*-Proben sowie die Einstellung jeder Art von Werbung bekannt.[41]

Auch zwei kurzfristig anberaumte Gespräche des ZK-Sekretärs Hager mit Volker Braun, als Reaktion auf dessen Brief an Honecker, führen in der Sache zu keiner neuen Beschlußlage. Es kommt zu keiner Abnahme mehr. Zum gleichen Zeitpunkt informiert das MfS den Sekretär der SED Bezirksleitung Berlin, Dr. Bauer, über die Sicherheitslage am DT.[42]

Daß die von Volker Braun aufgeworfene Frage: Was kann einen Revolutionär dazu bringen, ein Land zu verlassen, in dem die Revolution gesiegt hat? dem SED-Parteiapparat Bauchschmerzen bereitet, liegt ebenso auf der Hand wie die Tatsache, daß in dieser Situation der SED der Protest der kubanischen Genossen hochwillkommen ist. So führt letztlich ein Einspruch von »ganz oben und außen«[43] zum Verbot der Aufführung. Im Dezember 1977 erlebt Volker Brauns *Che Guevara oder der Sonnenstaat* doch noch seine Uraufführung. Sie findet am 12. Dezember am Nationaltheater Mannheim statt. Über dieses Ereignis berichtet *Die Welt* unter der Überschrift »Die SED liest ›Che‹ die Leviten«.[44]

29 Ebd., Bl. 265 ff.

30 Auf den Verlauf und die Ergebnisse dieser kulturpolitischen Zäsur kann hier nicht näher eingegangen werden.

31 BStU, ASt Berlin, AIM 6210/91, Bd. 2, Bl. 170.

32 BStU, ASt Berlin, AOP 15582/83, Bd. 3, Bl. 313 f.

33 SED-Bezirksleitung Berlin, Abt. Kultur: Information vom 22.3.1977. Vgl. BStU, ASt Berlin, AOP 15582/83, Bd. 4, Bl. 29.

34 Vgl. BStU, ASt Berlin, AOP 15582/83; Bd. 4, Bl. 30.

35 Vgl. Brief von Gerhard Wolfram an Minister Hans-Joachim Hoffmann vom 3.1.1977, LAB 900 IV D 2.8.02/653.

36 BStU, ASt Berlin, AOP 15582/83, Bd. 4, Bl. 30.

37 BStU, ASt Berlin, AOP 15582/83, Bd. 1, Bl. 92-103.

38 SED-Bezirksleitung Berlin, Abt. Kultur: Information vom 22.3.1977. Vgl. BStU, ASt Berlin, AOP 15582/83, Bd. 4, Bl. 29.

39 BStU, ASt Berlin, AIM 6287/91, Bd. 2, Bl. 40.

40 BStU, ASt Berlin, AOP 15582/83, Bd. 4, Bl. 65.

41 BStU, ASt Berlin, AOP 6210/91, Bd. 2, Bl. 215.

42 BStU, ASt Berlin, AOP 15582/83, Bd. 4, Bl. 65.

43 ebd. Bl. 65.

44 »Die Welt« Ausgabe B vom 12.12.1977.

Karl-Georg Hirsch

Bert Papenfuß
darss

moder, moos, moor, mors
erlen, machandel, ginster
göring, ulbricht & honecker

nordischer urwildpark
staatsforst darss & dorsch
fischklops & verteidigungskopf

breite zungenbecken
lecken an riegen & reffen
& lassen die steine anbrennen

    wie mindel, riß & würm
    so elster, saale, weichsel
    & aus litorina bricht borina

haken, sandbank, insel
feste landspitze, hakenansatz
restitutionsansprüche & brückenübertragung

ungeschorene alteigentümer
zieselieren ihre vermögensschäden
an jedem eigentum klebt enteignungsunrecht

das elend der kossäten & büdner
erkennt man am gefönten nackenspoiler
für gute laune & konsumgüter grätscht man

    windeln, dünnschiß & würmer
    parkinson, scheuermann & korsakow
    wadenwickel, gicht & noorsweihdaach

rostocker hilfspfeffersäcke
kommen mal eben rübergeritten

& ribnitz läßt sich die recknitz

einfach nur so zuschütten
& bogislaw die hütte abfackeln
ohne sich den durst abgraben zu lassen

draußen im dornicht am noor
treiben wasserkönige mutterhandel
dem schmuggel ist der küstenschutz vor

     wie mindel, riß & würm
     so elster, saale, weichsel
     & aus litorina bricht borina

feudale kleidungstücke
schleppten wir aus der konfektion
& lebensmittel aus der pflanzenproduktion

jetzt ist risikoprämie der lohn
der unternehmerangst, die ankurbelt
anschmiert & des leibes ergötzen umrubelt

in eine handvoll rubbellose
strom aus der dose, neurodermitis
& gürtelrose, daß man weiß, woran man ist

     windeln, dünnschiß & würmer
     parkinson, scheuermann & korsakow
     wadenwickel, gicht & noorsweihdaach

auf dem darss kann man
eingeborene in der pfeife
rauchen, wenn sie was taugen

meschugge geschulmeistert
haben sie pfaffen verschluckt
& schlabbern pharisäer hinterher

sie wollen ihre knechtschaft
verprassen in winterurlaubsparadeisen
sie gleichen dem geist, den sie begreifen

  wie mindel, riß & würm
  so elster, saale, weichsel
  & aus litorina bricht borina

moder, moos, moor, mors
kiff, koks, speed & heroin
honecker, kapusta & störtebeker

statt status gehört euch
das rauschen heiliger bäume
wustrow & ganze eigenheimträume

die inhalte ändern sich
was bleibt, ist die haltung
& von der substanz bleibt tanz

  windeln, dünnschiß & würmer
  parkinson, scheuermann & korsakow
  wadenwickel, gicht & noorsweihdaach

darss laß nach

Günter Gaus
Botschafter der Wahrheit

Seinerzeit, zweite Hälfte der siebziger Jahre, als ich in Ost-Berlin den einen deutschen Nachkriegsstaat beim anderen vertrat, empfahl ich jenen westlichen Kollegen im diplomatischen Korps, die sich ein besser grundiertes Bild von ihrem Gastland machen wollten, als die Propagandaschriften für sie gegen die DDR es hergaben – seinerzeit also empfahl ich solchen Kollegen die Lektüre zweier Romane zum tieferen Verständnis einiger Eigenheiten der DDR: von Hermann Kant *Die Aula* und von Erich Loest *Es geht seinen Gang*.

Damals kannte ich noch nicht das *Mauer*-Gedicht von Volker Braun. Seine erste Veröffentlichung (im Westen) 1966 war mir nicht vor die Augen gekommen. Anderenfalls hätte ich auch dieses Gedicht von der Mauer in Berlin empfohlen; freilich nur Fortgeschrittenen.

Denn weit mehr als bei den Prosatexten hätten die Botschafter so gut wie heimisch sein müssen in der deutschen Sprache und einigermaßen unvoreingenommen gegenüber den Widersprüchlichkeiten des Lebens in der DDR, um Brauns Gedicht von dem monströsen Bauwerk aufschließen zu können. Unter diesen Voraussetzungen aber hätten sie in achtzig Gedichtzeilen die mittelbare Selbstbeschreibung eines jungen Sozialisten aus der DDR nach dem Bau der Mauer gefunden: eine Selbstbeschreibung in dem gallebitteren Verständnis für die Maßnahme; den von Zweifeln niedergedrückten Erwartungen besserer Zeiten; dem wütenden Appell an eine ungenannte Obrigkeit, die Wahrheit nicht zu schminken.

Volker Braun war gerade 22 Jahre alt geworden, als 1961 der von zwei Seiten geführte Kalte Krieg in Europa seine brutale Ratlosigkeit in Mauersteinen manifestierte. In den Jahren danach schrieb Braun *Fünf Gedichte auf Deutschland*, darunter das von der Mauer. Darin heißt es einerseits: »Schrecklich hält sie, steinerne Grenze auf was keine Grenze kennt: den Krieg.« Und andererseits sorgt sich der Dichter: »Aber das mich so hält, das halbe Ländchen, das sich geändert hat mit mir, jetzt ist es sicherer, aber ändre ichs noch?«

Volker Braun hat nicht viele seinesgleichen, wenn die poetische Kraft gemessen wird. Aber als generationstypisch für Linke, Poeten oder keine, ist er in seiner Haltung unter den Gegebenheiten des real existierenden Sozialismus in der DDR durchaus anzusehen. So lange es die DDR gab, kam im Westen Deutschlands auch jene Minderheit zu Wort, von der die intellektuellen Schwierigkeiten, die ideologischen Nöte, die – nicht nur geistige Courage eines solchen Lebens der praktizierten Dialektik erkannt wurden und ins öffentliche Bewußtsein gehoben. Das war kein unwesentlicher Teil des Bemühens um deutsch-deutsche Entspannung, um Verständnis, was immer die rechte Mehrheit im Westen darüber zetern mochte und der Herrschaftsapparat der DDR argwöhnen.

Das sind vergangene Zeiten. Zu den Verlusten, die gegen die Gewinne aus der Wende in Deutschland aufzurechnen sind, gehört die weitgehende Vernichtung von Differenzierungsvermögen im Blick auf die DDR und die Menschen, die in ihr lebten. Die tonangebenden Kräfte im staatlich zusammengeschlossenen Land haben sich insoweit der untergegangenen Obrigkeit der DDR angenähert, als sie, wie einst diese, nur schwarz oder weiß kennen. Brauns Parteinahme für die Mauer ist seiner damaligen Herrschaft nicht weit genug gegangen. Der Poet könnte heute, wenn Gedichte noch politisches Gewicht hätten, wegen der seltenen Verse wieder unliebsam auffallen – weil er im Differenzieren damals zu weit ging.

Mir ist Volker Braun bekannt geworden mit seiner Erzählung *Unvollendete Geschichte*; der Geschichte von der Tochter des Ratsvorsitzenden eines Kreises und ihrem Freund, der als asozial gilt. Sie wurde Ende der siebziger Jahre in »Sinn und Form« gedruckt. Wir haben den Text wie die Tatsache seiner Veröffentlichung in der DDR seinerzeit in der Ständigen Vertretung der BRD lebhaft diskutiert: Worauf konnten wir daraus schließen?

Eines fernen Tages, wenn auch unsere Akten geöffnet werden wie jetzt die der DDR, können Historiker meine damalige Einschätzung lesen. Ich kann mich nicht mehr genau an sie erinnern. Die spätere Entwicklung hat von ihr zu viel bestätigt und zu viel widerlegt. Im Unterscheiden des Vorhergesagten vom Dazugelernten ist den eigenen Rückblicken nur bedingt zu trauen.

Denk ich an Volker Brauns Gedicht von dem »halben Ländchen« hinter der Mauer, so fällt mir ganz natürlich sein Gedicht aus der Zeit bald nach der Wende ein, das er 1991 in einem Fernsehinterview *Zur Person Volker Braun* zitierte: »Da bin ich noch: mein Land geht in den Westen... Was ich niemals besaß, wird mir entrissen. Was ich nicht lebte, werd ich ewig missen.«

Die Dummheit im Land wird behaupten, darin drücke sich der Wunsch nach einer Wiederkehr der DDR aus.

Ernst Schumacher
Das kann nicht alles sein

Lieber Volker,

seit wir uns in den Sechzigern kennengelernt hatten, gab es in unseren Beziehungen keine Krisen, keine Brüche, keine Entfremdung, vielmehr sich stetig erneuernde Neugier auf den andern, nie ausgesprochene, aber praktizierte Schwurbrüderschaft auf die »dritte Sache«, beiderseitige Aufmunterungen, wenn wir, jeder in seinem Terrain, (wieder einmal) im Staub der Ebenen krochen, das gemeinsame Lachen über geschichtliche Aberwitze, aufgehoben in der Karl Kraus'schen Aberlogik: »Die Lage ist hoffnungslos, aber nicht ernst.«

Ich brauchte mich also nur ein bißchen in meinem »imaginären Museum« umzutun, um auf Bilder zu stoßen, in denen sich diese unsere Beziehungen versinnlichten, und sie so willkürlich, wie sie mir vor Augen kamen, nebeneinanderzustellen, um auch etwas vom »Geist der Zeit« mit zu versinnbildlichen.

Das sind einige dieser Impressionen:

Du als frecher Eindringling in den »heiligen Hain« deutscher Lyrik, durch den damals (1962) schon *die Mauer* ging, aber gerade deshalb keck auf die *Provokation für mich* bestehend, unverwundbar für die »Schöngeistigen«, weil mit Druckerschwärze gefärbt, in der Braunkohle gehürnt, mit Maschinenöl gesalbt. Lyrische Metaphorik als angewandte Dialektik, bezogen aus, bezogen auf die Widersprüche sozialistischen Wirtschaftens und prononcierter »sozialistischer Menschengemeinschaft«. Das war nicht nur die oft geforderte »Ankunft im Alltag«, sondern gleichzeitig die Niederkunft unheiligen, irdischen Geistes in der Pfingstwelt eines zu erneuernden Sozialismus.

Dann meine Wahrnehmung Deiner als Stückeschreiber: In meiner Spielzeiteinschätzung der Ostberliner Bühnen 1964/65 für die »Berliner Zeitung« kündigte ich für die Spielzeit 1965/66 erfreut drei Stücke an: *Moritz Tassow* von Peter Hacks in der Volksbühne Berlin; *Der Bau* von Heiner Müller im Deutschen Theater und »›Die Historie vom Kipper Paul Bauch‹ des als Lyriker bekannt gewordenen Volker Braun. Es handelt sich um die Geschichte eines ›Baals‹ unter sozialistischen Verhältnissen. Die Regie besorgen Matthias Langhoff und Manfred Karge. Die Aufführung soll zu Beginn der Spielzeit im Berliner Ensemble erfolgen.«

Aber nur *Moritz Tassow* sollte in der Regie von Benno Besson überhaupt das Licht der Bühne erblicken, um nach sechs Vorstellungen zu verschwinden. Die Proben zu Müllers *Bau* wurden abgebrochen, die zu Deinem Stück »vorläufig ausgesetzt«. So wie dem Schweinehirten Tassow in Hacks' Komödie und dem Brigadier Barka und seinem Parteisekretär Donat in Müllers *Bau* wurde nämlich auch Deinem »totalen Menschen« Paul Bauch eine Tendenz zum Anarchismus, zum Selbsthelfertum und Unverständnis für »Nöspl« (Neues ökonomisches System der Planung und Leitung) unterstellt. Das Scherbengericht erfolgte auf dem 11. Plenum des Zentralkomitees der Sozialistischen Einheitspartei Deutschlands im Dezember 1965, das künstlerische Verbote hagelte, um befürchteter »ideologischer Aufweichung« entgegenzuwirken, wo doch nur die freie Erörterung der gesellschaftlichen Lebensfragen den Sozialismus zu wirklicher »Kommunität« und Akzeptanz hätte bringen können.

Da ich mit dem Berliner Ensemble seit Brechts Zeiten verbunden war, hatte ich die dramaturgischen Auseinandersetzungen um eine »spielbare« Fassung der *Kipper*

134

mitgekriegt. Um eine Aufführung des Stückes zu verhindern, genügte nach dem 11. Plenum schon der Satz »Das ist das langweiligste Land der Erde«, mit dem der anarchische Brigadier Bauch den Betriebsleiter Pannasch und die Parteisekretärin Reppin provozieren will, so wie Müllers *Bau* in Grund und Boden kritisiert wurde, weil der Brigadier Barka vom real existierenden Sozialismus als von der »Fähre zwischen Eiszeit und Kommune« monologisiert.

Tatsächlich ging das »abgetriebene« Stück jedoch in den folgenden Jahren wie ein Gespenst in der Selbstverständigung des Ensembles um und trieb selbst dessen »Mutter« noch um, als sie sich um die Zukunft des Ensembles Sorgen zu machen hatte.

Nach dem 70. Geburtstag von Brecht im Februar 1968, der nach außen hin das Berliner Ensemble wie einen Leuchtturm des Welttheaters erscheinen ließ, drängte nämlich der Chefregisseur des Hauses, Manfred Wekwerth, auf eine neue Konzeption. Darin legte er dar, daß »die bisherigen Linien des Spielplanes (Revolutionsstücke, Entdeckungen der Weltliteratur, Brecht-Stücke) nicht mehr ausreichten«. Im »entwickelten System des Sozialismus« müsse das Theater »neben der Aufklärung vor allem die soziale Phantasie entwickeln« helfen. In den kommenden Jahren werde »das Individuum – auf der Bühne und im Zuschauerraum – zum großen Anliegen des Theaters« werden müssen. Dazu entwickelte er zwei Schemata der »Persönlichkeit«. Das erste faßte die Persönlichkeit als »Prisma sozialer Umwälzungen und Widersprüche« auf, das auf die Gesellschaft »als Motor oder Bremse« wirke. Im zweiten Schema ist die Persönlichkeit »nicht das Prisma großer sozialer Vorgänge (...), sondern beansprucht, es zu sein; ihr Wesen zerstört sich selbst durch Wesenlosigkeit.« Unter den Stücktiteln, die für »die übersteigerte Persönlichkeit« repräsentativ sein sollten, führte Wekwerth »in der DDR« Deinen »Bauch – Kipper Paul Bauch« auf.

Ich brauche hier nicht darauf einzugehen, daß dieses Konzeptionspapier von der Weigel als Versuch einer »Palastrevolution« bewertet wurde, weil es auf eine neue Struktur der Leitung ausgerichtet war: Die Doppelfunktion von staatlichem und künstlerischem Leiter sollte getrennt werden, zur Leitung sollten noch sieben gleichberechtigte andere Leiter gehören, was im Prinzip auf eine kollektive Leitung hinauslief und damit wie ein Pendant zum westdeutschen »Mitbestimmungsmodell« für Theater wirkte. Das war natürlich mit dem sozialistischen Prinzip der »Einzelleitung« nicht zu vereinbaren. Wekwerth mußte Ende der Spielzeit 1968/69 gehen, aber die Weigel mußte sich doch über die von Wekwerth aufgeworfenen Probleme eigene Gedanken machen.

In diesem Zusammenhang finde ich es nun erwähnenswert, daß sie mir die im Berliner Ensemble erarbeitete, aber nicht zur Aufführung gekommene Fassung *Die Kipper* zustellen ließ und dazu in dem Brief vom 11. November 1969 anmerkte: »Das Dilemma, das seit vielen Jahren für mich immer wieder von neuem entsteht, ist, daß sich trotz aller Mühe und dem Wunsch, ein Zeitstück wieder einmal bringen zu können, eben nur ›Die Kipper‹ angeboten haben. Wir haben eine große Sitzung hier im Hause gemacht mit vielen Leuten. Wenn es Sie interessiert, würde ich Ihnen das Protokoll dieser Sitzung schicken (...).«

Diese Äußerung der Weigel machte mich staunen, da doch am 1. April 1969 Helmut Baierls Komödie *Johanna von Döbeln* in der Regie von Manfred Wekwerth uraufgeführt worden war, ein Stück, das ganz und gar »in der Produktion« angesiedelt war. Hatte es die Weigel verdrängt, nur weil es von dem »putschenden« Wekwerth inszeniert worden war? Jedenfalls schien die Weigel *Die Kipper* als einziges »Zeitstück« zu betrachten, mit dem zu beschäftigen sich unter den eingetretenen Umständen lohne.

Eben diese »eingetretenen Umstände« ließen mich bei der Beantwortung der Anfrage zögern. Ich schrieb der Weigel, daß die mir vorliegende Bühnenfassung von *Die Kipper* einer überzeugenderen »Auflösung« bedürfe. Ich hielt wenig davon, bei der Überarbeitung ausgerechnet Bauch, den Infragesteller planmäßiger Arbeit, schließlich sogar zum Propagandisten kybernetisierter Arbeitsabläufe zu machen.

Kurz darauf hatte die Weigel ihre Entscheidung alleine getroffen. Sie hatte Ruth Berghaus zur Stellvertretenden Intendantin berufen, die nach dem Tod der Weigel 1971 sowohl staatliche als auch künstlerische Leiterin des Ensembles wurde. Die Berghaus brachte dann 1972 *Im Dickicht der Städte* erstmals auf die Bühne des Berliner Ensembles. Was DDR-Dramatiker betraf, brachte sie Stücke von Heiner Müller und Peter Hacks auf die Bühne, nichts von Dir. Im Berliner Ensemble hattest Du erst wieder Chancen, als sich die Berghaus 1976 unter dem Druck der Brecht-Erben verabschiedete und Manfred Wekwerth ans BE zurückkehrte.

Die Kipper kamen nie im Berliner Ensemble zur Aufführung. Nachdem sie 1972 in Leipzig ihre Spätgeburt erlebt hatten und in Magdeburg nachgespielt worden waren, kamen sie im April 1973 auf die Bühne des Deutschen Theaters. Die Regie hatten Klaus Erforth und Alexander Stillmark, den Kipper Bauch stellte Alexander Lang dar. Auch wenn ich eine »Unangemessenheit zwischen Figur und Ambition« kritisierte, so »daß Bauch immer wieder als pathetisches Sprachrohr seines Schöpfers dienen muß«, fand ich, das Stück schaufle »en masse widerspruchsvolle Realität zutage«. Über die Figur des Bauch maß ich Dich selbst mit dem Maßstab der Bibel: Ärgernisse müssen sein, aber wehe dem, durch den Ärgernis kommt. Das sollte indes nicht nur für *Die Kipper* gelten – es ist, wenn nicht das Beste, so Zutreffendste, was über Dich überhaupt gesagt werden kann.

Doch nochmals zurück zu der Zeit, als mich die Weigel wegen Deiner *Kipper* konsultierte. Da hattest Du bereits solches Vertrauen zu mir gefaßt, daß Du mir am 15.12. (höchstwahrscheinlich 1970) in einem Brief schriebst: »(...) es wird, entgegen meiner Ansicht, doch gut sein, vor dem ›Drübergehen‹ noch Ihre Meinung und Ihre Vorschläge zu kennen; mir wäre eine detaillierte und konstruktive Antwort oder ein Gespräch sehr lieb.

Das MS enthält massenhaft Tippfehler – Entschuldigung.«

Bei dem MS handelte es sich um Dein Schauspiel *Lenins Tod*, zu dem Du ein Vorspiel *Gericht über Kronstadt* entworfen hattest. Es sollte Dein Beitrag zum »Lenin-Jahr 1970«, in dem des 100. Geburtstags Lenins gedacht wurde, sein. Ich erinnere mich, daß wir uns zwei- oder dreimal trafen, und ich Dir immer weniger Chancen gab, damit herauszukommen. Kein DDR-Intendant würde es wagen, die Meuterei der Roten Matrosen von Kronstadt zu problematisieren, wie Du es tatest, und in *Lenins Tod* das Testament zur Erörterung zu bringen, in dem Lenin davor warnte, Stalin die Macht eines Generalsekretärs der Kommunistischen Partei Rußlands (Bolschewiki) anzuvertrauen, blieb auch nach der offiziellen Verurteilung des »Personenkults« brisant, weil es dabei grundsätzlich um die Frage der innerparteilichen Demokratie ging. Als ich der Weigel von dem Stück erzählte, um zu prüfen, wie sie sich zu einer Aufführung stellte, wehrte sie kühl und bestimmt ab: »Erst nach nochmals 100 Jahren ...«

Es kam, wie ich annahm, und so blieb das MS in meiner Sammlung von Bühnenmanuskripten stehen – bis 1987, als Du mich telefonisch fragtest, ob ich vielleicht noch das MS von 1970 hätte: »Moskau«, so habe Dich der Stellvertretende Kulturminister Klaus Höpcke ausgerechnet in Moskau angerufen, habe ihn wissen lassen, daß jeder in seinem Land machen könne, was er wolle; damit stünde einer Aufführung von *Lenins Tod* nichts mehr im Wege, mit dem Christoph Schroth, der langjährige Intendant von Schwerin, seinen Einstand am Berliner Ensemble geben wollte.

Ich konnte Dir helfen – nicht aber mehr der »dritten Sache«, um die es ging. Aus dem »zu früh gekommenen Revolutionär«, als den Du Dich mit dem »Totalen Menschen« von 1962, der zum »Kipper Paul Bauch« mutierte, bis er in *Die Kipper* einging, darstelltest, warst Du 1988 mit *Lenins Tod* mit einmal zu einem zu spät kommenden Revolutionär geworden...

In die Mitte der Siebziger fiel dann jene Geschichte, die ich am 3. Juni 1976 in einer Aufzeichnung für meine Sammlung *Hinter den Kulissen* festhielt. Ich gab ihr den Titel *Schlimmer als schlimm*: »Als ich mit meinen Kritikerkollegen, aus Berlin und anderswo angereist, am Abend des 29. Mai 1976 an der Kasse der Kleinen Stadthalle von Karl-Marx-Stadt anstand, um meine Karten für ›Tinka‹ abzuholen, zeigte sich der Kritiker der ›Jungen Welt‹, Werner Pfelling, erstaunt, daß ich mich nach Karl-Marx-Stadt getraute, denn genau besehen sei doch ich der ›Schreibtischtäter‹ für die Brandstiftung am Theater von Karl-Marx-Stadt, die am Vorabend der ursprünglichen Aufführung von ›Tinka‹ erfolgt war. Er erläuterte, ich hätte ja in meiner Rezension über die ›Faust‹-Aufführung in Karl-Marx-Stadt wenige Wochen vorher geschrieben, dieses Theater verdiente schon längst ein anderes, ein besseres, ein neues Haus... Als ich dies dem Generalintendanten Gerhard Meyer nachher berichtete, erwiderte er mit einem Witz, der von Berlin aus verbreitet worden sei: Er selbst habe das Theater angezündet, weil auf Brandstiftung nur fünf Jahre Gefängnis, auf die Aufführung dieses Braun-Stückes aber mindestens zehn Jahre stünden...

Unmittelbar nach Bekanntwerden des Brandes im Karl-Marx-Städter Theater hatte Volker Braun bereits den Spitznamen Volker Brand erhalten...«

Aber weil ich gerade beim Anekdotischen bin: Um die Erinnerungsbilder meines »imaginären Museums« zu konkretisieren, stöberte ich in meinem Fotoarchiv und stieß auf ein Foto, das uns beide zeigt, wie wir Ilja Fradkin umarmen. Fradkin, studierter Germanist, hatte den Krieg in der Sowjetarmee mitgemacht und war in den ersten Nachkriegsjahren Kulturoffizier bei der sowjetischen Kommandantura in Berlin. Er übersetzte vor allem die Schriften Brechts, erklärte die Dramen und schrieb schließlich die erste Brecht-Biographie auf russisch. An dem Nachmittag, als wir mit ihm zusammentrafen, erzählte er uns, wie er 1945 Gustav Gründgens aus dem Internierungslager, in das er gesteckt worden, in Empfang nahm und ihm den »Prikas« übergab, daß er wieder als Schauspieler auftreten dürfe. Was wir aus ihm herauszukriegen versuchten, war jedoch vor allem seine Meinung über »Perestrojka« und »Glasnost«. »Nu, nu, was soll sein«, hielt sich Fradkin bedeckt und wagte eine Allusion auf eine berühmte Äußerung von Stalin: »Die großen Männer kommen und gehen...; zumindest reden sie häufig besonders leicht über die Köpfe der kleinen Leute hinweg.«

Es war unverkennbar, daß er den Aufstieg Gorbatschows wesentlich distanzierter als wir sah, gerade weil er in der Nähe war. Und wir standen damals unter dem Eindruck des Besuchs des »Sternenkriegs«-Planers Reagan zusammen mit Kohl an den SS-Gräbern von Bitburg, seines Geredes über »das Reich des Bösen« mit dem »Herz der Finsternis« in Moskau, das ausgelöscht zu werden verdiente...

Das bringt mir in Erinnerung, daß Du damals ein Stück fertig hattest, das diesen aktuellen Ost-West-Konflikt, in den die Deutschen als gespaltene Nation hineingezogen waren, unter Rückgriff auf das Nibelungenlied in größere historische Dimensionen hobst: *Die Burgunder*. So hießen sie jedenfalls noch in meiner Aufzeichnung über unseren Besuch bei euch am 11. April 1985:

»Am Do(nnerstag) abend bei Volker Braun und seiner Frau. Wir verbringen einen lustigen Abend. Braun berichtet, wie es ihm schwerfällt, Seghers' ›Transit‹, von dem er fasziniert, für die Bühne zu bearbeiten. Beißen uns an der Frage fest, wie es möglich ist, von der Nachgestaltung des Überlebensversuches von Emigranten im nazibesetzten Frankreich zu einer symbolischen Überschreitung des Menschenwesens bisheriger Begrenzt- und Beschränktheit im utopischen Kommunismus zu gelangen. Präge dabei die Formulierung, daß es in der vor uns liegenden Epoche um die Entwicklung des Sozialismus von der Wissenschaft zur (erneuerten) Utopie gehe, was B. sehr gefällt.«

Dann der erwähnte Bezug:

»Er ist ziemlich niedergeschlagen wegen der Wechselbäder, die ihm M.Wekwerth bei der versprochenen Inszenierung der ›Burgunder‹ bereitet hat. Jetzt sind Karge und Langhoff als Regisseure durch den jungen Axel Richter ersetzt, der für dieses grimmwitzige Stück doch zu schwach sein dürfte. Aber offensichtlich ist das W. lieber als eine Verschärfung der Braunschen Mine durch zwei Scharfmacher des Theaters, die keine Hemmung haben, notfalls auch Scharfschützen zu sein.«

Die Inszenierung kam schließlich im Berliner Ensemble überhaupt nicht zustande. Wie schon bei anderen »anstößigen« Stücken konnte die Uraufführung des Stückes, das schließlich den Titel *Siegfried Frauenprotokolle Deutscher Furor* tragen sollte, erst außerhalb Berlins, und zwar am 1.Dezember 1986 im Nationaltheater Weimar erfolgen, inszeniert von Peter Kleinert und Peter Schroth.

Und die in meinem Notat erwähnte Dramatisierung des Segherschen Romans kam erst kurz vor Weihnachten 1989 unter dem Titel *Transit Europa* im Maxim Gorki Theater Berlin (in der Regie von Rolf Winkelgrund) zur Uraufführung, als mit der Öffnung der Berliner Mauer die ganze »Übergangsgesellschaft«, als die Du ein Jahr zuvor am gleichen Theater den »real existierenden Sozialismus« einem Publikum, das sich darüber noch die Augen rieb, ob es recht gesehen, und die Ohren stocherte, ob es recht gehört habe, hingestellt hast, ins Bodenlose zu rutschen begonnen hatte und das »Transit« vielleicht im »Exit« enden könnte.

Da hatten wir aber dieses Beben gemeinsam schon auch in einem anderen Kontinent, in einer Region, in einer Gesellschaft verspürt, auf die es vielleicht mehr ankommen würde als auf ihren europäischen »Wurmfortsatz«: in der Volksrepublik China. Ich war im Frühjahrssemester 1988 Gastprofessor an der Peking-Universität in der Hauptstadt der Volksrepublik China. In diesen Wochen kamst Du mit einer Delegation des Verbands der Theaterschaffenden der DDR nach Peking.

Es kam, wie ich es euch voraussagte: Weder in Peking noch in anderen Städten und Provinzen, die Ihr bereisen würdet (ich glaube, es sollten Shanghai und Guanzhou/Kanton sein) würdet Ihr kaum noch altes, »klassisches«, geschweige denn neues, »zeitgenössisches« Theater zu sehen bekommen. Die »Kulturrevolution« hatte mit dem Theater scena rasa gemacht, die traditionelle Schaulust der Chinesen richtete sich nun auf das Fernsehen. Aber wenigstens die Germanisten der Bei-Da sollten etwas von deiner Anwesenheit haben: »Am Donnerstag, 19. (Mai 1988), Volker Braun auf meine Initiative hin vor Lehrkörper und Studenten der Deutschen Abt. der Bei-Da. Er macht seine Sache sehr gut. Die tiefsitzenden nagenden Zweifel am Ganzen wurden von Braun geschickt erkennbar, aber nicht dominabel gemacht.«

»Tiefsitzende nagende Zweifel am Ganzen« – das war auf den Kern gebracht tatsächlich unser gemeinsamer Wissensstand wie Gewissenszustand dieser späten achtziger Jahre, ohne daß wir uns vorstellen konnten, wie rasch sich die Widersprüche komprimieren, wie heftig sie ex- oder implodieren würden.

Von unseren gemeinsamen Sichten auf Peking erinnere ich mich noch des Besuchs der »Verbotenen Stadt« am 7. Mai 1988. Wir wurden von Dir mit einer Flasche

»Johnny Walker« im Arm erwartet: Es galt, Deinen 49. Geburtstag zu feiern. Das auf solche Weise doppelt angeregte »anschauliche Denken« ließ uns stärker als alle Begrifflichkeit verstehen, warum und wie sehr sich China so lange Zeit als »Reich der Mitte« auch im übertragenen, spirituellen Sinn begriffen haben durfte und konnte. Wären da nur nicht die »tiefsitzenden nagenden Zweifel am Ganzen« gewesen, die auch das neue China einschlossen. Es klang sehr beziehungsvoll, als Du angesichts der erzenen Schildkröten am Eingang zur Haupthalle des Kaiserpalastes den Wunsch kundtatest:

»Einen solchen Panzer müßte man haben...«

Ein Jahr nach unserem Treffen auf dem »Platz des Himmlischen Friedens« war es mit dem »kleinen Frieden« dort vorbei. Zehn Jahre später droht, aus dem *Großen Frieden*, den Du vor zwanzig Jahren im geschichtlichen Rückblick auf das vorfeudale China als Deinen Utopieentwurf vorstellbar gemacht hast und der auf den Brettern des Berliner Ensembles in der Regie von Wekwerth und Tenschert eine passable Symbolizität gewann, in einen neuen »Großen Krieg« umzuschlagen. Die »Übergangsgesellschaft« scheint schnurstracks in eine »Untergangsgesellschaft« zu führen. »Siegfried«, wie immer der Erfüllungsgehilfe fremder Interessen mit seinem bürgerlichen Namen heute heißen mag, ist wieder vom »furor teutonicus« befallen. Und die »Simplices deutsch« stehen sogar noch aus dem »Staub von Brandenburg« auf, verdrängen die von Dir angeprangerte deutsche Knechtseligkeit mit der hirnrissigen Überzeugtheit »Wir sind wieder wer« und laufen dem blonden Dummkopf in eine Weltgegend nach, wo er sich schon einmal als tödlich verwundbar gezeigt hat. Die von Dir heraufbeschworene »Katalaunische Schlacht« in den Lüften trägt sich ja wieder auf eben dem historischen Boden zu, auf dem das erste große Völkermorden des Jahrhunderts begonnen hat. Vor dem Beginn eines neuen Milleniums dieser Krebsgang des Jahrhunderts – so haben wir uns das nicht vorgestellt, oder?

An dieser Stelle will ich Dir gestehen, daß ich meine Hommage für Dich eigentlich mit der in der Mitte des Beitrages angeführten Anekdote beschließen wollte, daß Du nach dem Brand des Karl-Marx-Städter-Theaters den Spitznamen »Volker Brand« bekommen hattest. Darauf bezogen, wollte ich Dich zum »positiven Helden« hochstilisieren: Mich daran erinnernd, daß Du gelegentlich einen Dreitagebart kultivierst, auf daß Dein freundliches Gesicht ein bißchen ruppiger aussehe, konnte ich mir mit einmal vorstellen, daß Caspar Neher vielleicht Dich visionär vor Augen gehabt haben könnte, als er für die letzte Szene des Songspiels »Mahagonny« von Brecht / Weill im Jahr 1927 in Baden-Baden mit verfließender schroffer Feder eine Projektion entwarf, die zeigt, wie ein zerlumpter Kerl mit struppigen Haaren, einem Messer zwischen den Zähnen, einem Dolch im Gurt, in der Linken eine Flinte, in der Rechten eine brennende Fackel hält, mit der er das »Hotel zum reichen Mann« in Brand steckt.

Jetzt, da in der Bilderflut fortwährend adrett uniformierte, smart aussehende, auf ihren Heldenbrüsten dezent martialische Dekorationen zur Schau stellende Herren zu sehen sind, wie sie, wie sagt man doch gleich? ja: cool die Kriegsbrandfackel an das »Hotel zum armen Mann« legen, ist mir die Lust auf diese Allusion vergangen.

Wieder »der mächt'gen Geier Fraß« geworden zu sein, das erfordert nicht nur den rebellischen Widerspruch: »Das kann nicht alles sein«, sondern das erneuerte »Trotz alledem!«, und sei es um den Preis der Erkenntnis, die du an deinen Anfängen den »ganz gebraucht« sein wollenden Kipper Paul Bauch herausschleudern ließest: »Wir stehn ganz am Anfang.«

In der Tat, die wahre »unvollendete Geschichte« ist die Geschichte selbst.

Manfred Wekwerth

Eine Odyssee oder Der Ehrenplatz zwischen den Stühlen

Von manchem Dichter, dessen scharfe Gedanken ich bewundere, könnte ich nicht sagen, was er eigentlich denkt. So etwas macht berühmt, aber auch akzeptabel. Sogar der Widerspruch wird akzeptiert. Die Götter laden ihn ein, mit ihnen auf dem Stuhl an goldenen Tischen zu sitzen, ohne daß er fürchten muß wie bei Goethes Parzen »unwiederbringlich ins Reich der Nacht« gestürzt zu werden. Volker Braun läßt keinen Zweifel, was er denkt. Die poetische Höhe, die er erreicht, ist nicht Entfernung von Gedanken. Seine Pointe verdeckt nicht seine Absicht. Dennoch ist er als Poet kein »Denker«, er ist einer, der zu denken gibt. In jeder Zeile ist sein Lieblingsgedanke spürbar, den er Friedrich Engels entlehnt hat: die Umwälzung von Grund auf. Darin ist er nicht bestechlich durch Unmöglichkeit. Er ist unbelehrbar durch Mäßigung. Es ist die sanfte Gewalt des Radikalen. Der Störenfried des Mittleren.

Der Stuhl, der vor der Wende an goldenen Tischen für ihn stets bereitstand, blieb leer. Nicht aus Verzicht auf Annehmlichkeiten (»ich lebe gern«), noch aus Bescheidenheit (»nicht zu tun, was du willst, sondern was ich will«), allein aus Anspruch auf alle Stühle an allen Tischen für alle. Sein Philosoph Wang sagt es unverblümt: »Das ist viel, doch alles.«

Auch nach der Wende blieb der Stuhl an nun noch goldeneren Tischen leer. Das Angebot, auf ihm das Ende der Geschichte zu feiern, versagte er mit der Suche nach neuen unvollendeten Geschichten. Hatte er vorher die staatliche Unzurechnungsfähigkeit kritisiert, verschwand seine Kritik nicht mit dem kritisierten Staat. Aber sie richtete sich nicht - wie es nun an goldenen Tischen der Brauch wurde – bürgerrechtlich nur auf das Vergangene, sein Thema blieb die Gegenwart: das »Dickicht der künstlichen Wildnis, die Mythologie des Neoliberalismus«. Der Kritik des »Stalinismus der Bürokratie« folgt konsequent die Kritik des »Stalinismus des Geldes«. Das ist kein Thema an goldenen Tischen.

Der einst so geschmähte Platz zwischen den Stühlen ist heute ein Ehrenplatz. Vielleicht nur noch von ihm aus ist der Blick nach allen Seiten möglich, die mehr denn je von goldenen Tischen verstellt sind. Dieser Blick bewahrt vor der Versuchung, die Texte zu »entlegitimieren« und die Wirklichkeit zum Verschwinden zu bringen, um den mainstream des Jean-Francois Lyotard zu folgen, der die Vernunft des Wissens durch den Verkauf des Wissens ersetzen will.

Der Platz zwischen den Stühlen ist kein bequemer Platz. Da man von keiner Seite entgegenkommt, werden die Wege länger. Manchmal ist es bis zum Erfolg eine wahre Odyssee. Von einer solchen Odyssee soll hier die Rede sein. Sie beginnt mit dem 22. April 1979. An diesem Tag war die Uraufführung von Volker Brauns GROSSER FRIEDEN im Berliner Ensemble. Schon der Weg bis dahin war ein weiter, da sich bei der Obrigkeit niemand fand, der das Stück beurteilen wollte, es war zu gut. Um sich positiv zu äußern, fehlte der Mut. Sich negativ zu äußern drohte Blamage. So äußerte man überhaupt nichts. Für uns ein erfreulicher Ausgangspunkt. Die Arbeit mit Volker Braun zähle ich zu den Sternstunden, die am Theater selten geworden sind: Ein Stück, das poetisch und beängstigend formuliert, was damals viele fühlten und dachten; Impulse, die die »fensterlosen Räume« sprengten und mit jedem Satz in die Wirklichkeit drängten; der Braunsche Humor, der in seiner Vertracktheit selbst fest verschlossene Münder öffnete, um ihnen ein Lachen zu entlocken. Und während viele Theater eine bis heute anhaltende planvolle Konzeptionslosigkeit betrieben, die Ästhetik schnell in Schlafmittel verwandelt, hier eine Konzeption zum dringenden Aufwachen: wenn eine Revolution stecken bleibt und nicht die Verhältnisse von Grund auf umwälzt, droht Rückfall in den Feudalismus.

In Abwesenheit der Macht fand das Spiel um die Macht statt. Der Kulturminister, dem das Stück gefiel, übte Solidarität, er blieb der Premiere fern. Das Publikum verstand das Stück, es blieb über zehn Jahre im Spielplan. Dieter Krause, jetzt STERN-Korrespondent, der die Premiere sah, wertete den GROSSEN FRIEDEN als künstlerische Entsprechung zu Bahros DIE ALTERNATIVE. Offensichtlich das Fernsehen der DDR auch. Schon zur Premiere hatte die Leitung die Losung ausgegeben: der Bildschirm bleibt Braun-frei. Interviews, die mit Braun und mir vor und nach der Premiere gemacht wurden, wurden nicht gesendet. 1989, als man in Adlershof erwog, den GROSSEN FRIEDEN wie alle Stücke des Berliner Ensemble aufzuzeichnen, erinnerte sich die Leitung ihrer zehn Jahre alten Kriegserklärung an Braun und stoppte den GROSSEN FRIEDEN. Die Odyssee wäre zu Ende gewesen, hätte nicht eine andere Macht den Plan betreten: die Brecht-Erben. Diesmal aber nicht, um Theater zu verhindern, im Gegenteil, diesmal erfuhr die Literatur das Urheberrecht als Segen: Barbara Schall-Brecht erreichte, daß die Odyssee weiterging, der GROSSE FRIEDEN wurde noch in derselben Woche mit sieben Kameras und einem hervorragenden Fernsehteam aufgezeichnet. Die Fernsehleitung hatte offenbar ihre Meinung über Braun geändert, nachdem Barbara Schall-Brecht damit drohte, dem Fernsehen der DDR keine Brecht-Rechte mehr zu geben. Ihr gefiel der GROSSE FRIEDEN, und nicht nur, weil ihr Mann, Ekkehard Schall, die Hauptrolle spielte. Wieder ein Stück Wegs vorangekommen, sollte es ein unerwartetes Erwachen geben. Auf den Filmrollen von einer der besten Theateraufzeichnungen stand in dicken Buchstaben NUR FÜR ARCHIVZWECKE. Denn es war ja nur von »Aufzeichnen« die Rede, nicht von »Senden«. Dabei blieb es bis zur Auflösung des Fernsehens der DDR. Aber der Weg war noch nicht zu Ende. Mit großem Interesse erfuhr der ORB von der Existenz der ungesendeten Aufzeichnung und in Begeisterung für den »Hoffnungsträger Volker Braun« sah man sich den GROSSEN FRIEDEN an und bewunderte »den Mut des Autors und des Theaters, bereits 1979 der Wahrheit hautnah gekommen zu sein«. Odysseus schien angekommen, Ithaka erwartete ein »Fernsehereignis«. Darauf wartet man bis heute. Die Weigerung, den GROSSEN FRIEDEN zu senden, gehört zu dem wenigen, was man von der DDR in vollem Umfang übernommen hat. Die Odyssee ging weiter vom ORB zum MDR zu 3Sat zum SDR. Überall das Gleiche: Bewunderung für den großen Autor, Lob für seinen Mut, Begeisterung für seine Ehrlichkeit – und Funkstille.

Angesichts des ruhenden GROSSEN FRIEDEN könnte man fast zu der Ansicht von André Brie neigen, die ich kürzlich in einem Interview las, daß Gedanken, die zum Sturz der DDR führten, heute schon wieder gefürchtet werden.

Wenn das so sein sollte, ist das eine große Leistung Volker Brauns. Ich gratuliere ihm dazu und nebenbei auch zu seinem Geburtstag.

Heinz Klunker
Die Mutigen sterben, und die Macher bleiben

Volker Brauns Nibelungen-Stück
in Weimar

ES SCHEINT NICHT EMPFEHLENSWERT DEN AUFFASSUNGEN B.S
WEITERE MASSENWIRKSAMKEIT ZU VERSCHAFFEN
Man kann das Theater auch anbrennen usw.
Wer liest sie auf die Toten im Text
Verfault im Massengrab der Literatur

Goethe, so hat es Charlotte von Stein überliefert, war schon das Wort Nibelungen nicht geheuer; er deutete es als »Nebelvölker«. Er warnte davor, das als poetisch vorzüglich gerühmte Lied an Homers *Ilias* zu messen, denn: »In den Nibelungen ist ein eherner Himmel, keine Spur von Göttern, von Fatum. Es ist bloß der Mensch auf sich gestellt und seine Leidenschaften.« Weil es eine Dichtung ohne Reflex sei, in welcher die Helden »wie eherne Wesen nur durch und für sich existieren«, hielt Goethe die *Nibelungen* für vergleichsweise furchtbar. Also wohl auch: zum Fürchten.

Volker Braun mußte eine solche Interpretation des legendären Stoffes eher reizen. Auch wenn er sich des Pathos der Klassik entschlägt, seine Verse realistisch aufbrechen, was mythologisch verklärt wurde, trägt noch immmer die Brücke von Goethe her, während er zur christlichen Ideologisierung des Stoffes durch Friedrich Hebbel auf deutliche Distanz ging. Allerdings tat dies dem Respekt kaum Abbruch, den er der Dresdner Inszenierung der Hebbelschen *Nibelungen* von Wolfgang Engel entgegenbrachte, stellte sie doch über die theatrale Vision eine Nähe spezifischer Gegenwärtigkeit her, die zur kritischen Illumination der gesellschaftlichen Stagnation in der DDR der achtziger Jahre ihren Beitrag leistete.

Siegfried Frauenprotokolle Deutscher Furor. Der an Heiner Müllers radikalem Umgang mit der Geschichte anklingende Titel könnte in die Irre führen, wer von daher kurzschließt zum Stück; denn hier wird noch angeknüpft an Traditionen, hier wird noch gehaftet für Geschichte. Volker Braun erkennt in den Nibelungen »ein Völkchen«, in das die Deutschen sich jederzeit wieder verwandeln können. Er segmentiert die Heldengeschichte, spielt ihre Motive auf verschiedenen zeitlichen und formalen Ebenen durch. Wie schon Hebbel hält auch er sich an die Trilogie, freilich auf eigene Weise und ganz im Widerspruch zu Hegel, der im vorigen Jahrhundert keinerlei Zusammenhang des Nibelungenliedes mit den bürgerlichen Verhältnissen sah. »Er hielt das für eine aschgraue, erledigte Geschichte.«

Volker Braun hat Interesse an den »virulenten Vorgängen«, am Unerledigten der für Jahrhunderte vielleicht beruhigten Widersprüche, die nun plötzlich »mit Wucht aufbrechen und Weltbedeutung erlangen«, ein Stoff bleibt ihm kunstwürdig, »wenn Linien vom Gestern ins Heute als brennende spürbar sind«. Braun aktualisiert historische Vorgänge, trägt aber zugleich Gegenwartskonflikte in die Vergangenheit; er fordert, alle Handlungen gleichzeitig in ihrem Alter und in ihrer Gegenwärtigkeit zu zeigen. Also vermischen sich frühes Kriegsgedröhn mit spätem Industrielärm, also sind Männer und Frauen nicht bloß von gestern und also die Supermächte, Römer und Hunnen, ebensosehr von heute wie ihr Opfer Burgund. »Wir leben in einem Augenblick, in den alle produktiven Möglichkeiten und alle Schrecken der Geschichte geballt sind.«

Der implodierende und sich aus der Realgeschichte verabschiedende, real abgewirtschaftete Sozialismus und der scheinbar ebenso real obsiegende pure Kapitalismus signalisieren – durch das Spotlight des Balkankrieges zwischen Bosnien und Kosovo pervers erhellt – im weltgeschichtlichen Übergangsprozeß gerade einmal eine Atempause. Hybris fällt nicht aus heiterem Himmel, und erst in der Katastrophe versteht sich Moral von selbst.

Brauns *Nibelungen* präsentieren sich nicht als Fluchtort aus den Konflikten und Katastrophen des ausgehenden Jahrtausends. Frauen, die von ihren Männern unterworfen werden, befreien sich im jetzt anhängigen Gegenprozeß aus der Unterdrückung durch Staatsverhältnisse. »Der Untergang eines kleinen Volkes, der Burgunden, beim Versuch, sich zu einer europäischen Macht zu mausern, aktualisiert die Hybris eines Volkes, das in ein Messer rennt, das es gar nicht töten will.« Der Stückeschreiber sieht die Gefahr nicht ausgestanden auf deutschem Boden.

Siegfried, der Gehörnte, »zunächst eine Sehnsuchtsgestalt aus der Volksphantasie«, der Mann »der technischen Machbarkeit, der die Natur unterwirft«, aber auch zum Repräsentanten der Industriegesellschaft mutiert – bei Volker Braun ist er eine komplizierte, vielschichtige Figur, sich im Stück entwickelnd als »ein politischer Mann, der nicht mehr die Kraft in den Muskeln hat, sondern im Kopf, der die Verhältnisse durchschaut und nicht wegen eines Familienstreits, sondern in einem politischen Mord gekillt wird.« Als Toter mißbraucht als eine mythische Kampfmaschine, als Wunderwaffe, wird dieser Siegfried also gezeigt »als der Gebrauchte, dann als der, der sich gebrauchen läßt, und auch der, der sich selbst gebrauchen könnte für bessere Zwecke«.

Siegfried wird getötet, weil es ihn weder am »Trog der Treue«, noch im »Kollektiv der Furcht« hält. Er ist eine Figur, die zwischen Intellektuellem und Proletarier changiert, er wird zum Ausländer gestempelt, zum Strohmann der Römer in Burgund, »blauäugiger Freund unserer Feinde«; Einflußagent würde man ihn heute nennen, Sympathisant der Sowjets noch kürzlich und Marionette der Imperialisten noch heute. Hagen darf an der Leiche der »Männersache« kommentieren: »Das war Siegfried Unser bester Mann. / War er der Beste. Jetzt sind wir die Besten.« Doch die Spesen sind hoch: »Die Mutigen sterben, und die Macher bleiben.« Ein Widerschein dieser Konstellation in der banalen Lesart des gegenwärtigen Machtspiels um eine fiktive Mitte fällt auf Oskar Lafontaine, den *bad man* im westlichen Wendespektakel.

Theatertexte Volker Brauns sind von Anfang keine Normalfälle der DDR-Bühne, ohne Ausnahme gab es Schwierigkeiten, sie an die Öffentlichkeit gelangen zu lassen. Schon das erste Schauspiel, *Die Ballade vom Kipper Paul Bauch*, kam am Berliner Ensemble über das Probenstadium nicht hinaus. Als es nach sechs Jahren 1972 endlich zur Leipziger Uraufführung gebracht wurde, nun unter dem Titel *Die Kipper*, wurden die Berliner Regisseure Karge / Langhoff auch als Mitarbeiter genannt. *Siegfried Frauenprotokolle Deutscher Furor*, seit 1984 vorliegend, sollte ebenfalls am Schiffbauerdamm herauskommen, wurde im Brecht-Theater auch bereits geprobt, aber dann in Premieren-Nähe aus ominösen Gründen (die Fluchtgeschichte des Bühnenbildners soll eine Rolle gespielt haben) abgesetzt. Das

Recht der ersten Nacht fiel nun auf Weimar, das außerhalb der Neugierzone eines unwillkommenen Westpublikums lag, zumal seiner Medienmeute.

Freilich, Weimar hatte auch seine Logik. Hier immerhin wurde 1861 am Großherzoglichen Hoftheater Friedrich Hebbels deutsches Trauerspiel um die Nibelungen uraufgeführt. Hier hatte Goethe seine skeptische Deutung zu Protokoll gegeben, und es war nun auffällig, daß der genius loci aus aktuellem Anlaß nicht herbeizitiert wurde. Und Weimar hatte nicht nur Volker Brauns *Tinka* nachgespielt, sondern auch 1968 in der Regie von Fritz Bennewitz seinen *Hans Faust* zur Uraufführung gebracht, kulturpolitisch umstritten und zeitweise verfemt wie die Nachfolgetäter Hinze und Kunze. Als die Braunsche Nibelungen-Version am 12. Dezember 1986 Premiere hatte, zu der den in Berlin, Hauptstadt der DDR, akkreditierten Westjournalisten das Reisevisum verweigert wurde, war Nervosität angesichts einer »Herausforderung« spürbar, die näher nicht beschrieben wurde. Eine Pressekonferenz jedenfalls sah erwachsene Menschen sich verbal auf Katzenpfoten bewegen; und so sehr Ernst Schumacher, renommierter Kritiker der »Berliner Zeitung«, seiner Genugtuung, daß Brauns Nibelungen-Stück endlich die Theateröffentlichkeit erreichte, auch Ausdruck verlieh, so wenig erschien (bis zum Jahresende) seine Rezension im eigenen Blatt. Die richtungsweisende Zeitung des Landes veröffentlichte vier Tage nach der Weimarer Premiere eine Meldung, die das Faktum mitteilte (»erfolgreich uraufgeführt«), die Inszenatoren und Protagonisten nennt und sich ansonsten mit dem Satz bescheidet: »Der Autor setzt das Heldenlied der ›Nibelungen‹ in Beziehung zur gegenwärtigen Existenzbedrohung der Menschheit.« Das Gewerkschaftsblatt »Tribüne« brachte zehn Tage nach der Uraufführung ein Szenenfoto mit der kargen Mitteilung, das Stück werde in Weimar gespielt. Die Hauptstadt-Zeitungen der Blockparteien, sowie die Blätter der Region, durchbrachen allerdings die wie auch immer verfügte und begründete Zurückhaltung und veröffentlichten (alles in allem positive, wenn auch sehr allgemeine) Rezensionen, so etwa Christoph Funke im »Morgen« oder Georg Antosch in der »Neuen Zeit«. Im Rundfunk wurden mögliche Spielräume ohnehin offensiv genutzt.

Und das heikle Ereignis selbst? Die Weimarer Uraufführung hielt die Balance von intellektuellem Anspruch und sinnlichem Abenteuer; sie historisierte nicht ängstlich und spielte über Aktualitäten nicht hinweg (sieht man von einigen Strichen ab, vor allem zum Ende hin, wo Hasenherzigkeit obsiegte). Manche Schärfung von Szene und Charakter unterblieb, aber das Regieteam Peter Schroth und Peter Kleinert hat das Stück nicht unzulässig verharmlost oder ideologisch willfährig eingeebnet. Das Ensemble wußte offensichtlich, auf welche Brisanz es sich eingelassen hatte, es spielte animiert und verhalf dem Autor zu einem ansehnlichen Erfolg. Das feministische Potential der Braunschen *Nibelungen* wurde nicht verschwiegen, blieb aber ohne farbigen Akzent. Sie münden in eine nüchterne Apotheose der Trümmerfrau nach dem Zweiten Weltkrieg. Diese Alltagsheldinnen müssen den Schutt wegräumen, der vom Krieg der Männer blieb, denn Not ist am Mann.

»Hab ich Mann gesagt / Die Not ist an der Frau.«

Peter Härtling
Hörend lesen

»Vorn an der Rampe liegen wüst die Schuhe: / Nathan, des Sultans Messer
an der Kehle / Fährt zitternd fort. Ich weiss kein Märchen mehr.«
Wenn ich Volker Braun lese, höre ich ihn. Nicht immer schon. Ich musste
ihn erst kennenlernen, mich mit ihm unterhalten, ihm zuhören, ihn
psprechen hören.
Einmal waren wir zusammen eingeladen zu einer der ungezählten
Diskussionen über die Wende. Er meldete sich nicht allzu häufig zu Wort.
Doch seine Einwürfe, seine Einwände bekamen für mich ein sonderbares
Echo. Ich hörte ihnen nach. Zu Hause holte ich unverzüglich seine Bücher
vom Regal, begann zu blättern, zu lesen. Ich las ihn hörend.
Er hält Wörter zurück, stockt, verzögert, und mitunter scheint es, als ob
er seinen Körper zwingen müsse, zu einem Wort zu kommen. Er denkt
leiblich. Es kann sein, er quält sich, aber ich bin sicher, er braucht diesen
heftigen Atemwechsel. Jedes Wort prüft sich am nächsten, widersteht der
Selbstverständlichkeit. So bekommen die Sätze eine ausdauernde Renitenz.
Sie haben dem Zensor von einst zu schaffen gemacht. Und sie hören nicht
auf, uns zu irritieren. Was mir auch Volker Brauns Beständigkeit erklärt.
Wörter lassen sich nicht wenden. Seine nicht.
In seinem Gedicht »Das innerste Afrika« zitiert er den einladenden Ruf,
mit dem Hölderlins Elegie »Der Gang aufs Land« anfängt. Längst von
gedankenlosen Festrednern zur Formel degradiert. »Komm! Ins Offene,
Freund!« Mit Volker Braun lese ich diese vier Wörter, höre ich diese Noten
anders. Da ist kein auftrumpfender Schwung, der eine Tür aufstößt. Jedes
Wort zögert, schickt den Zweifel voraus. Hier erfahre ich, was ein Hiatus
sein kann. Umso befreiter gelangen wir ins Offene. »Du musst die Grenze
überschreiten / Mit deinem gültigen Gesicht«, heißt es ein paar Verse
später.

Peter Ensikat
Volker Braun
(Der Unverbesserliche)

Volker Braun muß sich vorwerfen lassen, Volker Braun geblieben zu sein. Die Verkündung endgültiger Utopiefreiheit nach dem Ende eines absolut utopiefreien Realsozialismus scheint ihn nicht erreicht zu haben. Er weigert sich zu erkennen, daß wir wieder mal am Ende aller Entwicklung angelangt sind. Daß Volker Braun sich weigert, die Autorität eines allgegenwärtigen Zeitgeistes anzuerkennen, ist nichts Neues. Ich erinnere mich, auf der Kulturseite des einst alles entscheidenden *Neuen Deutschland* den strengen Vorwurf gelesen zu haben, der Dichter Braun hänge Utopien an. Einem Dichter diesen Vorwurf zu machen, das fand ich damals ein stark real-sozialistisches Stück. Die Zeiten haben sich geändert, der Vorwurf ist geblieben. Und Brauns Weigerung, sich solchem Vorwurf zu beugen, blieb auch.

Eines verbindet das zeitgenössische Feuilleton unserer ansonsten pluralistischen Presselandschaft mit jener alleinherrschenden ND-Kulturseite aus rot-grauer Vorzeit: Beide gleichen dem Wetterhahn, der von sich meint, die Windrichtung zu bestimmen. Wo sich der Wetterbericht so wichtig nimmt, muß das Wetter selbst gar nicht mehr zur Kenntnis genommen werden. Und wenn der Wetterhahn Reich-Ranicki von »Literatuuurrr« spricht, meint er immer nur sich selbst. Literatur ist auf den neuen Hund gekommen, der jetzt Markt heißt. Auf der Schnäppchenjagd unserer Bestseller-Listen hat Volker Braun keine Chance. Und wo das Feuilleton fast ausschließlich auf der Jagd nach Events ist, nur um selbst eines zu werden, da kann Volker Brauns Dichtung nicht mehr Ereignis sein.

Er muß sich – wie andere auch – nicht mehr gegen irgend eine Zensur wehren. Heute sind es endlich wieder die klassischen Windmühlenflügel, mit denen man es zu tun bekommt als Narr. Daß er hier und da den einen oder anderen Literaturpreis bekommt, dürfte ihn und uns nicht über die neue Nebenrolle von Literatur und anderer Kunst hinwegtäuschen. Dichtung ist – von einigen lukrativen Mißverständnissen abgesehen – zu einer durchaus geduldeten Randerscheinung geworden wie etwa zeitgenössische Kammermusik, die sich die Musiker höchstens noch gegenseitig vorspielen. Freiheit des Wortes, das heißt in der gesprochenen wie in der gedruckten Praxis globalisierter Beliebigkeit: das Wort wurde freigesprochen von jeder Bedeutung. Erlaubt ist, was auffällt.

Daß es dem Braun nicht allein so geht, wie es ihm heute geht, mag ein Trost sein. Hier und da trösten wir uns auch gegenseitig, obwohl es dem Satiriker in mancher Beziehung besser geht als dem Dichter. Unsereins lebt geradezu vom Mißverständnis. Und von der Schadenfreude, die noch jedes politische System ganz und gar unbeschadet überstanden hat. Für Satiriker kann es lebensrettend sein, nicht ernst genommen zu werden. Für den Dichter kann dasselbe lebensbedrohend sein. Ich gebe zu, den Dichter Braun seit Jahrzehnten bestohlen zu haben. Ich habe ihn ohne seinen Namen zu nennen oder ihn auch nur zu fragen ins Komische übersetzt. Und hatte immer dann Ärger, wenn die Zensoren bei mir plötzlich verstanden, was sie bei Braun eben trotz allen Mißtrauens nicht entdeckt hatten - den feindlichen Pferdefuß. Volker Brauns Dichtung hatte damals den Vorteil und hat heute den Nachteil, daß sie beim Leser Intelligenz voraussetzt. Der Genuß kommt erst nach der kleinen Anstrengung des meist so sträflich unterforderten Kopfes. Größere Genüsse sind ohne Anstrengung eben nicht zu haben. Das gilt für die Literatur wie für die Liebe und die Kochkunst.

Ich erinnere mich an ein Gespräch mit Volker in jener Endzeit-DDR, als auf direkte Anordnung der Parteiführung ein Freidenker-Verband gegründet werden sollte oder sogar gegründet worden ist. Damals meinten wir beide, so ein Verband müßte in der DDR unbedingt – allerdings ohne jene Anordnung und Kontrolle von oben – gegründet werden. Halb im Spaß verabredeten wir damals eine Freidenker-Vereins-Gründung. Es wäre an der Zeit, die Sache im Ernst nochmal zu bedenken, auch wenn wir damit nur eine noch so kleine Minderheit um uns versammelten. Daß Leute wie Volker Braun für eine Mehrheit sprechen könnten, das durfte man sich wohl nur in Diktaturzeiten einbilden. Volker Braun war und ist subversiv. Das machte und macht ihn so gefährlich wertvoll.

Lothar Trolle
Tagebuchnotiz (3. 7. 98)
(für Volker Braun)

als verläpperten (an diesem sonnabendnachmittag gegen 15.30 uhr
und bei 28 grad im schatten), / drüben am gegenüberliegenden see-
ufer / nicht kleine wellen in grindigem uferschlick, / hörtest du, der
(als es schien, er ist angekommen) sich nicht die zeit nahm, seinem
fahrrad einen geeigneten baumstamm zu suchen, / (sondern es dort,
wo er mit ihm im gras nicht weiterkam, liegenließ) / dort (in ca. 7
kilometer luftlinie) anderes als kinder, / die bis zu den knöcheln im
see stehen, / (merkwürdig gedämpft dagegen die geräusche derer
hinter dir auf der wiese) / müßtest du (nun in der hand das paar
schuhe), lärmte auch dort / (wo über dem see als zusätzliche farbe
in das milchige weiß von dunst hinzukommt) / in ufernähe ein
boot vorbei, / rasch einen schritt zurückspringen, / damit nicht gleich
nun heftigere wellen über deine (nackten) füße herfallen, / geht
(von anfang an und gleich wieder) dein blick über den see / zu diesem dunklen streifen uferwald, (und der kerbe in der dunklen
horizontlinie, wo see und himmel sich berühren) / (eine badestelle?)
und dann weiter zu der noch dunkleren (bewaldeten?) anhöhe, /
doch deren konturen verschwinden dann bereits im dunst...

Friedrich Schorlemmer

»Nicht die Kraft zum Außergewöhnlichen, die zum Gewöhnlichen fehlt uns meistens«

Aus der Rede zur Preis-verleihung des Schülerwett-bewerbs »Zivilcourage« auf der Leipziger Buchmesse 1999

Was in jungen Menschen zu wecken ist, was in ihnen steckt, auch steckt, nämlich kritische Wachheit, elementares Gerechtigkeitsgefühl, solidarisches Mitempfinden für den Schwächeren, Aufbruch gegen falsche Konventionen, hat dieser Wettbewerb gezeigt: Sich seiner eigenen Kräfte, seines eigenen Verstandes, seiner eigenen Unterscheidungsfähigkeit zu besinnen! Dem »Mut, sich seines eigenen Verstandes ohne Anleitung eines anderen zu bedienen« und daraus Handlung werden zu lassen, den anderen Mut hinzuzugesellen, sich der Kräfte seines eigenen Herzens zu bedienen, selbst, wenn man dabei gegen Mehrheitsstimmungen steht. Zivilcourage ist nichts ganz Großes, Heldisches, Außerordentliches, sondern vielmehr vieles Kleine, Alltägliche, Selbst-Verständliche. Der Mut dazu wächst mit dem Üben. Niemand soll sich gleich überfordern, weil dies nur in Resignation führt, sondern erste Schritte gehen, seine Kräfte nicht überschätzen, aber eben auch nicht unterschätzen, sondern ausprobieren und stärken durch Tun. Zivilcourage zu üben ist Sysiphusarbeit. Täglich beginnen, Scheitern positiv verarbeiten, sich des Sinns der Mühen bewußt – bleiben.

Zivilcourage kann schlicht auch heißen: das richtige Wort zur richtigen Zeit zu sagen, auch wenn man riskiert, damit ganz allein zu stehen.

Es ist zu erinnern an den Ursprung dieses Wortes, das aus dem Französischen kommt: »Courage civil«, also Mut des einzelnen zum eigenen Urteil und »Courage civic«, staatsbürgerlicher Mut. Diese beiden Arten von Mut fließen im Wort Zivilcourage zusammen. Im Deutschen taucht dieses Wort nachweislich zum ersten Mal 1847 auf, gewissermaßen am Vorabend der bürgerlichen Revolution, und wird gebraucht von einem Mann, von dem man dies wahrlich zunächst nicht erwartet hätte, nämlich vom jungen Bismarck, der in einer Debatte des Preußischen Landtages ausgepfiffen wurde. Nach der Landtagssitzung sagt ihm ein Älterer: »Du hattest wohl recht, nur sagt man so etwas nicht.« Und Bismarck antwortet darauf: »Wenn du meiner Meinung warst, hättest du mir beistehen sollen. Nur Dein Eisernes Kreuz hindert mich, dir einen verletzenden Vorwurf zu machen.« Und Bismarck fügte dann hinzu: »Mut auf dem Schlachtfeld ist bei uns (Deutschen) Gemeingut. Aber Sie werden es nicht selten finden, daß es ganz achtbaren Leuten an Zivilcourage fehlt.« Das ist es, dies Wort: Zivilcourage. Zivile Tapferkeit, auch vor dem Freund!

Genau das ist es: Aus eigener Verantwortung handeln, nicht auf irgendeinen (höheren) Befehl, einem von außen gegebenen Auftrag folgen, um sich hinterher darauf zu berufen, daß man ja »nur im Gehorsam« und nicht in eigener Verantwortung gehandelt hätte. Zivilcourage heißt: in ganz eigener Verantwortung das aus der eigenen Einsicht in das Notwendige Kommende tun. Dazu gehört, daß wir uns Einfühlung und Mitempfinden nicht abtrainieren, hart oder gleichgültig werden. Wir sind das Tier, also das Naturwesen, das Zivilcourage hat, das aus der Instinktbindung sich befreit – eben in die Freiheit menschlichen Handelns, das nicht an die Regeln der Horde, an instinktmäßige Über- und Unterordnungen festgebunden ist. Es ist das eigene, freie Heraustreten aus den »Regeln der Horde«, wo die Verantwortung es gebietet oder wo das Herz unmittelbar schlägt und nicht ängstlich-selbstbezogen oder kühl-kalkulierend überschlägt, wie es schaden könnte, wenn jetzt gehandelt wird: Habe den Mut, dich der Kräfte deines eigenen Herzens zu bedienen und schau nicht darauf, wieviel Beifall du dafür findest! Zivilcourage fordert also immer ein Heraustreten, ein Einschreiten, ein Sich-Einsetzen. Darin steckt dies ganz Eigene, »Sich-selber-einsetzen« und sich dort einzusetzen, wo sonst eine Leerstelle wäre. Man spricht heute viel von Individualisierung – und versteht dies im Osten insbesondere als Gegenschlag gegen die 40jährigen Kollektivierungen – und heraus kommt allzuhäufig Egozentrierung, reine Interessenfixierung des einzelnen auf sich selbst und seinen vordergründigen Vorteil.

Zivilcourage meint etwas anderes. Sie meint: Auf jeden einzelnen und jede einzelne kommt es an. Tritt du heraus. Du, laß es nicht laufen, wenn du siehst, daß etwas falsch läuft, oder wenn du siehst, daß jemand zu Schaden kommt, wo nackte oder versteckte Gewalt den Streit mit zivilisierten Mitteln ersetzt.

In der DDR-Zeit hießen Killersätze für eigenverantwortetes Aus-der-Reihe-tanzen so:

> – *Was willste machen?*
> – *Du schadest dir bloß.*
> – *Mach, was gefordert wird!*
> – *Fall nicht auf!*
> – *Man kann doch nichts ändern.*
> – *Wir mußten doch ...*
> – *Als einzelner kann man sowieso nichts ändern.*
> – *Man will doch seine Ruhe haben.*
> – *Was Gesetz ist, ist Gesetz.*
> – *Du glaubst doch nicht, daß du was änderst!*
> – *Das ist doch völlig sinnlos, was ihr da macht.*
> – *Du wirst schon sehen, was du davon hast!*
> – *Wenn du dich dagegenstellst, schadest du dir bloß und bewegst nichts.*

Wenn aber das die Gründe für unser Nichthandeln werden, wird auch **uns** nicht mehr geholfen werden, wenn wir in Gefahr kommen, kollektiv als Gesellschaft oder individuell als Person.

Zivilcourage heißt: Gegen die allgemeine und auch jeweils in mir selbst aufkeimende Resignation anzugehen und mich gegen den Trend zu stellen, wenn ich gute Gründe habe, diesem Trend zu widersprechen. Zivilcourage zu haben, heißt auch, vorbeugend zu handeln und nicht immer nur nachträglich Schäden zu beseitigen. Das setzt die Absicht und Fähigkeit voraus, hinzusehen, genau hinzusehen, sich **nicht** im »Mut des Wegschauens« zu üben.

Der Artikel 1 unserer Verfassung enthält ein Versprechen und eine Verpflichtung zugleich. Da heißt es: »Die Würde des Menschen ist unantastbar. Sie zu achten und zu schützen, ist die Verpflichtung aller staatlichen Gewalt.«

Der Staat ist als Vertreter des Gemeinwesens dazu verpflichtet, die Würde des Menschen zu achten und zu schützen. Wir als Staatsbürger sind die Garanten dafür, daß die Würde des Menschen im Alltag geschätzt und geachtet wird – es sei denn, wir wünschten uns wieder einen Staat, der alles kontrolliert, justiert, kommandiert, indoktriniert, denunziert oder denunzieren läßt. Wir können die staatsbürgerlichen Aufgaben nicht auf »den Staat« abschieben. Auch die Polizei ist nur für den Notfall da. Dann soll sie auch da sein! Wir Bürgerinnen und Bürger jeden Alters und jeder Stellung sollen wohl nicht **»jeder des anderen Polizisten«** werden, aber doch jeder des anderen »Freund und Helfer«. Wir müssen schlicht wissen: Wer Schlimmes nicht verhindert, den wird Schlimmeres treffen.

150

Und wo eine Tendenz in einer Gesellschaft dominierend wird, die da heißt: Jeder kämpft nur ums eigene, um die eigenen Interessen, wird der Kampf gnadenlos. Er wird vor allem gegen die geführt, die nicht zu uns gehören, gegen **die** Fremden und **das** Fremde.

In einem der Beiträge für diesen Wettbewerb hieß es: »Nicht die Kraft zum Außergewöhnlichen, die Kraft zum Gewöhnlichen fehlt uns meistens. Und nichts macht uns so müde, wie das, was wir nicht tun.« Wenn nun gerade junge Menschen, deren Leben eben vor ihnen liegt, miteinander etwas tun, was ungewöhnlich ist, dann tun sie gerade das Nötige für ihre eigene Zukunft.

Wer miteinander etwas tut, muß auch mit Reibungen in der Gruppe leben und kann daran lernen. Menschen mit Zivilcourage haben dann eben nicht nur gemeinsam etwas zu verhindern, also sich **gegen** einen gemeinsam ausgemachten »Feind« zu verbünden, sondern sie haben auch positiv etwas zu gestalten. Und dann wird man merken, wie Zivilcourage eben nicht ein einzelner, spontaner Akt ist, sondern ebenso ein beharrliches Tun. Menschen, die etwas gemeinsam tun, was sie als sinnvoll erfahren – selbst wenn es schwierig ist – macht dies auch Spaß. Wir wissen noch nicht, wann wir – ganz plötzlich – ahnungslos auf der Straße gehend, gefordert sind, einzuschreiten. Plötzlich sind wir ganz allein gefordert, nicht ahnend, welches Risiko auf uns zukommt. Wieviel leichter und wahrscheinlicher ist unser Vorübergehen. Wie schlimm steht es um die Zivilcourage in unserem Land, wenn in Guben ein Algerier zu Tode gehetzt werden kann, ohne daß die Meute von irgendeinem Mitbürger unterbrochen wird. Oder: Wer will das nicht gehört haben, was in der Magdeburger Börde geschah, als eine Horde Jugendlicher ein Mädchen quälte, bis sie es in den Dorfteich trieben. Spätes Entsetzen aus der Zeitung. Entsetzen auch über mich?

Zivilcourage – das ist positive Ethik. Das heißt, daß wir nicht fragen: Was sollen wir nach dem Strafgesetzbuch nicht tun, sondern positiv fragen: Was ist zu tun, nicht im Auftrag oder auf Befehl, sondern aus eigenem Entschluß und Willen hin zu handeln. Dies setzt voraus, daß wir eine Überzeugung entwickelt haben, daß wir wissen, was es heißt, ein Mensch zu sein, nämlich ein Mitmensch zu sein. Eine Überzeugung ist auch zu zeigen, nicht zu verstecken – was wir **denken** und auch **uns selbst** nicht zu verstecken! Ganz einfach, ganz alltäglich. Das ist so schwierig wie wunderbar.

Homo homini lupus? Homi homini homo! Daß der Mensch dem Menschen ein Mensch sei. Wir alle brauchen einander. Heute brauche ich Dich und morgen brauchst Du mich. Leben wir im Vertrauen, daß wir uns im Ernstfall des Lebens aufeinander verlassen können. Und dabei ist jeder wichtig, gleich welchen Alters oder welcher Stellung.

Volker Braun schrieb vor zwanzig Jahren:

> *Aber in dieser Zeit*
> *begann ein*
> *neues, härteres*
> *Training*
> *des schmerzhaften*
> *und*
> *wunderbaren*
> *aufrechten Gangs.*

Der aufrechte Gang ist so schmerzhaft wie wunderbar, in dieser Zeit, in unserer Zeit, in jeder Zeit.

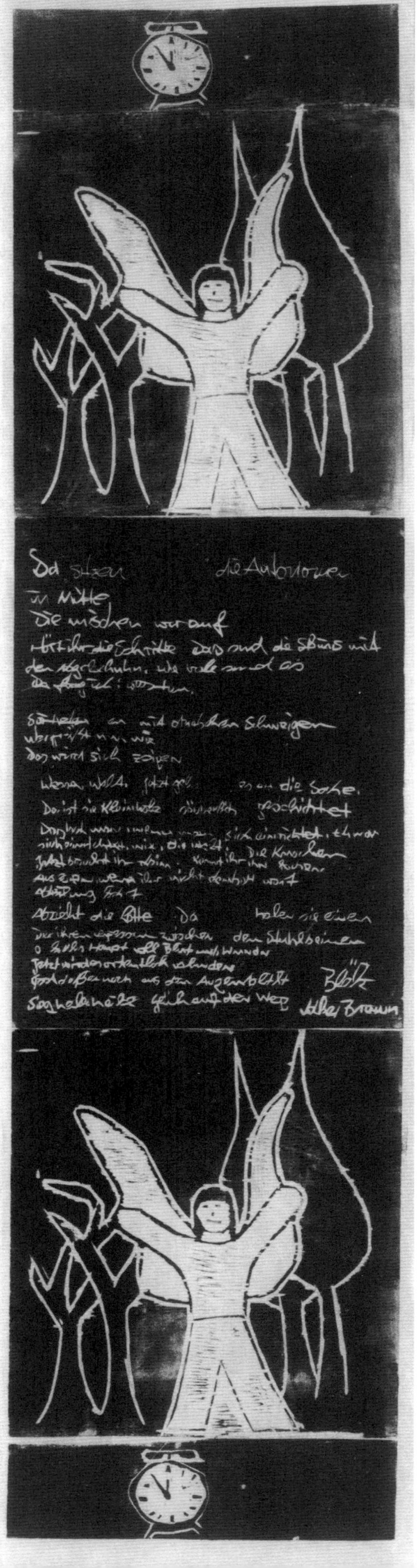

Galerie

Tobias Ziem (11 Jahre)
»Da sitzen die Autonomen
in Mitte«
Höhe: 1,80 m

Steffen Mensching
Die Flut

Die Pegelstände stiegen, Dauerregen,
Ich, fiebernd, schwamm durch Lodz, schlug
Mich, im Park, nah der Aleja Pilsudskiego
In die Büsche. Still lag im Milchgrün
Karol Scheiblers Königreich, die Schlote, kalt,
Treibriemen, schlaffe Häute, hingen
An den Wellen, vor Butzenfenstern, blind
Von Staub, rostrot gezinkten Feuerleitern.

Kein Schiffchen flog, Kreuzspinnen
Webten um Lüftungsschächte Netze, Klinker
Blüten in Schmuckpilastern, Birkenbäume
Zwischen Zinnen, Hausschwamm am Fundament.
Kein Wind, kein Hammerschlag, zwei Tauben,
Zerfleddert auf dem Kramsgesims. Europas
Kleiderkammer Nummer Eins Ruine. Die Uhr,
Am Haupttor, stehngeblieben fünf vor zwölf.

Sic transit gloria etcetera. Im Nesseldickicht
Zerfiel ein Güterwagen, Blech, bemalt
Mit Hakenkreuzen, Galgen. Davidsterne
Am Stahlbeton der Rampe, eiserne Bastion
Der Scheuermänner aus Balut, vier Mann,
Vier Ecken, schleppten sie Baumwollballen
Aus Ägypten in die Krempelei, das Stück
Fünfhundert englisch Pfund Gewicht.

Ich schoß durchs Unkraut wie der Faden
Durch die Kette, hing im Liguster, trat
Ins Leere, rief, als wüßte ich, wohin
In dieser Welt, den Stadtpan in der Faust
Geballt, ein Klump, Genosse, wo steckt
Dein Proletariat? Das Kraut sprach: hier,
Wo der Rubel rollte, ruht die Arbeit, du
Stolperst über Leichen, Industrietourist.

Hans Dampf im Labyrinth, Heizwerk
Und Feuerwehrdepot lösten sich auf
Im Nebel, wie Zuckerzeug, Sirenen pfiffen
Mich zur Stadt zurück. Ich kroch, Schweiß
Oder schweres Wasser, in den Augen,
Über die Deponie, durch Autoreifen, Schrott,
In meiner Hand der Splitter einer
Zerspellten Schelllackplatte: Wiener Blut.

Am Maschendraht verharrte die Kolonne
Der Hooligans von RTS Widzew, Sieg Heil,
Polska Polakem, noch trunken vom Gewinn
Der Meisterschaft. Mein Alter ego trat zu mir,
Zum Zaun, mein Zwilling, warf vor mich,
In den Schlamm, den Zloty, schlug
Über mir sein Wasser ab. Die Welle rollte
Brüllend weiter. Der Regen wusch mein Haar.

Daniela Dahn
Wir befinden uns so unwohl.
Wir sind wieder einmal am Anfang.
Dialog mit einem Buch

Nach dem angekündigten Ende der Geschichte ist schon das Fortschreiben der Unvollendeten Geschichte Programm. Das Drama geht weiter, der Kampf der Interessen im Kostüm der Gesinnungen und Religionen. Der angemessene künstlerische Ausdruck: der Torso, das Fragment, offene Ausgänge.

Wie sollte das künftige Deutschland heißen? fragst du im Frühjahr 1990. Den Namen Bundesrepublik zu prolongieren, ist mir ein unerträglicher Gedanke: der den Anschluß festschreibt. Wir hatten unser Duldungspotential überraschenderweise längst nicht ausgeschöpft, ich sage dir nichts Neues. Verhüte Gott, daß einem passiert, was man aushalten kann.

Beim Einmarsch des Kapitalismus in eine herrenlose Gegend bedürfte es einiger Tapferkeit vor dem Freund. Wir kannten den Opportunismus der Macht: fürchten wir jetzt den Opportunismus der Freiheit. Oder die Freiheit des Opportunismus. Freiheit ist nämlich immer auch die Freiheit der Gleichdenkenden. Die Ästhetik der Widersprüche wäre eine Lehre über die Schönheit der Dialektik – prächtig, prächtig, wir aber sehen die Ästhetik des versiegenden Widerspruchs, die Lehre über die Schönheit der Anpassung. Die Ästhetik der Kollaboration. Westwärts ist der Konsens.

Das Thema der Kunst ist, daß die Welt aus den Fugen ist. Nur noch Zustandsbeschreibung? Gehört zum Thema nicht auch die Sehnsucht, die Fugen müßten zu kitten sein – einige, eine wenigstens, für eine kleine Weile, für eine Nacht. Die utopische Kernkraft der Kunst – inzwischen ein Ärgernis wie die Castor-Transporte? Eingreifende Literatur? Siehe, Romeo und Julia sind unglücklich, wie schön wäre es, wenn die Umstände ihre Liebe ermöglichten! Wie muß die Welt für ein moralisches Wesen beschaffen sein? Ist Bobrowskis Frage obsolet?

Benjamin auf dem Kopf: Der nichtgeprügelte Denker wird kein Held. Das geprügelte Volk hat nun (Dezember 89) zu denken begonnen... aber die Heldenstädte sind müde geworden. Und schwarz, rosa, goldbraun. Die Sprüche der abgewickelten Revolution haben die Brauereien verramscht: »Wir sind das Bier!« VOLKSEIGENTUM PLUS DEMOKRATIE; das ist noch nicht probiert, noch nirgends in der Welt. Die Macht der Räte hätte heute (Dezember 89) das Gemeineigentum als gewaltige Stütze. Die Ohnmacht des Konjunktiv. Eine stützende Gewalt ist heute (Mai 99) das gemeine Eigentum. Mitbestimmung bestimmt mitnichten. Nicht nur dein Dresden, der ganze Osten ein Tal der Ahnungslosen. Kein Neues Denken, nirgends.

»Nach jeder Befreiung eine Wanderung durch die Wüste«, sagt Goldstücker in Prag. Und fügt hinzu: »Doch selbst eine mißglückte Befreiung bringt den Geschmack der Freiheit und ändert die Gesellschaft.« Es ist auch das Feld der Unzufriedenheit, wo unser Brot wächst.

Mir sehr vertraut deine Sucht herauszufordern, die härtere Formulierung zu wählen: Es nannte sich das Eine Demokratie, das Andere Diktatur: Und was an diesen ehrlichen Namen Wahres war, sehen wir an unserem Verhalten. Dem okkupanten–, dem kapitulantenhaften. Die restlose Zerschlagung der Strukturen des alten Systems war die an die Diktatur des Proletariats gestellte Aufgabe. Heraus aus euren Schlupflöchern, ihr proletischen Stümper, zum Parteilehrjahr (PR-Kurs) bei den von der parlamentarischen Demagogie beauftragten Institutionen: Treuhand, Amt zur Regelung offener Vermögensfragen, Evaluierungskommissionen. Fragt den Genossen Mühlfenzl. Den Hirten Eppelmann. Selbst die unvollendet gebliebene Mission der Diktatur des Proletariats kann die Demokratie auf rechtstaatliche Weise viel legaler, also unverblümter, also perfekter erfüllen.

Vom Polizeistandpunkt gibt es nur das archaische, das militärische Vorgehen, das die Welt ordnen will. Nicht ohne Wollust bomben die Herren der Schöpfung auf ihren eigenen Fehlschöpfungen herum, jedem Fehler seine cruise missiles. Auf daß er ausgelöscht sei. Aber siehe, sieben Drachenköpfe wachsen nach. Nun muß Siegfried den Sieg befrieden. Bombig. Der enge Blick nimmt nicht den Zusammenhang wahr, in dem allein eine Lösung denkbar wird, die solidarische Beziehung der Welten.

Was für eine Herausforderung. Aber die DDR hatte es satt, siegen zu lernen... Sie trug, mürrisch mauernd, eine Hauptschuld am Scheitern des Weltversuchs. Ist die verharmlosende Charakterisierung »Versuch« nicht eine nachholende Bescheidenheit? Wenn Ja, dann Nein? Der Realsozialismus ein Labor, und wir mal weiße Ratte, mal weißer Kittel? Die Geschichte aller bisherigen Gesellschaft ist die Geschichte von Versuchen. Als der Partei die Macht zu Füßen gelegt und zu Kopf gestiegen war, war das Ende ihrer Geschichte fast schon erreicht. Die Frage wer/wen angeblich endgültig beantwortet. Die Mühen der Ebene bereits als postexperimentelle Phase. Im sicheren Hafen – nämlich eine Epoche voraus. Die Sucht nach Lösungen für alle. Die sozialistische Vorsehung wußte, die andern würden sich eines Tages mit objektiver Notwendigkeit anschließen. Agenda 3000. Warten wir's ab.

Interessant am Realsozialismus: keine Avantgarde der Banken und Junker. Gelungen die Zähmung des Kapitalismus, seine Vorzüge allerdings gleich mit. Dumm gelaufen.

Das persönliche Erleben der konkreten Bedingtheit entkleidet, dadurch wird es unbegreiflich, rätselhaft, ungeheuerlich. Der Auftrag an die Nachfolgegesellschaft: die Privatisierung der kollektiven Erinnerung. Die Denunziation der eigenen Lebenszeit ist die plumpe Technik, sich von der Mitverantwortung zu entlasten.

Nun muß sich alles, alles wenden. Die Lust des Beginnens ist zum Problem geworden, nachdem uns die Selbstbefreiung von Bankern und Lenkern aus der Hand genommen wurde. Auf dem Theater des Wilden Ostens funktioniert wieder der Gute Mensch der Obdachlosen, die Heilige Johanna der Schlachtfelder und der Schlachthöfe, ein Indiz, daß wir in der alten Geschichte sind. Déjà vu. Das ist die neue Langeweile: Für den Rest des Lebens sich mit dem Urschleim beschäftigen. Der Reichtum der Unterschiede vermehrt sich von selbst, wie eine schlau angelegte Aktie. Wir aber sind gehalten, die Börse zu schützen.

Wenn dein Text alle Hoffnung fahren läßt, beschwichtige ich: Stopp, stopp – da war doch noch was. Wir willigten doch lediglich in die Vertagung einer großen Hoffnung ein. Wenn du dann aber einlenkst (es gibt keine anderen Horizonte als revolutionäre), versagt mein Glauben – du rettest die Freundin nicht mehr. Der Tagesordnungspunkt ward im »panel« nicht aufgerufen. Wo bleibt der Kapitalismus mit menschlichem Antlitz? Können auch heute Schritte zur Veränderung nur aus dem Zentrum der Macht kommen? »Es gibt unendlich viel Hoffnung, nur nicht für uns«, sagte Kafka, nein, es gibt wenig Hoffnung, aber für uns. Nein, es gibt keine Hoffnung, aber für alle. Im Abschwung sind wir schließlich vereint. So erfüllt sich unverhoffterweise unser Ideal der Gleichheit. Ich bin Optimist – wer ist weniger?

Hans-Eckhardt Wenzel

Gruß an Volker Braun zum sechzigsten Jahrestag seiner selbst

Die einen wußten es schon immer, andre, Asche auf dem Haupt,
plötzlich wieder mal *ganz genau*! Später Triumph einer Rasse
Hochstapler: Briefträger Postel – der intellektuelle *frontman*,
Rampensau des *life style* – ein Oberarzt der kommenden Generation
für Pfaffen mit Napleonfratzen und Advokatenheere an allen Ufern.
Die Poeten aber, welches Bild werfen die zurück? Was meinte
RIMBAUD: der Dichter müsse vor allem modern sein? – Das Handtuch,
ehe wir es werfen, das schweißnasse? oder den Kaschmirmantel?
Gnoseologische Dinosaurier! nehmt euch ein Beispiel am Papst!
Die Literatur hat sich in die Literatur gefressen, und ihr, den
Phänomenen des neunzehnten Jahrhunderts nachsinnend, werdet
zum Gespött der Erkenntnisallergiker! Ihre *bon mots*, ernsten
Gesichts in den *laptop* geklappert, überleben allemal eine Woche
länger die Bestsellerlisten. Des heiligen ZORNES Marktwert aber
schwanket. AUFTAUCHEND immer wieder aus einem Land, das
längst untergegangen, zerrt Ballast in die Tiefe. Das ist die Heimat:
IN STAUB gehüllt alle FRAGEN der nicht-LESENDEN
Arbeitslosen und VOR UNS DIE Leichen-GEBIRGE Afrikas.
Sich nicht irre machen, oder machen lassen – das ist die KUNST.

Alexander Stillmark
»Die Kipper«
Erinnerung an eine Produktion

»...ich will nach der ungeheuren Enge ungeheuren Raum.«

Volker Brauns Karl Moor alias Paul Bauch steht im Sand und Schlamm, ohne Deckung, ansichtig von allen Seiten.
»Es muß doch schön sein!«
Mit dem Mauerbau ist seine Flucht über die Großbaustellen der DDR zu Ende, ist der Fluchtpunkt auf Null gefahren, die Talsohle erreicht. Aber die Mondlandschaften von Hoywoy sind nicht die Böhmischen Wälder; die Geheimnisse des DEUTSCHEN WALDES sind nicht mit dem Schlamm und Sand der Schwarzen Pumpe zu ersetzen: abgetragen die Un-Vernunft, ausgeräumt die Mythen. Schlamm und Sand: das ist der Osten, die Aufhebung von Zeit und Raum, letztens 2. Weltkrieg.
Warum flieht Paul Bauch nicht in die Dickichte der sozialistischen Großstädte und wird Tupamaro gegen die Apparatschiks, Rächer der Abgewiesenen gegen die Willkür der Paß- und Meldestellen, Robin Hood der *underground press,* und killt die selbstherrlichen Funktionäre in ihren abgesperrten Staatsjagdforsten?
Braun läßt ihn in den Neuaufschluß eines Lausitzer Braunkohletagebaubetriebes fliehen, um den Sand, das Deckgebirge über den fossilen deutschen volkseigenen Wäldern abzuräumen, um an die Kohle zu kommen für eine unrentable Produktionsweise. »Mich ekelt vor diesem tintenklecksenden Säculum.« Und er nimmt den Tagebau in Besitz. Das Stück war kein Publikums-Renner. Eine verarmte Grafenfamilie ist nicht durch eine Parteileitung zu ersetzen.
»Das ist das langweiligste Land der Erde.«
Dieser Satz machte das Stück bekannt. Die SED-Führung verbot ihn: Der blauäugige Dichter, der die Utopie im Sand aufrichten wollte (ein wunderlich absurder Vorwurf, der die Konstruktion, die These von der Aufhebung der Entfremdung der Arbeit auf die Bühne reißen und sie der kritischen Betrachtung ausliefern könnte, wenn man wollte), wurde schwer gemaßregelt von den Landesherren.
Wenn Schiller seine Drohung der virtuellen Flucht in die Dickichte der Böhmischen Wälder vor seinen Mitzöglingen herausschreit, schreit auch der Karlsschüler, daß sich das Auge des Landesvaters nicht von ihm wende. Doch es wendet sich von ihm und »die Angst beflügelt den eilenden Fuß«, und er flieht. Nicht ins freie Amerika, wo man sich seinen Weg freischießen kann (*this is my way.* Sinatra), sondern er flieht um die Ecke ins benachbarte Thüringen. Den Neckar hat er nicht wiedergesehen. Braun/Schiller gibt sein Manuskript seinem Großherzog, und der redigiert die Fassungen. Lesehilfen für Kulturfunktionäre, Figurenbeschreibungen, Stückanalysen, Lektorate – auch wir Theaterleute, die von der Sprachgewalt des Dichters angezogen wurden und uns in seinem TROTZ dem wiederfanden, haben die krude Fabel geordnet, dem Stück die Absurdität, das einzig Reale, auszutreiben geholfen, um es (der Preis!) trotzdem aufführen zu dürfen. Ich schreibe das noch heute mit Scham.
»Der Mann hat anarchistische Veränderungsprinzipien. Wir lassen uns doch nicht von euch die Kulturlinie verbiegen!« So Roland Bauer, Chefideologe der Bezirksleitung Berlin (Der Bauer als Edelmann).

»Da werden die Standbilder unserer Besten an die Planeten genagelt!« – Paul Bauchs Vision nachts auf der Kippe.

»Das ist ein kleiner Schritt – aber ein großer für die Menschheit!« Neill Armstrong war kein Kipper.

»Ich will ganz gebraucht werden« – die Räuber in der Produktion. Das anarchisch-aufsässige Potential der Jugend will sich (absurder Vorgang) in den Produktions-prozeß integrieren, nicht um ihn zu sprengen, sondern um den staatlichen Plan überzuerfüllen. Die Aufhebung der Entfremdung durch die Selbstaufgabe in einen alles erfassenden Produktionsprozeß, ein Moloch. Die Produktion: Paradies, Verbannungsort und Strafkolonie. Empedokles springt vom 10m-Brett in den Malstrom, aber das Wasser ist abgelassen. Zwei Generationen später machen die Jugendlichen von ihren Körpern anderen Gebrauch: »... soweit die Füße tragen.« Nur weg hier. Die Sprechchöre der Montagsdemos skandieren »Stasi in die Pro-duktion«. Aus der Traum.

Nachspiel 1990, Volks-Werft Rostock, Meeting der Belegschaft mit den Spitzen von Wirtschaft und Kapital der Bundesrepublik.

Es geht um die Währungs- und Wirtschaftsunion der DDR mit der BRD. In ruhiger, sachlicher Rede erläutern die Herren Pohl, Necker, Beitz usw. – die komplette Ziel-garnitur der Rote Armee Fraktion – dem Proletariat, das in Blaumann und Helm vor ihnen auf seinen volkseigenen Maschinen sitzt, den Preis der harten D-Mark: Steigerung der Arbeitsproduktivität, Modernisierung, Automatisierung, Über-stunden, steigende Preise, steigende Mieten, für viele Arbeitslosigkeit. Klartext. Das einzige Mal in diesen Tagen. Keine Lügen. Schweigen.

Ein Kumpel steht auf: »Was Sie uns da erzählen, haben wir uns vierzig Jahre in den Schulungen der Genossen anhören müssen! Ich sage Ihnen auf den Kopf zu, Sie wollen uns bloß nicht dabei haben!« Tosender Beifall. Die Herren sehen sich etwas ratlos an »Wollen Sie noch, Herr...? Nein, ich habe schon alles ... Und Sie? Ich möchte mich nicht wiederholen ...«

DEM MANNE KANN GEHOLFEN WERDEN.

Christoph Schroth

Ich probiere den *Staub von Brandenburg* mit Wolf-Dieter Lingk, Sigrun Fischer, Oliver Bäßler.

Verzagtheit in den Gesichtern der Schauspieler. Wie ist dieser Text auf das Theater umzusetzen? Die Texte liegen vor uns wie Felsbrocken. Hingeworfen. Sie reizen. Eigentlich geht das gar nicht auf dem Theater ... so der erste Eindruck. Wir lesen und der Kopf beginnt wach zu werden. Der Text wird interessant, die Sprache trägt den Schauspieler. Der »Staub« beginnt zu leben. Aus dem Staub steigen Menschen und treten auf die Bühne. Was fesselt uns? Die Sprache und das Gespür ... Volker Brauns für Tragisches in unserer Zeit – die Tragödien der kleinen Leute: Der Mann, der wild seine Arbeit verteidigt, glaubt sich in einen Ausländer verwandelt und zerstört seine Liebe.

Die arbeitslose Frau erfindet eine Story, in der sie zum Opfer eines Skinheads-Überfalls mutiert, erhält einen Arbeitsplatz, steigt auf zum Medienstar und wird von denselben Medien fallengelassen.

»Bild«: »Sie belog ganz Deutschland!«

»BZ«: »Ganz Deutschland hat sie belogen!«

Der Mann, der ein Werk in den fünfziger Jahren aufgebaut hat, muß dieses Werk heute abbauen, er ist gezwungen, seine eigene Arbeit zu vernichten und wird wahnsinnig dabei.

Es sind Tragödien, ja. Und doch muß man lachen. Denn überall ist Freiraum zu untersuchen – wo liegt die subjektive Schuld des Einzelnen? Da entdecken wir viel Komik, viel Lachen über Absurdes, viel Heiterkeit!! Braun weiß, wovon er schreibt – er hat das Gespür für die Tragödie der kleinen Leute in den Zeiten der Umbrüche. Und das Lachen gefriert und die Tränen bleiben stecken.

Zum 7. Mai 1999

Lieber Volker,

Ich gratuliere Dir zu Deinem Geburtstag!

Ich freue mich, daß Du wieder für das Theater schreibst und ich bin ein klein wenig stolz, daß ich mit Dir zusammenarbeiten konnte:

Als Regisseur habe ich Deine Stücke *Totleben* und *Dimitri*, *Lenins Tod* und *Staub von Brandenburg* ur- bzw. erstaufgeführt und als Theaterleiter *Schmitten* und *Iphigenie in Freiheit* auf die Bühne gebracht.

Wir sind schon eine ganz schöne Strecke gemeinsam gegangen!

Ich fühle mich mit Deiner Arbeit sehr verbunden und hoffe auf weitere, neue Stücke von Dir!

Dein Christoph

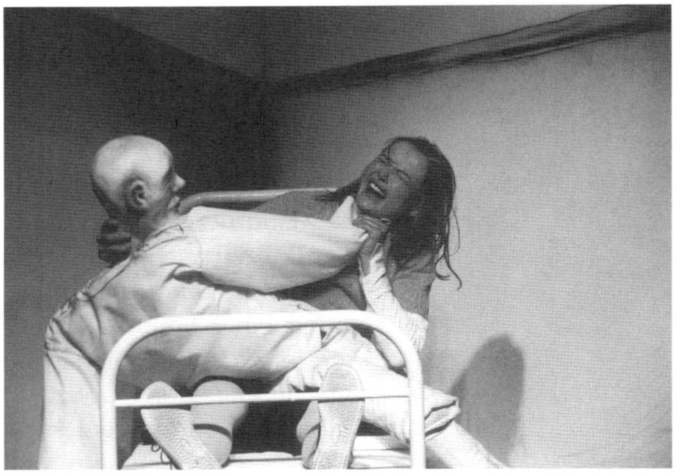

Der Staub von Brandenburg
in der Cottbusser Uraufführung
von Christoph Schroth, 1999

oben links:
Szenenfoto mit Oliver Bäßler

oben rechts:
Szenenfoto mit Sigrun Fischer

unten:
Szenenfoto mit Wolf-Dieter Lingk

Wladimir Koljazin
Vor dem Hintergrund von Atlantis

Man bedenke bloß: Ich lernte Volker Braun zur gleichen Zeit kennen wie Heiner Müller. Und das sagt vieles. Es war 1975, bei meiner ersten Reise nach Deutschland. Doch mein Institut hatte nur Kontakte zur ostdeutschen Akademie der Künste. Das andere Deutschland existierte quasi nicht. Und als erstes suchte ich nach Möglichkeiten, Müller und Braun kennenzulernen. Volker reagierte sofort und schleppte mich in seine Wohnung am Alexanderplatz. Er machte damals auf mich den Eindruck eines dichtenden ewigen Studiosus, ähnlich unserem Roschdestwenskij, der auch viele töricht-idealistische Gesten in Richtung Arbeiterklasse aussandte, das poetische Handwerk jedoch tadellos beherrschte. Sofort gewann ich in ihm einen Freund und Ratgeber.

Seit jener Zeit erschienen sie mir zuweilen wie Castor und Pollux, zuweilen wie Sancho Pansa und Don Quichotte. In den Jahren, da die DDR noch kein Land mystischer Vergangenheit war, kannte ich keinen treueren Schildknappen des »Abtrünnigen« namens Müller als den stillen und stets zurückhaltenden Volker Braun. Diese Loyalität gegenüber seinem älteren Bruder der schreibenden Zunft nötigte mir höchste Achtung ab. Wenn ich zu ihm in die Wohnung kam, um über seine Stücke zu reden und seine Ansichten kennenzulernen, berichtete er gewöhnlich ein bis anderthalb Stunden voller Begeisterung über das letzte Interview oder die letzte Demarche Müllers, so daß ihm für die eigene Person gar keine Zeit mehr blieb. Diese übertriebene Bescheidenheit und seine Ehrerbietung gegenüber dem DDR-Goethe setzten jedoch seine eigene Person nicht im mindesten herab.

Es verging einige Zeit, und ich schrieb ein Buch über das DDR-Theater, wo Müller, Braun, Alexander Lang und Benno Besson an erster Stelle rangierten. Und wegen eben dieser Zusammensetzung kam das Buch nicht heraus. In Moskau beschloß man, das Manuskript zur Begutachtung an die Akademie der Künste zu schicken. Die Reaktion fiel insgesamt positiv aus, aber die Auswahl der Namen rief Widerspruch hervor: Warum an erster Stelle ausgerechnet Müller und Braun, wo sind die anderen Autoren wie zum Beispiel Claus Hammel mit seinem Stück über Lenin usw.? Während ich mir den Kopf zerbrach, was damit anzufangen sei, ging die DDR unter, und in meinem Verlag sagte man mir: Ihr Buch wird nicht mehr gebraucht, wer wird denn jetzt ein Buch über einen nicht existenten Staat lesen? So wurden meine Lieblingsdramatiker zu Schimären. Im Verlag »Progress« konnte noch ein Band mit Stücken von Volker Braun erscheinen. Das war das letzte Buch eines Autors aus der DDR. Ein schon fertiger Heiner-Müller-Band kam nicht heraus. Er wurde von Boulevard-Literatur verdrängt. An Volker Braun interessierten und faszinierten mich sein erstaunliches Dissidententum, die neuen formalen Strukturen, die anscheinend zu ausgeklügelt waren für die russische Bühne, aber eine große Nähe zur russischen Poesie und zur russischen philologischen Tradition aufwiesen, seine seltsamen und originellen Helden wie das von Schwejk inspirierte Duett Hinze und Kunze und Tinka, die Lüge und Bürokratie auf den Tod nicht ertragen kann. Das traf sich mit den Idealen unserer Generation der sogenannten Sechziger und Siebziger. Doch seltsamerweise wurde nicht ein einziges Stück von Braun bei uns aufgeführt, nicht mal im Rahmen der regelmäßigen »Festivals der DDR-Dramatik«. Auf diesen Festivals konnte man während einer Spielzeit auf den Bühnen der ganzen Sowjetunion zwölf Mal Schiller und acht Mal Brecht sehen, doch nicht einen Gegenwartsautor mit besonders geschärftem Blick auf die moderne und derart dramatische Welt. Und so blieben sowohl Müller als auch Braun bei uns unsichtbare DDR-Wesen ohne jegliche gesellschaftliche Resonanz, Opfer der stupiden, abgestimmten Kulturpolitik von Moskauer und Berliner Parteifunktionären. Man fürchtete ihren Scharfsinn, ihre für sowjetische Maßstäbe hypertrophierte Intellektualität. Ich denke, daß die betreffenden Leute aus dem ZK genügend Informationen hatten über das Stück »Lenins Tod«, an dem Volker Braun in Moskauer Archiven zu arbeiten begann. Es ist schon paradox: Als unser Schatrow an einem weiteren Teil seines mehr oder weniger legendären Lenin-Zyklus schrieb, da war von Braun in Berlin schon die mutigste, kritischste Version der Tragödie des Leninschen Politbüros verfaßt worden. Unter anderen Bedingungen hätte das Stück, ähnlich den dokumentarischen Dramen von Kipphardt, eine Resonanz haben können. Darin, daß das Stück jedoch nirgendwo aufgeführt wurde, liegt eine besondere Ironie der Geschichte. Es ist bekannt, wer die Totengräber dieses Stückes waren, das seinerzeit die Rolle einer intellektuellen Zeitbombe hätte spielen können. Ich bin sicher, daß zumindest in einer zukünftigen Chronik des modernen europäischen Theaters für diesen Fall die treffenden Worte gefunden werden. Die einen Autoren jener Zeit waren von dem Wunsche beseelt, auf den großen Bühnen zu brillieren, die anderen nahmen die Mission intellektueller Maulwürfe auf sich und arbeiteten im Untergrund des gesellschaftlichen Bewußtseins, dort, wo man unmöglich offen agieren konnte. Der Gorbatschowsche Frühling brach an, die Festival-Politik wurde freizügiger, und es glückte mir erstmals, für das Theaterfestival der sozialistischen Länder in Moskau ganz offiziell das Tschechow-Remake »Übergangsgesellschaft« von Volker Braun vorzuschlagen. Volker Braun selbst wurde nicht eingeladen, es gab auch keinerlei Diskussion mit dem Publikum. Aber erstmals bekam das Publikum eine reale Vorstellung, was hinter dem merkwürdigen DDR-Vorhang vor sich ging, und konnte nachvollziehen, wohin sich die Ereignisse bewegten. Allein die Tschechow-Forscher waren hocherfreut, die anderen waren herzlich verstimmt. Das geschah ein halbes Jahr vor dem Fall der Berliner Mauer. Der Vorhang der DDR-Geschichte schloß sich, und Volker Braun wurde unversehens ein gesamtdeutscher Autor mit dem seltsamen Paß seiner DDR-Herkunft, der im neuen Rußland heute nicht sonderlich geschätzt wird. Und so müssen wir wohl oder übel konstatieren: Der intellektuelle Dialog, den Müller und Braun anstrebten, kam auch unter den neuen Bedingungen nicht zustande. Und Volker Braun wappnete sich wieder mal poetisch fast auf sich allein gestellt.

Die DDR mußte, mit den poetischen Existenzgrundlagen einer ganzen Generation zusammenbrechen, damit der korrekte Volker Braun aufhörte sich zu rasieren und sich den Bart eines Einsiedlers und armen Sünders stehen ließ. Freilich hat er keinerlei Reue zu üben. Denn er durchlebte die DDR-Jahre mehr als aufrichtig und ehrlich. Nur die Schnelligkeit der Veränderungen hatte er nicht vorausgesehen. Aber man sage mir, wer sah sie denn überhaupt voraus! Einige meinen, die Geschichte habe viele östliche Intellektuelle einfach überholt. Ja, manche hat sie in eine Sackgasse geraten lassen, andere sind von ihr gänzlich gestrichen worden.

Überhaupt gehen Historie und künstlerischer Geist getrennte, oft wohl auch parallele Wege. Was Müller und Braun betrifft, so ritten sie, das sei zu ihrer Ehrenrettung gesagt, auf dem Roß der Geschichte und trieben es an, verwegenen Reitern gleich. Natürlich war es ihr Los, oft von diesem Pferd zu stürzen und schwere, traumatische Verletzungen davonzutragen. Das blieb auch Volker Braun nicht erspart, aber glücklicherweise ist für ihn die Zeit olympischer Ruhe noch fern. Und ich bin verdammt froh darüber und warte mit größter Ungeduld auf ein neues Stück von ihm. Es wird ein sehr deutsches und sehr europäisches Stück sein, eine verschlüsselte Braunsche Botschaft an das 21. Jahrhundert. Ein Stück darüber, was wir in unserer Geschichte gut gemacht haben und was nicht, und darüber, wie historische Rennen oft mangels hinreichender Ausrüstung enden.

Aus dem Russischen von
Johannes Berger

Gregor Laschen

Im Fremdwort, abschließende Fassung

Im Fremdwort zuhaus, draußen an
den Rändern, Wörtlichkeit mundgroß
und mundwarm ins Fremde buchstabiert (»Uns
trägt kein Volk«, Paul Klee in Jena, die
Überschrift ins Gedicht), vom Sprechen
gewärmt, von Sprache gekühlt, aber frei
im schönen Babel schön das was uns noch
gehört: komm Freund, ins Fremde!
Babylon, kein Eigentum anders, kein Ort,
kein Land, kein Dein- und MeinLand, kein
besseres Land, kein Vater-, Mutter-, kein
Je- und NiemandsLand, das wußten wir doch,
das wußten wir schon lang! Im Fremdwort
da vorn, in den schwarzen Kammern des
nächsten Jahhunderts lesen die Wenigen
unsere Namen. Die Erde aber spricht ihre
schöne Sprache, die wir nur selten
gehört haben, weiter in eine fast aus-
buchstabierte Stille, beleckt mit
geduldiger Zunge die leichtgläubigen
Wunden, den Verrat und seine Verfeinerung
in unseren Wörtern. Ausbuchstabiertes
Theater, in dem die alten Tänzerinnen
ihre Tänzer bewegen, ein dünnes, fast
seidenes Knistern um den Hals, das
Letzte was wir von den Menschen gehört haben.
Draußen, an den Rändern, haben wir zu-
gehört, fangen nocheinmal

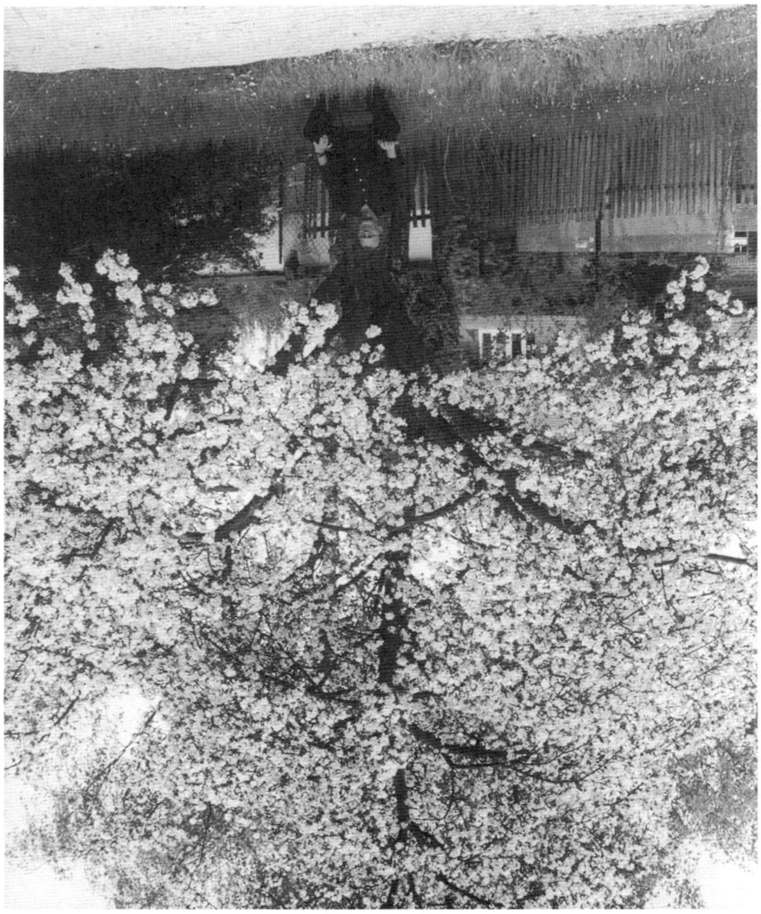

Alfred Hrdlicka

Volker Braun

Anreden IV

Rainer Ehrt

Alfred Hrdlicka

Volker Braun

Heisse Rast

In Marrakesch sah ich auf Bäumen Ziegen
Ruhig grasen. Sie stiegen
Den krummen Stamm hinauf bis in die Zweige
Mit prallem Bauch. Der Schatten ging zur Neige.
Ich saß zufrieden in der Glut mit allem.

Der Mittelpunkt

Dann wollte ich zum Mittelpunkt der Welt.
Ich nahm ein Taxi, er lag in der Nähe
Ein flacher Haufen Schutt schräg ansteigend
Von einem Fußtritt, die Geschichte
Ging da lang mit Absicht
Und wir sehn die Wüste. Der Fahrer
Gaste draufzu durch den Stau und stand
Vor einem Laden. Shopping, rief er.
Ich linste aus dem Schlag und sah nichts
Die Pracht der Gründerjahre, mein Jahrhundert
Und nicht die Weltmitte. Ich sagte:
Zum Obelisk. Er: shopping, shopping
Ich stieg nicht aus. Er kurvte in dem Kiez
Die Schaufenster der Gegenwart
Als suchte ich etwas mit der Lupe
Halsstarrig: Obelisk! – No shopping? rief er
Und schlug sich an die Stirn wie blöde.
Die wissen nicht mehr, wo der Mittelpunkt ist
Soll er fahren bis er schwarz wird
Ich habe das Ziel vor den Augen
Wo die Götter wohnten alle neune
Das Zentralkomitee Altägyptens
Wo der Menschengeist verkehrte
Mit der Macht. Die Muezzine
Mahnten zum Beten. Ich weiß auch nicht
Warum es mich an diesen Punkt zerrte
DAS NICHTS, DAS ETWAS WAR DAS ZU NICHTS WIRD
Den ich erblicke ohne aufzuschaun
Unter dem Sand, der durch mich flog.
Shopping, sagte ich ruhig
Er hielt am Rand und ging an sein Gebet
Mitten in der Wüste von Neukairo
Ich an das meine.

Die Stute

Von einem Hügelrücken, wo ich wie
Gewohnt alleine lag, sah ich die Stute.
Sie trat rückwärts in einen Ginsterbusch
In dem sie halb verschwand. Du dummes Tier!
Dachte ich, nun komm schon wieder raus
Aber sie drückte sich nur fester
In das Gesträuch und wiegte sich darin
Breitbeinig, daß die Zweige knackten.
Fünf Schritte seitlich stand ein Hengst
Unbeteiligt, ich sah zu. Der harte
Stamm des wahrscheinlich sehr alten
Strauchs lag in der schwarzen Mitte
Des Hinterteils, welches sich heftig und
Andauernd! stieß an der Gegebenheit.
Sie läßt sich von dem Ginsterbusch beschlafen
So viel verstand ich. Bis sie ganz
Zerschunden aus der Deckung trat, der Hengst
Hatte derweil die Böschung abgegrast
Und zu dem kam ohne weiteres
Vor seinen Nüstern äsend. Aber schon
Das nächste Büschlein, das die Nille streifte
Nahm sie, einknickend in den Läufen, wahr
Es unter sich zerdrückend wie wild. Ich
Weidete mich, weiß ich warum
An dem Anblick, unfroh und wie
Auf mich zurückgeworfen auf dem Hügel
Vielmehr auf seinem Rücken auf dem Bauch.

Rainer Ehrt

Anreden V

Schichtwechsel oder
Die Verlagerung des geheimen Punkts
Volker Braun im Gespräch mit Silvia und Dieter Schlenstedt, März 1999

S. Sch.: Auffallend in deinen Texten sind Bewegungsbilder zur Kennzeichnung der Lage des Ich in der Welt, in der Zeit. Im Rimbaud-Essay hieß es: »Geschichte auf dem Abstellgleis. Status quo. Was uns ersticken machen kann: aus der bewegten Zeit in eine stehende zu fallen.« Mit diesem Empfinden der stehenden Zeit korrespondierte »Das gebremste Leben«: »Ein Fremdkörper, ichförmig/ Im Verkehrsstau«, wo der Impuls entsteht, die Bremsen zu lösen, »rasender Gedanke«. In Texten der jüngsten Zeit fiel uns das Bild des Staus auf, etwa in »Abschied von Kochberg«: »Ein Fuß auf der Bremse ein Fuß auf dem Gas.« Das ist offenbar ein anderer Stillstand als ein Dutzend Jahre zuvor.

V. B.: Vorgestern las ich in der FAZ »Ein Fuß auf der Bremse, ein Fuß auf dem Gas« als Überschrift – auf der Wirtschaftsseite. Ertappt! Aber damals in Kochberg, 1990, war es eine körperliche Reaktion. Ich wußte nicht: fahr ich nach Norden, oder nach Süden, bleibe ich? und stemmte beide Beine auf die Pedale. Ich bin dann im Sturm, während die Äste herunterkrachten, nach Leipzig zu Teller gefahren.

S. Sch.: Auf der Fahrt zum »Weststrand«, durch das »breitliegende Frankreich«, gibt es wieder die Stauerfahrung –

Die großen Streiks der Lastwagenfahrer. Übrigens: schon das »Schiff im Land« bewegte sich auf dem falschen Untergrund, im versandeten Flußlauf.

S. Sch.: Also ganz früh, 1963... und deine Phantasie arbeitet offenbar so, daß das Erleben verallgemeinert wird. Körpererfahrung ist Zeiterfahrung.

Das Vehikel, das Geschichte darstellt – auch der »Eisenwagen«, der sich panzern muß und unbeweglich wird, so daß man nur durch Sehschlitze rausschauen kann und die Insassen Fremdkörper werden, aus Befreiern Unterdrücker, und daran verrecken.

D. Sch.: Aber dein Bedürfnis ist, daß eine Bewegung stattfindet, daß man sich selber darin findet, der eigene Körper leben kann...

S. Sch.: Die Bewegung wird zu einem sozialen Bild.

Die Geschichte mag im Stau stehn, aber sie hält nicht an; vieles fließt weg, und beginnt ungeheuer, nach kaum noch zu bemessenden Interessen. Aufbau und Verschrottung von Industrie, von Kultur, weshalb man meint, die eigene Schwerkraft dem entgegenzuempfinden.

D. Sch.: Die Schwerkraft, nach der Leichtigkeit von einst –

Es ging einmal darum, Ziele einzuholen, und man wußte von vornherein: das ist es nicht. Paul Bauch, der Kipper, der sich qualifizieren soll, und er weiß schon: das

174

wird dasselbe auf höherer Stufe, dieselbe Eintönigkeit. Er verweigert sich dem. Nun hatte die Gesellschaft nicht allzuviel Phantasie, den Leuten was vorzumalen. Das ist ihr vielleicht nicht vorzuwerfen. Jetzt wollen die Vorgemälde kaum noch als Verführung funktionieren. Terminatortechnik. China, mit 1,2 Milliarden, will beginnen zu klonen, Reservemenschen, so daß man rücksichtsloser gegen sich leben kann. Hawking sagt für das nächste Jahrtausend einen neuen genmanipulierten Menschen voraus. Man kann ihm nicht brüderlich entgegensehn.

D. Sch.: Die Weltraumstation, die jetzt montiert wird, wäre vor 20 Jahren ein Ereignis gewesen. Heute wird sie nur am Rande wahrgenommen, und niemand verbindet damit irgendeine Erfüllung.

Man verspricht sich kein Humanum davon.

S. Sch.: Was wir mit unseren Fragen wollen – wir sind ja Literaturhistoriker: dich einladen, dich in dem, was du machst, historisch zu sehen, auch in deiner Produktion. Wir kennen dich als geschichtlich denkenden Menschen, nun beobachten wir eine Neigung des Verwerfens, was ja ein geschichtsloses Vorgehen wäre?

Des Verwerfens wovon?

S. Sch.: Von frühen Sachen, die, als künstlerisch, gedanklich unzulänglich gesehen, nicht mehr so recht gelten gelassen werden.

Ja, natürlich. Man hat sich selber wegbewegt.

D. Sch.: Aber es gibt doch bestimmte Konstanten, die durch die Arbeit hindurchgehen. Und da fällt auf, daß in der Auswahl *Lustgarten, Preußen* von 1996 kein Gedicht aus den beiden ersten Bänden steht. Ist das eine Konsequenz der Bewertung, die du gleich nach dem Entstehen von *Provokation für mich* notiert hast: »Offensichtlich: eine niedere Art von Naivität (Borniertheit). Ignoranz. Mangel an Dialektik. Ein erledigtes Kapitel.«

S. Sch.: Das war 1965.

Ja, selber darf man das sagen.

D. Sch.: Ja.

Nein, das war ja kein Vorsatz. Ich las die Dinge und fand nichts mehr.

D. Sch.: Ich frage, weil es in der Naivität ja doch Symptomatisches gibt.

Um so schlimmer für sie. – In den »Texten in zeitlicher Folge« ist das alles enthalten, ich mußte das dort ungesiebt stehen lassen.

S. Sch.: Aber da sind Haltungen – eine Unbedenklichkeit, ein Versuch des ungehemmten Sprechens, etwas aufzumachen, ins Offene zu gehen –, die uns ganz wichtig wären, um den Bogen deutlich zu machen, der dann durchmessen worden ist. Ummodeln der Gesellschaft, Ummodeln der Natur ohne Bedenken wird später korrigiert, als fragwürdig immer mitdebattiert.

Es ist ja jedem unbenommen, hemmungslos zu sprechen, aber ich werde ihm nicht die Sätze liefern. Ich weise auf einen strengeren Umgang mit Text.

D. Sch.: In dem ersten Gespräch, das wir miteinander hatten, 1963, hast du von dem Gefühl der Gemeinschaft mit jüngeren Dichtern gesprochen, von einem neuartigen lyrischen Engagement, in verschiedenen Weltgegenden etwa bei Mickel, Enzensberger oder Jewtuschenko. Diesen Ton des Aufbruchs der Jungen, kann man ihn nicht als ein Zeugnis, wenn man so will, einer kindlichen Phase aufbewahren?

Ja, wenn der einzelne Text überzeugt. Viel wichtiger aber war dann alsbald, 1968, ein Erleben, das nicht im Einbildungsraum blieb. Ein tatsächlicher Aufbruch, eine wirkliche, sehr scharfe Erwartung.

D. Sch.: Aber könnte es sein, daß das, was 1968 zum Vorschein kam, Anfang der sechziger Jahre begann? In Lesungen, in gedruckten Texten? Eine neue Art von Kultur, die Bereitschaft zu einem anderen Leben – die sich dann gefüllt hat mit unterschiedlichen politischen Ansichten und geformt war von den Bedingungen der verschiedenen Systeme.

Die Atmosphäre der Hermlinschen Lesung 1962 und ihre Folgen – ich hab das im Nachhinein einmal beschrieben -, das war ein Moment der Öffnung, wie wir sie dann 1989 erlebten. Merkwürdig: Bahro war damals noch ein Kritiker der jungen Dichter, aber bei seiner Affinität zum Ästhetischen war das auch ein Impuls für seine radikale Analyse.

S. Sch.: Du hast 1968 *T.* geschrieben und 1970 *Lenins Tod.* Das wird ja kaum reflektiert, weil diese Stücke sehr viel später erst erschienen, aufgeführt worden sind, 1988, 1990. In der Gegenwart von 1968 spielten sich dramatische Dinge ab; inwiefern war das ein Anstoß, in die Historie zu gehen, und wie wirkte sich aus – das wäre schon eine weitere Frage –, daß diese wichtigen Arbeiten nicht öffentlich wurden?

Als ich *T.* machte, war gerade die mögliche Öffnung der Geschichte, die Bewegung massiv gestoppt. Wenn es um das Bedürfnis nach Bewegung geht, da hat man im historischen Stoff ja den rascheren Ablauf. Man hängt nicht am elenden Moment, man kann umgehen mit Prozessen. Der Genuß liegt nicht im stofflichen Interesse, sondern daß man da Abläufe hat, Aufbrüche, Zusammenbrüche, biographische und gesellschaftliche Niederlagen sozusagen am laufenden Band. Man hat Raum.

S. Sch.: Auch Distanz? Verschafft man sich Distanz?

Man hat die Intentionen und wie sie sich erledigen. Und man hat zu tun mit einem ungeheuren Personal von Toten, die aus dem Untergrund, aus einem anderen

Reich reden. Das heißt, man schafft sich einen anderen Gesprächskreis, von Leuten, die ihre Erfahrungen gemacht haben. Ich erlebte es wie einen Schock: ich las diese klaren Texte, glänzende Reden – das waren ja alles große Redner, Belletristen, diese russischen Revolutionäre. Ich las Radek, Sinowjev, Trotzki und wußte: das sind Erschossene, Liquidierte. Die Texte luden sich mit entsetzlicher Spannung auf, weil Tote sie reden. Leute, die für das, was da als groß Gedachtes steht, zahlten. Das war eine elementare Erfahrung, als ich in den Archiven saß und verbotene Schriften las. Damit sind die Leute ja nicht aus der Welt, sondern sie beginnen zu operieren. Aber in einem Totenreich. Das ist das Personal des Theaters.

D. Sch.: Dein neuester Band heißt *Tumulus*, ein lateinisches Wort für Grabhügel, und im Gedicht »Der Totenhügel« steht Cäsar auf einem Fürstengrab und schaut dem Entstehen eines Weltreichs zu, und du stehst auf der Ruine der Reichskanzlei und siehst den Fall eines Weltreichs, indem die Mauer fällt.

Cäsar wußte vielleicht nicht die Bewandtnis des Erdbuckels, er suchte nur den besten Punkt in der Landschaft. Daß der beste Punkt ein Grab ist... Eine Schädelstätte. Nebenbei, *Tumulus* ist auch der vierte Teil von *Stoff zum Leben*. Der Stoff wird aus den Gräbern geholt.

D. Sch.: Aber es geht nicht um die Besichtigung der Toten, denke ich mir, in *Tumulus*, sondern um den Standort, den Überblick. Sieht man auf Totenhügeln besser?

Damit etwas kommt, muß etwas gehn, aber damit etwas kommt, muß etwas dagewesen sein. Wir gehen drüber weg. »Ein Lidschlag der Geschichte gegen die Verblendung.« Das ist nun ein harter Satz. Aber was da mit Notwendigkeit zugrunde ging, das waren zweifelhafte Unternehmungen. Das ist vielleicht der Ertrag dieses Jahrhunderts, daß wir mit zweifelhaften Verwirklichungen leben.

S. Sch.: Offenbar warst du schon 1968 der Ansicht, darum bist du an den Anfang des sozialen Versuchs zurückgegangen, wo die Verhängnisse greifbar waren und die verlorenen Chancen. Also eine Besichtigung des Unverwirklichten – kann man das so sehen?

Es war ja üblich, die Toten als die zu behandeln, die Unrecht hatten. Sie wurden erschossen, weil sie Verräter waren. Die »drei großen Fehler Trotzkis« etc. Aber vielleicht hatten die Toten recht mit vielem und wurden dann schäbig plagiiert von den Mördern. Obwohl die Frage bleibt, was hätten die Toten gemacht im Leben? Sie wären vielleicht nur auf vornehmere Weise gescheitert oder hätten in andere Abgründe geführt.

S. Sch.: Aber, um noch einmal darauf zurückzukommen: die Stücke lagen in der Lade, kaum einer wußte davon. Das war bei Deiner Arbeit immer das Problem, daß zwischen Entstehung und Publikation ein großer Zwischenraum entstand. Bei diesen Stücken war es extrem.

Ich lebte mit diesen Toten, die waren nicht zu leugnen. Guevara. Allende war nicht wegzudenken. Eine Autorität unter den Toten.

D. Sch.: Du hast, im April 1968, ein Gedicht geschrieben, das das Problem der Tabus umspielt. »Gedankenkinder-Mord«, das war deine Sache nicht, aber zu einer Art Sicherheitsverwahrung ist es gekommen, in einem Tresor für die Zukunft. Daß ein Tresor für *T.* tatsächlich existierte, im Suhrkamp Verlag, haben wir jetzt mit Erstaunen gelesen.

Verwahrung ist ein schönes Wort. Im Westen wären die Stücke verheizt worden. Auf andere Weise entschärft.

S. Sch.: Du sprachst von dem kurzen Moment, der Seltenzeit, wenn die Völker »ausgehn aus ihrem Schlummer ins Freie«. Ist es für dich eine wichtige Erkenntnis gewesen, daß es in der Geschichte immer nur Augenblicke sind, in denen grundsätzliche Entscheidungen fallen? Wenn sie vorbei sind, läuft alles lange in den Bahnen des eingeübten Verhaltens. Hattest du 1968 dieses Gefühl?

Ich war im Sommer in Prag, im Mai in Paris... Der Vers ist merkwürdigerweise von 1981, vorangestellt dem *Eisenwagen*. 1968 war es das Gefühl danach, und 1989 das Gefühl davor – ihr erinnert euch der Versammlungen: wenn wir jetzt nicht handeln, wenn wir uns nicht entschließen, dann ist der Moment vertan. Er wird nicht oft serviert, und man kann ihn nicht herbeizerren.

D. Sch.: An dem Band *Lustgarten, Preußen* bemerkten wir etwas, was uns vorher nicht so klar war – vielleicht hängt das mit der immer schwierigen Druckgeschichte deiner Bücher zusammen: die Mitte der siebziger Jahre war eine wesentliche Zäsur in deinem Schreiben. Es gibt eine Konzentration von Neuansätzen: Der *Stoff zum Leben 1*, die Flugschrift *Was bleibt zu tun*, dann die *Unvollendete Geschichte*, *Die Tribüne*, *Großer Frieden*.

S. Sch.: Zäsur, weil es Veränderungen auf allen Ebenen gab, also einen Durchbruch oder ein Aufbrechen im Gedanklichen und im Formalen, die »Material«-Gedichte mit ihren freigesetzten Assoziationen, die rückläufige Fabel bei »Guevara« und der Einschub clownesker Szenen, der *Große Frieden* ein philosophisches Volkstheater. Was lag all dem zugrunde?

Ich weiß nicht; eine Lust, eine Arbeit aus der eignen Mitte.

D. Sch.: Die neueren Soziologen sind sich einig, daß in den siebziger Jahren in der DDR die Stagnation begann. Ich glaube, das äußert sich vielleicht in dem Produktivitätsschub bei dir, nach der bereits geleisteten geschichtlichen Analyse. Der Versuch wird spürbar, in die Tiefe zu gehen, deutlich zu werden, durchaus trotzig, und schon das Formale zeigt darauf, daß alle rasche Erwartung gewichen war.

All das kam nach dem ideologischen Fenstersturz in Prag. Nicht nur im Osten, auch im Westen hatte sich Bevölkerung bemerkbar gemacht und nach einem anderen Modus von Geschichte gefragt. Das Abschmettern dieser Regung führte zur Rücksichtslosigkeit oder Rückhaltlosigkeit, mit Büchner zu fragen: »was ist denn nun das für ein gewaltiges Ding: der Staat?« Es war auch der Auslöser für Bahros biographische Biegung zum Kritiker der ganzen Bewegung. Nun haben wir alles gemeinsam gedacht.

S. Sch.: Was gedacht?

Die Alternative... Es war der Reflex der Erfahrung, daß nur eben erst Taumel-schritte getan sind. Unser Lieblingswort war Jahrtausendprozeß; man mußte Erdalter einrechnen. Das Herausarbeiten aus den alten Strukturen der Unter-drückung.

D. Sch.: Was hat dich bei Bahro interessiert, seine Analyse oder seine Vision?

Wo ich ihm folgte, das war sein Blick auf die rostigen Verhältnisse. Auf die rus-sische Revolution als Ausfluß halbasiatischer Produktion. Auf die ägyptischen Pyramiden der Macht. »Protosozialismus« – er fand den Namen für das System. Wo ich nicht folgte, das war der Vorschlag der Assoziation, eines Bundes der Kommunisten. Ich sagte: da sind die Panzer. Übrigens hatte ich Unrecht: ein Bund von Reformern in den siebziger Jahren, und die PDS hätte sich nicht erfinden müssen. Sie hätte eine ehrbare Herkunft. Bei dem nächsten Buch, *Logik der Rettung*, ist es wieder der Vorschlag, der fragwürdig ist, die Idee eines »Fürsten der Wende«, die messianische Vernunft, die die rohe Geschichte überlistet.

D. Sch.: Die sich schnell widerlegte, weil Bahro Gorbatschow als Fürsten erkor...

Die sich blamierte im Hofbräuhaus, der Fürst der Wende mit Gamsbart am Hut.

S. Sch.: Ich komme zurück auf die Zäsur um 1974/75. Die gedankliche Arbeit erklärt mir noch nicht den Vorgang beim Schreiben. Es muß etwas anderes dazu-kommen, daß Gedichte so ungeheurer Art entstehen, wo Fetzen einander wider-sprechender Realitäten, Materialien, Zitate auftauchen oder die Struktur bestim-men, etwas, das eine Blockierung löst.

Das ist das Naturell... die Freiheit, der eigenen Neigung zu folgen. Sich zu bela-den mit allem. Das ist das Geheimnis der Kunst, bei der Sache zu bleiben und der eigenen Neigung nicht im Wege zu sein.

D. Sch.: Das Ansprechen, das ein Zug deines Anfangs war, das Appellieren wird also ins Ich zurückgenommen, und es entstehen dialogische Strukturen, eine Viel-dimensionalität. Es werden andere Texte in den Text gezogen, es wird an diesen Texten gearbeitet. Es wird alles geschichtet. Das hat mit der Krise des Sozialismus aber unmittelbar nichts zu tun?

Ein Gefühl vielleicht, daß sich der Stoff dieser Tage klärt... Das lyrische Ich ist natür-lich ein Euphemismus. Es nimmt andere in sich auf, die Toten, von denen wir spra-chen. Das heißt, ich muß, wenn ich rede, auch Trotzki etwas in die Zähne geben. Eine intime Versammlung, die man in sich zu beruhigen und zu bedienen hat. Natürlich sind auch Lebende dabei, die sind aber vielleicht nicht die dringlichsten.

D. Sch.: Du forcierst das in den 70er Jahren. Ich kann mich erinnern, daß wir sehr irritiert waren von *Stoff zum Leben 1*. Das hat uns sehr beunruhigt. Wir dachten: was ist jetzt los, da bricht bei Braun etwas zusammen.

Ich weiß noch, wie ich in Großjena saß – im Sommer 1976, als ich den *Großen Frie-den* schrieb –, und Hartingers kamen angereist, um einem Freund beizustehen oder ihn vor dem Selbstmord zu retten. Sie waren dann verblüfft, mich heiter auf Klingers Weinberg zu sehen.

D. Sch.: Also war das weniger das Resultat einer Qual als einer Befreiung. Eines Zulassens dieser widerstreitenden Stimmen und Sinne, der Versuch, dem durch eine Struktur freien Raum zu geben. Aber du siehst an unserer und Hartingers Reaktion, was das für eine Revolution war.

S. Sch.: Was uns bei den Veränderungen besonders interessiert: die Kritik an der Geschlossenheit, das Ausbilden destruierender Verfahren. 1978 gibt es eine Arbeitsnotiz, in der du vom Aufsprengen der Fabel sprichst, bei der Arbeit an *Simplex Deutsch*. Es geht um Segmentierung, um Montage, auch einer nicht homogenen Zentralfigur.

Simplex ist eine synthetische Gestalt, mit vielen Leben, aber es ist ja kein Stück. Das ist doch ein ungeheurer Verlust.

S. Sch.: Nach dem Motto: da sind die Szenen, aber wo ist das Stück?

Ja. Das Unvertrauen, sich einem einzelnen Verlauf zu überlassen, und daß man zu jeder Geschichte sogleich eine Gegengeschichte weiß, das bringt das Schreiben, das konventionelle Schreiben in die Krise. Oder daß die Figuren sie nicht artikulieren können, weil sie nicht das Recht haben oder nicht autorisiert sind. Man braucht dialogferne Formen. Das sind alles Mittel Brechts oder Müllers.

D. Sch.: Du siehst offensichtlich Bestätigung auch in anderen Künsten. Es gibt eine Beschreibung von Bildern von Peter Sylvester, die vom Aufsprengen des Kontinuums redet, oder du reflektierst über eine Großplastik von Hrdlicka, die kein geschlossenes Bild gibt, eine zersprengte Landschaft gegensätzlicher Segmente, die selber Fragmente sind, und es heißt dann: »Mir wird die Ähnlichkeit seines Verfahrens mit dem Verfahren des Stückeschreibers bewußt, dem auch die geschlossene Fabel nicht taugt, das aus Blöcken baut, die sich kontern und weiterführen, für einen Moment womöglich Klartext spricht und mit den wüsten Teilen einen Kern umschließt, der in äußerster Gespanntheit das Rätsel, das Verhängnis, die Lösung enthält, das Medusenhaupt im Schmerz der Helle der zerreißenden Erkenntnis.«

Und in der Musik, ich denke an die Analysen von Frank Schneider zu den Symphonien Goldmanns oder Katzers. Da sind ähnliche Zersprengungen, disparate Bauformen, die unserem umgreifenden und nicht eben harmoniegewissen Bewußtsein geschuldet sind. Interessant wird das erst, wenn diese Experimente in einem größeren Stück ihre Spuren zeigen – bei *Dmitri* vielleicht.

D. Sch.: *Dmitri* ist ja noch eine überschaubare Angelegenheit, da wird noch ein Vorgang erzählt. Richtig problematisch scheint mir das dann bei *Iphigenie* zu werden, einem Text, der erst zu einer dramatischen Struktur auf der Bühne gemacht werden müßte.

Wo keiner weiß, was eigentlich nur Regieanweisung ist, der »Antikensaal« etwa.

S. Sch.: Der ganz woanders herkommt, aus dem *Stoff zum Leben 3*. Man kann sich natürlich fragen, was macht jetzt dieser »Antikensaal« als Teil 4 von *Iphigenie*? Ist so ein Text jetzt beliebig einbaubar oder, um es ironisch zu formulieren, wohnen wir dem Entstehen eines Gesamtkunstwerks Braun bei?

D. Sch.: Zumal es die erste Passage mit Elektra auch schon als Gedicht gab, 1987, aber vielleicht Keim der gesamten Anlage war.

Interessant daran ist, daß das nicht eine Reaktion auf die neuen Verhältnisse ist, sondern daß das als Denken immer vorhanden war...

S. Sch.: Als was für ein Denken?

Das die Geschichte als einen tektonischen Vorgang, als einen Vorgang in der Tiefe nahm. In dem Gedicht war die Frage, wie kann ich, Elektra, das Blatt wenden und der blutigen Geschichte entgehen.

S. Sch.: Kann man sagen, daß das der Ursprung des Stücks war?

Am Anfang werden alte Texte abgegrast nach einer glimpflichen Lösung, sie wird nicht gefunden; das ist der Eingang in die Handlung, die eine alte ist, sich aber neu erzählt wie von selbst. Worum es geht ist: wie gelangt man aus einer verhängnisvollen Konstellation zu einem anderen Ablauf. Der Supermarkt steht in Ravensbrück. Der Rückgriff auf die antikische Landschaft zeigt nur, daß es eine gleichsam naturgeschichtliche Bewandtnis hat, daß es um tieferliegende Vorgänge geht von Produktion und Vernutzung ungeheurer problematischer Arbeit.

D. Sch.: Aber wenn du, aus Gründen, ein Szenenbündel machst, das zudem – zum Beispiel für den Regisseur – interpretierbar ist: gibst du da auch einer Mode nach, ist es Resignation gegenüber der augenblicklichen Bühne, wo die Regisseure sowieso mit den Texten machen, was sie wollen?

Das sind ja Texte, mit denen man nicht umgehen kann. Sie wenden sich nicht an das Theater, es ist eher ein Herausgraben...

S. Sch.: Eines alten Modells?

Eines, in Goethes Sinn, erdgeschichtlichen Zustands, wie wenn man einen Stein aus dem Abraum zieht, und nun liegt er da, und man weiß: das hat eine Eiszeit transportiert. Das Theater – aber es geht nicht darum, eine Bühne zu füllen, sondern darum, in eine Landschaft zu schauen oder einen Berg zu durchsteigen, um eine Formation zu erkennen. Da gehen womöglich die Gelüste des Stückeschreibens und des Stückespielens nicht überein. Auf der Bühne jetzt wird zerlegt und zerfetzt und drapiert und illuminiert. Ich mag sehr den Satz – vielleicht hat ihn Mickel gesagt –, daß große Kunstwerke Leitfossilien sind.

S. Sch.: Jetzt erscheint es so, als ob kein Interesse am Theater gewesen wäre. Aber Cottbus hat *Iphigenie* gemacht, und du hast dazu einen kurzen Text geschrieben, von der aktuellen Situation her, durchaus auf Zeitgeschichte bezogen.

Die Uraufführung in Frankfurt am Main hat die Szenen verwurstet. In Cottbus wurde gewußt, was man macht.

D. Sch.: Eine Frage der Geographie.

Iphigenie weiß nichts mehr. Eine Statue, mit stummem Text. Das ist der Punkt, der mich wirklich interessierte: »Ich weiß nichts mehr, und weiß wer ich bin«. D.h., was sie getan, was sie gewollt hat, wozu sie auch verführt hat – die feinen Worte, die jetzt gesprochen werden, die sind nun einmal von ihr. Aber man bedient sich ihrer, als sie keinen Sinn mehr machen. Was interessiert, ist nicht Geographie, sondern Geologie. Die Erfahrung wird uns zuteil im Moment, wo ihr Grund versinkt. In der Niederlage, wo die Einbildungen versickern. Eine Verwerfung der Geschichte von Grund aus mit Grund, die die Figuren verwandelt.

S. Sch.: Das sagst du lachend...

Wie sonst? Es ist erarbeitet, was uns geschieht, es ist hergestellt. »Diese Erfahrung müssen sie machen.« Das zerschmettert und qualifiziert sie.

D. Sch.: Eine Frage zu einem Text aus den achtziger Jahren, »21., 22. August 1984«, der biographisch aufschlußreich ist. Es wird da von der Zerreißprobe gesprochen, von dem Empfinden, es stünde etwas bevor, was das Leben ändert, ein Bruch. Und es heißt dann: »Es ist alles gesagt, in der Übergangsgesellschaft bin ich in den ANDEREN übergegangen.« Was bedeutete damals der Andere?

Wahrscheinlich der, der weiß, daß in dieser Gesellschaft, in diesem Mann nichts zu hoffen ist. »Aber wie vollstreckt man die Exekution seiner selbst?« fragte Fühmann in den *Zweiundzwanzig Tagen*; er war der Eine, Unbedingte, der zweimal ein Anderer wurde. Der Andere, der nicht mehr zurück kann, nur weiter.

S. Sch.: Bedeutete das, die Radikalisierung zu suchen, eben weil die Hoffnung verbraucht war?

Weil genug Zweifelskraft gesammelt war. Fühmann begann mit den *Drei nackten Männern* die Entkleidung der Verhältnisse. Sein stämmiger behaarter Funktionär ging in den *Hinze-Kunze-Roman* ein. Ein Buch, vielleicht nur für Franz geschrieben; sein Kassiber: »Da ist Dir etwas gelungen. Das druckt keiner.« (Mit Schmerz denke ich daran, daß er den Satz »Nach dem Schema F, wenn schon, arbeite ich nicht« ängstlich anstrich: »Mit F – meinst Du mich?«) Er war dann auch *Im Berg* – er hätte, um das Manuskript zu vollenden, den Einbruch 1989 gebraucht, das hätte die Schlacken gesprengt.

D. Sch.: Wandlung war Fühmanns Wort, Übergang meinte dasselbe: der individuelle Prozeß, der historisch für die Gesellschaft notwendig geworden war?

In der *Übergangsgesellschaft* wird durchexerziert, wie die einzelnen in die Gegenwelt treten. Sie gehen, so weit sie denken können – der Betriebsleiter macht einen Schritt vor die Tür und ist Chef im Westen, wo das Material rollt. Der Übergang, wo sie im Kopf das Land verlassen.

S. Sch.: In ein wärmeres Land!

Es gab den anderen Vorgang, daß sie gegangen sind, und sie kamen nicht los davon.

D. Sch.: Nun sind wir wirklich gegangen.

Wie gesagt. Ein Schichtwechsel. Die ganze Belegschaft kehrt ab.

D. Sch.: Die Masse, der *Staub von Brandenburg*. Das sind nun wieder heitere, harte, hoffnungslose Szenen.

Der Staub – nach dem *Bodenlosen Satz*... Es sind Vorgänge an der Oberfläche, unter den Leuten, die von den Veränderungen aufgewirbelt werden und wieder in den Alltag sinken. Sie sind die Monturen los und tragen Masken. Der Titel zitiert Kleist – »in Staub mit allen Feinden...«, unsere Feinde sind wir, wenn schon, selber.

D. Sch.: Der *Bodenlose Satz* schrieb, 1988, schon die Quittung aus, für die früheren Vorstellungen illusionärer oder nicht konsequenter Art.

S. Sch.: Es ist verblüffend, wie rigoros du mit deiner Vergangenheit umgehst, indem sie zitiert, indem dagegen polemisiert wird.

D. Sch.: Bleiben wir bei der Gegenwart. Eine Bestimmung, die sicher Widerspruch erregte: Anfang der neunziger Jahre sagst du, daß Stücke wie Brechts *Heilige Johanna der Schlachthöfe* wieder funktionieren, sei ein Indiz, daß wir in alter Geschichte sind. Und ähnlich heißt es: »Wir, die wir das Vergangene so entschlossen hinter uns ließen, sehen nun die entschlossene Vergangenheit vor uns und dürfen uns der Erwartungen erinnern.« Bleibst du dabei, daß wir zurück in das Alte geraten sind?

Es wäre zu fragen, wie weit wir herausgetreten waren aus dem Alten, ob das ein Schritt aus der Formation hinaus war. Es war die gleiche Art des Produzierens. Insofern ist Rückkehr, Restauration nur bedingt richtig. Auch das Alte ist sich nicht gleich geblieben, und wir bewegten uns im Großen in demselben Gemenge. Es ist dasselbe Sediment, in dem wir wühlen. Man muß das ohne Aufregung sehn. Diese Sonden, Gänge, die da geschaufelt werden, die nicht bloß brachiale, die auch feine und noble Episoden waren – dies alles bleibt merkwürdig und wird für alle Zeiten ein Gegenstand des Betrachtens sein. Diese Versuche, sich herauszuschlagen, die in tiefere Löcher führten oder schmerzlich versackten. Es war, es ist das bürgerlich-proletarische Zeitalter mit seinen utopischen Querschlägen im tauben Gestein.

D. Sch.: So war es nicht richtig beschrieben, daß wir wieder am Anfang sind, am Anfang des Jahrhunderts?

Das war polemisch gesagt gegen den geschichtsvergessenen Geist. Es war ja schicksalhaft für diesen ersten, rohen Sozialismus, daß genau zu seiner Zeit, seit den zwanziger Jahren, die größte Bewegung innerhalb dieses kapitalistischen Hügels passierte, nicht nur technologisch, auch sozial, und er enormen Wohlstand auftürmte. So daß die Flöze, die der Sozialismus in einer bestimmten Schachthöhe schlug, plötzlich ganz unten lagen. Dort wurde immer noch um die Kopeke gekämpft, hier ging es längst um High-tech. Natürlich wurde diese Entwicklung durch jene Alternative befördert. Jetzt fehlt der Antrieb, der aus dieser zeitversetzten und aufs Soziale gerichteten Sohle kam, von den Antipoden, und man sieht die Folgen.

D. Sch.: So daß sich die Frage nach einer anderen Alternative stellt.

Well, ...

S. Sch.: Hat das zu tun mit dem, was du in der Rede über Peter Weiss diskutierst, was bei den Indianern von Chiapas der Fall ist, die eben nicht nach den Regeln handeln und leben wollen und sagen: Wir spielen dieses Muster von Gewinn und Profit und Steigerung nicht mit. Wir wollen auf unsere Weise leben.

Marcos, der »Subcommandante«, ist ein Intellektueller, aber er hat das Ohr dieser Leute. Sie wissen, es ist sinnlos, den bewaffneten Kampf zu führen. Der ist nicht zu gewinnen. Sie sprechen von einem »Krieg niederer Intensität«, einem Kampf nicht um Macht, der lediglich nach einem Pfad sucht, der nicht zu den konventionellen Lösungen führt.

S. Sch.: ...einen dritten Weg, im ärmeren Gebiet.

Einen fünften Weg. Weil innerhalb des Gewohnten kein Überleben ist. Das geht erst, wenn man sagt, wir sind eigentlich verloren. Die Alternative kann nicht der Widerstand sein, der bloße Widerspruch zur Macht, sondern daß man sich ihr entzieht.

D. Sch.: Wir, sagst du, haben uns integrieren lassen. »Wir stehen bei den Reichen, den Satten.« Darum erscheint unser Tun als Schuld.

Na ja, wir haben das Begreifliche gewählt, das, was wir verstehen. Es war ja das Andere, das wir immer wollten. Es zeigte sich, daß es nichts anderes ist. Es ist viel schwerer, etwas zu wählen, was man nicht kennt.

S. Sch.: Worin läge dann Schuld?

Es war die Wahl des ergiebigen Orts. Also, wenn man hier abbaut, das weiß man, bricht dort was zusammen. Wir wollten dort sein, wo Kohle gemacht wird. Das »leuchtet« natürlich, mit Klopstocks Wort, den Völkern ein Beispiel, sich in diese gefährlichen Gänge zu zwängen.

D. Sch.: Du hast jetzt Wir gesagt. Hättest du Anfang der neunziger Jahre nicht Ich gesagt? Und jetzt sagst du Wir, das heißt: du beziehst dich ein, so wie du »die Leute von Hoywoy« deine Leute nennst.

Es gibt diese kleinen Texte von Kafka, die heißen ER. Natürlich ist Kafka ER, bedroht, gesättigt von diesen Gesten, den anverwandelten Regungen.

S. Sch.: Von Mitempfinden.

Mitempfinden, das heißt die äußerste Kritik am Verhalten. Das Anverwandeln ist es, was den Humor oder Hohn produziert. Bei Kafka – das kommt nicht aus Abgesondertheit, sondern aus der Intensität des Erlebens. Der jeden Tag, als Unfallversicherungsjurist, aus den Akten sah, wie Arbeit Menschen beschädigt. Noch der scheinbar abgehobenste Text zeigt die gesellschaftliche Kreatur.

D. Sch.: Die Kreatur oder die Gesellschaft?

Bei Kafka sind es im Grunde Kollektive, die dargestellt werden, in den singulären Geschichten. Und solche Verwerfungen, Umsetzungen, wie er sie spürte, lassen sich nur als Handlung von Kollektiven begreifen.

S. Sch.: Und wo bleibt der einzelne ab?

Der Text birgt ihn. – Auch wenn sich der einzelne in eine andere Richtung bewegt, es ist eine Rutschung. Diese Gesten der Anpassung und Unterwerfung... es ist ein Sich-Anschmiegen an die Bewegung, die in dem Massiv ist. Da sind Schrunden, durch die die Leute mit aufgerissenem Kopf gehn. Stollen, in die sich etwas hineinbewegt. Und dort, wo sie komfortabel sind, bewegt sich die Menge hin. Dort ist der Ort, wo sie verbraucht wird.

S. Sch.: Das bedeutet doch, daß du es nicht lassen kannst, dich mit dem Ganzen in Beziehung zu setzen und verantwortlich zu fühlen. Hartmut Lange würde sagen: wieso bist du denn dafür verantwortlich, du bist nur für dich verantwortlich.

Verantwortlich ist wahrscheinlich viel zu hoch gegriffen.

D. Sch.: Aber zuständig oder betroffen.

Ja, man nimmt das wahr.

S. Sch.: Es ist mehr. Wenn du Wir sagst, ist es mehr als Wahrnehmen.

Der Text ist der Ort der Befreiung des einzelnen von den Kollektiven.

D. Sch.: Themenwechsel –

»Der Kannibalismus unter Galaxien.«

D. Sch.: Die Komödie, unter unserm Wissen zu leben – der Gedanke ist bei dir zu lesen. Mir ist durch den Kopf gegangen: vielleicht leben wir gar nicht in den Zeiten der Komödie, und du selber fragst, von Schiller redend, ob wir uns nicht in einer Zeit des Erhabenen befinden – »des gemischten Gefühls von Wehsein und Frohsein«, in dem der physische Mensch seine Schranken empfindet und der moralische seine Kraft.

... dieses Gefühl in der offnen Natur und der offenen Geschichte. Das Erhabene ist ja keine beruhigende Kategorie. Die Erfahrung von Freiheit, die wir machten – wie Schiller es sagt: mit ihren moralischen Widersprüchen und physischen Übeln, ein interesanteres Schauspiel als Wohlstand und Ordnung! Das gemischte Gefühl, das wir schon damals, 89, auf den Straßen hatten.

D. Sch.: Und trotzdem scheint mir die Formel, wie du sie jetzt aufnimmst, zu harmonisch zu sein. Wenn die Lawinen abgehen, kann ich immer noch sagen: Warum fahren wir hin? Das ist sozusagen ein gemütliches Verhältnis zur Katastrophe. Doch wenn die erhabene Natur zurückschlägt, nach unsern Versuchen, sie zu beeinflussen und zu beherrschen, da reagiert sie in ihrer chaotischen, zügellosesten Form. Dann ist das Gefühl der Freiheit dahin. Deshalb, meine ich, ist der Ausgleich zwischen dem Wehsein und Frohsein eine fast schon Weimarische Idee.

Es geht nicht um Ausgleich. Es geht um diese zerreißende Spannung. Das Unaushaltbare, daß wir in Ereignissen stehen, die uns raten, die Sache zu lassen, und fordern, sie fortzubetreiben. Wehsein, das ist ja ein glimpfliches Wort, für das Bewußtsein, was der Fortgang kostet. Und das Frohsein ist ähnlich beladen, mit dem, was er bringt. Diese ungeheure Spannung, unendlich erhoben zu sein und zu Boden gedrückt, in der es Versöhnung nicht gibt. Wir sind schon erhabene Wesen, im schrecklichen und phantastischen Sinn.

D. Sch.: Ich hatte diesen Aufgriff als Verharmlosung empfunden, vielleicht weil ich eine ähnliche Tendenz sehe bei einer anderen Replik: »Der ›geheime Punkt‹, um den sich alles drehte, (sagst du) hat sich verlagert, in dem das Eigentümliche unseres Wir die ungewisse Solidarität unseres Wollens, den nicht notwendigen Gang des Ganzen ändert.« Das ist die Umkehrung des tragischen Prinzips bei Goethe, wo die »prätendierte Freiheit unseres Ichs mit dem notwendigen Gang des Ganzen zusammenstößt«.

Was steht bei Goethe? Das Eigentümliche meines Ichs.

D. Sch.: »Das Eigentümliche unsres Ichs, die prätendierte Freiheit unsres Willens mit dem notwendigen Gang des Ganzen zusammenstößt.«

S. Sch.: Wobei tragisch die Sache erst wird, wenn der Wille etwas Substantielles enthält.

Ich glaube nicht, daß das eine Umkehrung ist.

D. Sch.: Der geheime Punkt, um den sich alles dreht, soll nun darin bestehn, daß wir das nicht Notwendige ändern – das scheint mir eine harmonisierende Vorstellung, als ob es möglich wäre, dieses andere Prinzip außer Kraft zu setzen, daß wir nämlich zermalmt werden von dem notwendigen Gang, den wir nicht beherrschen.

Die Verlagerung des geheimen Punkts – eine Umformulierung, um ihn praktikabel zu machen.

S. Sch.: Wie das?

Die prätendierte Freiheit – was soll das sein? Die ungewisse Solidarität. Und der notwendige Gang des Ganzen – er ist die gemachte Geschichte. Das ist die Differenz zur Natur, daß der Mensch sich ein wenig abhebt. Und die Eigentümlichkeit der Gesellschaft, daß sie ihre Bedingungen mit bildet. Daß ich dennoch Naturgeschichte sage: nicht nur, weil vieles im Ganzen unbewußt läuft oder eben elementaren Bedingungen verhaftet, sondern weil sich die Menschheit nicht so weit herausheben darf, daß sie aus der Natur tritt. Wir sind in dem krisenhaften Moment, wo die Unbefangenheit endet und die Anmaßung sichtbar wird, die Natur zu vernutzen. Nicht die Revolutionen, die Evolutionsphasen fressen an der Substanz. Was für ein Vorsatz, die Natur mit sich zu versöhnen. Wir müssen ihr helfen, daß sie uns leben läßt.

D. Sch.: Der Antrieb des Handelns auf diesen Punkt hin, das ist Solidarität, wie unbestimmt auch immer.

Man kann sich dessen nicht sicher sein.

S. Sch.: Sie ist ungewiß.

»Und nicht verspricht die Erde noch zu dauern«.

D. Sch.: Ich möchte jetzt unsere Befunde noch einmal befragen.

Unbedingt!

D. Sch.: Destruktion – das ist ein allzu selbstloses Wort, gerichtet gegen die rasche Vermittlung, gegen Vertröstung. Du sprichst vom »Realismus der unheilen Welt«, der wilderen, zerklüfteten Realität, in der man das Ausgegrenzte mitdenken muß. Aber ist da nicht noch eine Gegenstrategie, die, wenn sie nicht Strenge und Geschlossenheit sucht, doch aus einem Kern heraus, aus einer Substanz kommt, die Form und Sinn bestimmt?

Ohne Frage.

S. Sch.: Und eben auch beharrt auf der künstlerischen – und der sozialen Lösung?

Ohne Anwort.

S. Sch.: Und erklären sich nicht gerade daraus die Angriffe deiner Kritiker: daß du den Widerruf in diesem Punkt nicht leistest?

»Vom wahren Gegner fährt grenzenloser Mut in dich.« Kafka. Es sind aber die angepaßten Idioten der Presse.

D. Sch.: Goethe und Kafka – zwei gegensätzliche Gewährsleute. Wie gehen sie zusammen?

Was beider Werke welthaltig macht, ist: sie fußen beide im Elementaren, im Gebundensein an die natürlichen oder bürokratischen Gefüge. Sie halten sich nicht in der temporären, politischen Sphäre fest.

D. Sch.: Der eine, der Vollendung suchte, der auf dem gegründeten Werk bestand, und der andere, der Zerreißende, der Fragmente hinterließ?

Das sind ganz äußerliche Unterschiede. Goethe mag Steine betrachten im Bergwerk, und Kafka versteinerte Verhältnisse, da ist die Entfernung unendlich. Aber es gibt die geheime Berührung, im sinnlichen, ursächlichen Dasein, im Existentiellen, wo es ernst wird.

S. Sch.: In einem Gespräch mit Rolf Jucker, 1994 in Swansea, sagtest du: »Wir befinden uns soweit wohl. Wir sind erst einmal am Ende.« Und wo sind wir jetzt?

Ich sagte: die Krise hat uns noch nicht ganz erreicht. Wir waren beschäftigt, die Ausbeute zu bestimmen. Ich schrieb *Böhmen am Meer*, »Limes. Marc Aurel«. Jetzt muß ich der Krise nicht mehr entgegensehn, sie ist da.

S. Sch.: Und was heißt das?

Bisher konnte der Text hoffen, daß er den Wahnwitz des Weltzustands faßt: und die neue Chance zugleich. Nicht, daß sie zu greifen war, aber zu denken. Jetzt ist der Wahnwitz nicht nur Staatsdoktrin, »Krieg und Unzucht, Krieg und Unzucht«, er wird das willfährige Spiel der Eliten.

D. Sch.: Und was heißt das?

Es heißt nichts.

S. Sch.: 1988, in »London/Berlin«, gibt es einen Satz, der uns bewegt: »Die Poesie des Aufstands und die Poesie der Niederlage – beides konstituiert den heutigen Realismus. Das Aufgerufene, aber Verlorene, Verdrängte, das Uneingelöste wird zum Treibsatz der konkreten Utopie.« Wir haben das Empfinden, daß dieser Gedanke sich auch durch die letzten zehn Jahre zieht, und zwar gegen den Mainstream der planierenden Weltsicht, die den Herausblick verbietet.

In dem Schotter von Äußerungen sind vielleicht Einschlüsse, wie Feuersteine, die man irgend auffinden kann. Wenn ich so etwas gesagt habe, liegt das bloß wie ein Stein unterm Grieß. Ich werde nicht damit hantieren und ihn auf einen Ladentisch legen.

D. Sch.: Ist das wieder »konspirativer Realismus«?

Realistischer Gleichmut. Die Wahrnehmung unserer Lage im Geschichtlichen, nicht vorgesehen zu sein von der »Schöpfung«, sagt Theweleit, löscht den Lärm der Ideologien. Es steht uns zu, mit Härte und Heiterkeit, mitleidlos auf das Eigne zu schauen. Die Wahrnehmung, daß wir nichts im Ganzen, doch etwas über uns selbst vermögen, ist der utopische Fund, der zu machen ist.

Volker Braun

Anreden VI

Volker Braun

Der Staub von Brandenburg

PROLOG: DER FORTSCHROTT

Da stand das Werk, Lauchhammer EINE WIEGE
DER INDUSTRIE, ein Grab jetzt, abgebaggert
Wand für Wand SAUBER NACH DER ZEICHNUNG
In meinem Schädel nachgebaut beim Abriß
Der Westen murmelt: Schutt, der Osten schippt
Sich die Erinnerung, da steht der So
Zialismus siegreich errichtet
Die BESSRE WELT, wenn sie verschwunden ist
Da am Boden das, der Fortschritt, Vorsicht

WANDERUNGEN DURCH DIE MARK

Oderbruch

1

Ich ging so für mich hin: was sah mein Blick
Da steht ein Liebespaar im Schlick.
Ich frag: Wie heißt der Strich, auf dem wir stehn.
Die Grenze, Schütze Arsch, soll ich rübergehn.
Ich schoß das Magazin leer, breit daneben.
Ich war befördert in ein andres Leben.

2

Was schwimmt dort unterm Schlick. Ein Toter. Zwei.
Zwei Wasserleichen. Gelandet ohne Laut.
Zwei Asylanten auf dem Wasserweg.
Jetzt kommt das Ausland angeschwommen.
Wohin mit ihnen. In die warme Erde.
Da ist kein Platz: auf unserm deutschen Friedhof.
Ein warmes Plätzchen, wer bezahlt die Miete.
Da liegen schon sechs Tote nach dem Brand
Im Asylantenheim, die wir begruben.
Aus der Gemeindekasse. Warum, frag ich
Landen die hier alle auf meinem Schreibtisch.
Geht das mit rechten Dingen zu, ich glaubs nicht.
Die machen keinen Finger krumm und kosten
In alle Ewigkeit. Die teuren Toten.
Halt fest, er glitscht mir weg. Umarmst du ihn.
Du machst ihn nicht lebendig, Völkerfreund
Mit deiner Umarmung. Ich laß ihn los, wie
Dann hat der Fluß ihn wieder. Alles fließt.
Das wär ein Fehler, und der Tote rächt sich
Wenn er nicht Ruhe findet. Er kommt wieder
Mit seiner Verwandtschaft. Wasserpolacken.
Oder im Frühjahr nach der Überschwemmung
Düngt das unsre Äcker mit dem Aas.
Die Brache, meinst du, düngt das. Unsre Äcker
Sind wir los, die Knechte kommen. Zwei.
Ich zähle vier. Der Türke in Berlin
Als sich der Ossi aufregt, keine Arbeit
Erwidert: Wir euch nicht gerufen. Richtig.
Ich weiß nicht was ich machte, wenn die leben.
Mit nacktem Nischel auf mein Ödland starrend
Ich glaub, ich schlüg sie tot. Die leben ewig.
Sicher ist sicher. So, der frißt kein Brot mehr.
Die kennen uns nicht mehr, und wir nicht sie.
Der Stille Don zahlt ihre Kahnpartie.

Wie weit der Weg ist in das Dorf zurück.
Das Land ein Dreck die Toten im Genick.

Der Staub von Brandenburg

1

ARBEITER
> Das Tor macht auf. Die Freiheit zieht herein.

UNTERNEHMER
> Ihr bleibt draußen. Die Freiheit sagt MEIN.

2

> Ich hab noch Arbeit. Das ist wie ein Traum:
> Wenn ich erwache, Bruder, darf ich aufstehn
> Die Zähne putzen, Frühstück fassen, gehn
> Durch eine Tür auf eine Straße und
> Die Straße lang. Wohin. Auf Arbeit, Bruder.
> Die Gegend menschenleer, ganz Brandenburg
> Liegt in den Betten arbeitslos
> Im Morgengrauen auf dem großen Bauplatz
> Wildfremde Leute, stumm und gelbgesichtig
> Die Arbeit haben noch und noch
> Früh Aufgestandene und Hergelaufne
> Und durch den Bauzaun, wozu dient ein Bauzaun
> Daß man uns nicht die Arbeit wegnimmt, wie
> Blickt der Neid auf unsre gelben Hände.
> Warum, fragt er, die und nicht ich. Darum
> Weil du viel fragst und ich mach was gesagt wird
> Nämlich mehr. Ich laß mich lumpen, Bruder
> Wie ein Asylant, und für den Lohn
> Wenn ich etwas riskiere, nicht die Lippe.
> Da mach etwas. Die Arbeit macht sich rar
> Die halte fest mit deinen beiden Händen
> Das Vaterland das teure schließt dich aus
> Mein Arbeitsplatz ist mein Asyl, und du
> Der draußen zusieht, du bist in der Fremde.
> Was siehst du mich so an. Sag ich was Falsches.
> Oder die falschen Worte. Red ich Türkisch.
> Die einen s i n d drin und die andern draußen
> Mitten in Deutschland. Deutschland schönes Land.
> Der hält mich, glaub ich, jetzt für einen Türken
> Und Schwarzarbeiter, wie will ich beweisen
> Daß ich ein Deutscher bin als mit der Arbeit
> Die mich zum Fidschi macht in seinen Augen
> Den man aufklatscht. Wär der Bau ein Bunker.
> Wer wartet dort auf mich vom Staub verschleiert.
> Die Blonde, die mich abholt von der Arbeit
> Weil in den Uhren Sand ist hier in Syrien.
> Mein blondes Brandenburg. Das man mir neidet

Und hundert Blicke lösen ihren Schleier.
Kind, überleg dir was du tust, der Türke
Der Arbeit hat, die er den Deutschen wegnimmt
Darf er den Deutschen noch das Weib wegnehmen.
Ich hör sie zischen: Pfoten weg, Kanake
Wir treten unsre deutschen Hühner selber.
Such deinen Harem, Hucker: sagen sie
Sonst haun wir dir die Hucke voll! auf Deutsch.
Und Deutsch versteh ich, das ist meine Sprache
In der ich hauch: Ich liebe dich, verpiß dich
Und laß dich hier mit mir nicht blicken, Blonde
Wo mich die Arbeit zum Bengalen biegt
Der Feuer schluckt wenn die Baracke brennt.
Ich habe nur ein Leben, das mir lieb ist
Wie meine Arbeit oder fast so lieb
Was soll ich machen. In Tokio, hör ich
Gibts einen Moderator auf dem Bildschirm
Kein wirkliches, ein virtuelles Wesen
Weiblich, es altert nicht, rund um die Uhr
Ein Traum für jeden Chef: und für den Kunden
Der mit der Fremden ohne Furcht sein Date hat
Mit der könnt ich verkehren ohne Horror
Wär das nicht wirklich, man müßt es erfinden.
Denn überall sind Fremde, die wir fürchten
Im eignen Land, die Deutschen hier in Deutschland
Deutsch sind sie, weil sie draußen sind, und drin
Sind die Ausländer, Feinde in der Firma
Und selber ich arbeitend bin ein Feind
Für alle Deutschen draußen ohne Arbeit
Besser du kennst mich nicht, denn ich bin drin
Und du hast ihn auch lieber drin als draußen.
Das sage ich am Bauzaun draußen zu ihr
Und sie versteht kein Wort, denn es ist Türkisch
Und jetzt passiert es. Alles was ich sagte.
Ich hör es zischen PFOTEN WEG KANAKE.
WIR TRETEN UNSRE HÜHNER SELBER.
WIR HAUEN DIR DIE HUCKE VOLL. Auf Deutsch
Und Deutsch verstehe ich. VERPISS DICH BLONDE
UND LASS DICH HIER NICHT WIEDER BLICKEN
WO MICH DIE ARBEIT ZUM BENGALEN MACHT
Denn überall sind Fremde, die sich fürchten
Im eignen Land, die Deutschen hier in Deutschland
Wärn sie nicht wirklich, würden sich erfinden
BESSER DU KENNST MICH NICHT. Bis ich erwache
Zum zweitenmale heute, weil ich brenne
In meinem Traum. BENGALISCHES FEUER.
Was habe ich gesagt. Das meine Worte.
Was ich soll machen, Bruder. Sie versteht sie
Und lacht und lacht, und macht sich aus dem Staub.
Die bin ich los. Die Arbeit hab ich noch
Im Staub mit allen Feinden Brandenburgs.

Indianerspiel. Berlin

Da sitzen die Autonomen in Mitte
Die mischen wir auf.
                              Hört ihr die Schritte
Das sind die Skins mit den Nagelschuhn.
Wie viele sind es. Da frag ich: was tun.

Sie treten ein mit deutschem Schweigen.
Wer grüßt nun wie.
                              Das wird sich zeigen.
Laßt euch nicht provozieren.
                                        Welt erwache!
Wessen Welt.
                    Jetzt geht es an die Sache

Da ist sie Kleinholz, säuberlich geschlichtet.
Das hat man, wenn man sich einrichtet.
Eh man sie einrenkt, wie, die Welt.
                                        Die Knochen.
Jetzt braucht ihr Leim.
                              Könnt ihr ihn kochen.
Aus euren, wenn ihr nicht Deutsche wärt.
Abteilung kehrt.

Abzieht die Rotte.
                        Da haben sie einen
Der ihren vergessen zwischen den Stuhlbeinen.
O kahles Haupt voll Blut und Wunden.
Jetzt wird es ordentlich verbunden
Grad daß er noch aus den Augen blickt.
                                                Bläk
Sieg heile heile. Glück auf dem Weg.

In Hellersdorf in der Dunkelheit
Ist ers, den eine Glatze anschreit:
Ein Inder.
                  Nein!
                        Da kennt man sich gleich aus
An seinem Turban. Ausländer raus.
Das ich nicht bin ich Deutscher,
                                        will er sagen
Stolz aber stotternd, da wird zugeschlagen
Immer aufs Schlimme. Er ist fast hin.
Nach Hinterindien steht sein Sinn.

KOHLHASENBRÜCK

AN DEN UFERN DER HAVEL LEBTE, AM ENDE DES 20. JAHRHUNDERTS, EIN LANDSCHLOSSER, NAMENS KLAUS WILDFÜHR, UMSIEDLERKIND, EINER DER SELBSTGERECHTESTEN ZUGLEICH UND HARMLOSESTEN MENSCHEN SEINER ZEIT. DIESER DUTZENDMANN KONNTE BIS IN SEIN FÜNFZIGSTES JAHR FÜR DEN TYP DES UNZUFRIEDENEN STAATSBÜRGERS GELTEN, DER ZU NÖRGELN UND NÖTEN HATTE UND SEINEN VORTEIL WAHRNAHM. ER WAR IN DIE INDUSTRIE GEGANGEN, UM ABZUSAHNEN, SEIN WEIB HIELT HOF IN EINEM BÜRO, DIE KIN-DER ACKERTEN IN DER WISSENSCHAFT, DIE EINHEIT VON WIRTSCHAFTS- UND SOZIALPOLITIK KAM IHM ZUPASSE; KURZ, DIE NACHWELT MÜSSTE SEINER MIT GRINSEN GEDENKEN, WÄRE IHM SEIN WOHLVERSTAND NICHT, NACH DEM UMBRUCH, ÜBEL AUSGESCHLAGEN. SEINE HARMLOSIGKEIT NÄMLICH MACHTE IHN ZUM DULDER UND HOBEDUDDEL.

Als Wildführ mit seinem Landrover, der sein erstes hartes Geld verschlungen hat, in Richtung Grenze fährt, um billig zu tanken und einzukaufen, wird er, vor der Brücke in Frankfurt an der Oder, nachdem er im Stau gestanden und verärgert an Umkehr gedacht hat, einfach durchgewunken. Er tritt, während eben die Sonne durch die Wolken bricht, aufs Gas und ruft, da die Grenzer unsichtbar in ihrem Häuschen bleiben: Na nun wirds Tag! und: Wenn nicht, denn nicht! und kachelt ungehalten nach Slubice hinüber. Er hält am Polen-markt und macht, mißtrauisch handelnd, seine Besorgungen, immer den Land-rover im Auge haltend, rollt über die Brücke zurück und parkt die Kalesche auf-atmend auf deutschem Boden. Wo er sie, nach Minuten, in denen er eine Zigarette probiert, nicht mehr auffindet. Wildführ, nach kurzer Suche verzwei-felnd, fragt sich zur Polizei durch, um Anzeige zu erstatten, die ohne Interesse und, als er nachdrücklich wird, ironisch entgegengenommen wird. Ob es ein Landrover sein müsse, der ihm hier, an der Grenze, abhanden komme. – Wieso nicht? – Ob er, mit dem Landrover, nach Polen hinüber – Und zurück, nach einer halben Stunde zurück, erwidert der Schlosser mit zitternder Stimme. Ob er Zeugen habe, daß er, nach einer halben Stunde, wieder eingereist sei, mit dem Landrover. – Nein, sagt er und erblaßt, man habe versäumt, ihn zu kontrollie-ren, rauswärts und reinwärts. – Dann ist in keiner Richtung etwas zu machen, sagt der Diensthabende, und Wildführ verläßt, keiner Entgegnung fähig, die Wache. Nachhause gelangt, in Teltow, erklärt er den Seinen das Unglück, das ihn betroffen hat. Aber Lisbeth, seine Frau, die gegen den Kauf des teuren Schlittens war, sieht ihn mitleidig an, das schöne Geld bedauernd. Zumal eben gerüchtweise bekannt werde, daß das Geräte- und Reglerwerk von der Treu-hand verscherbelt und die Belegschaft abgebaut wird. – Was denn, abgebaut? – Auf die Straße gesetzt, flunkert die Frau, sich selber nicht glaubend, worauf Wildführ: Da mach was. So weit sind wir! sagt und nur immer mit dem Landro-ver fortfährt. Er begibt sich am nächsten Tag nach der Schicht zur Versicherung und sieht sich, der Geschädigte, ins Verhör genommen. Wie er beweisen wolle wird ihm ins Gesicht gefragt –, daß er das Fahrzeug nicht entäußert habe? Und sein Kontostand sich nicht auffällig erhöhe, man werde es zu überprüfen wis-sen. Wie überhaupt nicht sicher sei, daß er das fragliche Fahrzeug nicht zu Schrott Das fragliche Fahrzeug, schreit Wildführ, mein Landrover. Da tu mir einen Gefallen! Aber er hat nun sozusagen Gänge einzulegen, zufuß, weil der offenkundige Schaden nicht aktenkundig ist. Insonders wird ein Aktenzeichen benötigt, von der Staatsanwaltschaft, die darum anzugehen Sache der Kripo

195

ist, womit schon ein Plan von Umwegen, Umleitungen gelegt ist, die einen Kunden beschäftigen.In diesen Wochen wird das GRW bestreikt, der Betriebsrat zieht gegen die ungewisse Zukunft vor den Kadi und ruft zu Kundgebungen auf, doch Wildführ verfügt, den Vorhaltungen Lisbeths zum Trotz, nicht über die Zeit für so allgemeine Entschlüsse. Ohne Auto, schimpft er, geht er nicht auf die Straße. – Willst du alles schlucken und hinnehmen, Mann, verlangt die Frau zu wissen; eine Frage, die an ihm vorbei geht. Denn er erhält die Nachricht, daß bei Gusow im Oderbruch ein Wagen mit seinem Nummernschild steht. Er fährt, ohne Mühen zu scheuen, in die abgelegene Gegend und findet richtig, in einer schlammigen Senke abgestellt, seine dreckbesattelte Karre. Die Windschutzscheibe geborsten, der Kühler zerbeult, die Reifen zerschnitten: ein Jammer faßt den Schlosser bei dem entsetzlichen Anblick. Das ist nicht mein Wagen, sagt er zu sich und faßt in den Lehm, den die warme Sonne auf dem Autodach bäckt. Da ists Ende von weg! Den nehm ich nicht an! mit den Tränen kämpfend. So stehen die Sachen in Gusow, als sich über Wildführ der übrige Himmel klärt. Der Konzern, der Teltow zerniert, hat Recht bekommen auf den Gerichten. Die Gewerkschaft wird hingehalten oder ausgehalten, die Entlassung wirksam. Der Betriebsrat gibt klein bei. Klaus Wildführ, empfängt ihn Lisbeth mit kalten Augen: du bist arbeitslos. Diese Eröffnung trifft den Vielbeschäftigten unvorbereitet, der also: Da mach was! sagt, Nichts zu wollen. Weshalb Lisbeth ihn ängstlich anblickt, ob ihm nicht schlecht ist, aber er lächelt tapfer und beginnt erregt von seinem Fund zu erzählen, dem Landrover in seinem menschenunwürdigen Zustand. – Als wenn es nichts, ruft Lisbeth da, jetzt nichts Wichtigeres gäbe. Der Hausbesitzer habe sich gestern gemeldet, Schulz oder Schulze, zurückgemeldet, aus Dahlem, und fordre die Mieter auf, das verwohnte Gebäude zu räumen. – Ein Hausbesitzer? sagt Wildführ höhnisch. – Und zwar in der Frist von – Aber er fischt auf dem Tisch abwesend nach zwei Schreiben. – Sonst werde er sich sein Recht verschaffen. – Da mach was! Da wird nun nichts! murmelt Wildführ und liest, mit fliegenden Händen, die Briefe. Ein Strafbescheid wegen überhöhter Geschwindigkeit und ein Bußgeld wegen unvorschriftsmäßigen Parkens: in Gusow. Diese letztere Rohheit, oder Gedankenlosigkeit der Behörde bringt den Schlosser nun auf, und er entschließt sich, der Willkür Widerstand zu leisten. Er werde nicht zahlen, nicht für die Geschwindigkeit, wo man in seiner Sache so langsam verfahre. – In deiner Sache? in deiner Sache? sagt Lisbeth mit herzlichem Lachen. – Hab ich den Wagen in Gusow geparkt? der gestohlen ist, und ich werde zur Kasse gebeten! referiert der Gepeinigte das ungeheure Unrecht. Wie lange braucht er, um durchzudringen und seinen kleinen Fall zu regeln. Die großen Inbesitznahmen gehen offenbar schneller vonstatten, die Übernahmen, wie Überfälle. Da ist ihm etwas über, das Recht bekommt, das stärker ist. Er bekommt sein Recht in Gramm, das nimmt es sich in Pfunden. Ein Gegenüber, unsichtbar, eine Macht; das ihn matt macht. Wie, denkt Wildführ, ich laß es ins Land, denn ich fürchte mich nicht, aber das geht mit Riesenschritten, ohne uns anzusehn. Man sage nicht, daß eine Stimme im Innern uns heimlich und deutlich anvertraue, was recht sei; aber das nimmt es sich. Da mach was. Die Zeit scheint eine neue Ordnung der Dinge herbeizuführen, und wir erleben davon nichts als bloß den Umsturz der alten. So daß ALLE: DA MACH WAS! ALLE: NICHTS ZU MACHEN! sagen. Und erhebt sich, unter dem Gebrüll, vom Stuhl und geht, während Lisbeth ihm fassungslos nachschaut und er: Der Wagen steht falsch! zur Auskunft gibt, hinaus und reist noch einmal, der Ordnung halber, nach Gusow. In sein Abteil, das er in Lichtenberg belegt, drängt vor der Abfahrt ein

zweiter Fahrgast, der alsbald unter Schriften und Büchern sitzt. Dieser sonderbare Mann, dem er sonst keinen Anlaß gibt, als daß er, bei einem Halt auf der Strecke, seiner Ungeduld ein wenig Lauf läßt, obwohl es ihm nicht eile, weil die Arbeitslosigkeit über ihn verhängt sei, weiß der Himmel!, stellt sich ihm daraufhin als Pfarrer in Wittenberg vor, der eben seine, Wildführs, irdische Sache betreibe. – Wie das? fragt Wildführ betreten; und, in die Tasche langend, und auf den ausgerasteten Verstand des Elenden bauend, händigt Schorlemmer ihm eine ERFURTER ERKLÄRUNG aus: Bis hierher und nicht weiter, die er unterschreiben könne, um durch die Kraft des Aufbegehrens den Damm der Demut aufzudrücken. – Das erste was ich höre, entgegnet Wildführ munter. Und wirft, nachdem er es halb durchlesen, noch auf dem Bahnsteig in Seelow/Gusow, das Blatt in den Eimer. Es dunkelt, die Nebel stehen weiß um die nackten Bäume. Sein Gegner ist schon zu Stelle, er hat zwei Obdachlose vorgeschickt, die im Landrover sitzen. Der ruht demontiert im sumpfigen Parkverbot. Sie hausen hier wohl seit Tagen, hingehuckt in die Sitze, und zehren, diese Polen, von seinem Gemüse vom Polenmarkt. Ho! ruft Wildführ sie an, Hu! und sie schauen dem Eindringling finster entgegen. Kaputtgespielt, aber dem Großen Enteigner zu willen, denkt er zermürbt ... Kohorten, die Bierbüchsen in der Hand. Er starrt in den hohlen Motorraum. Da hört er ihre Braunkohlenstimmen:
Komm auf die Schaukel, Luise
Das ist ein schönes Pläsier
Du fühlst dich wie im Paradiese
Und zahlst n Groschen dafür.
Es überläuft ihn die kalte Wut, und erbittert wie ein Kind schlägt er, mit einem Stock, auf den Kühler ein, einen blechernen dumpfen Ton erzeugend. Seine Gäste sitzen ganz stille. Noch im selben Jahr wird dem Schlosser Genugtuung. Die Versicherung lenkt ein und erklärt, für den Schaden aufzukommen. Sie läßt den Landrover sicherstellen und überholen und dem Drängelnden vors Anwesen fahren. Wildführ tritt an den Wagen heran, mustert ihn und klopft auf den glänzenden Lack. Heute, denkt er, ist der Tag, an dem dir Recht geschieht. Lisbeth, die beiseite steht, sieht den harmlosen Mann und drückt ihre klammen Finger. Dann setzt sie ihn, mit wenigen Worten, vor die Tür. Auch Wildführ erwidert wenig, es sind die bekannten Worte. Mit uns könn ses machen, sagt er selbstgerecht, So weit sind wir, während Lisbeth, sich jäh abwendend, mit der Schürze über die Augen wischt. In dem Moment kommen zwei Polizisten auf Wildführ zu mit einem Haftbefehl, wegen Nichtbezahlung des Strafbescheids, die Summe beläuft sich auf 900 Mark – und er wird, gleich darauf, wegen mangelnden Widerstands gegen die Staatsgewalt, festgenommen. Man schafft ihn nach Moabit, eine Unterbringung, die er beanstandet, aber nicht beklagt, hat er doch gerade Wohnung, Weib und Werkstatt verloren. Zum Termin im Amtsgericht ist, aus Personalnot, kein Justizwachtmeister parat, ihn durch die unterirdischen Schleusen zu geleiten; Richterin, Staatsanwalt, Schöffen und Protokollanten warten; die Stimmung wird ungnädig. So daß sich die Richterin einer Finte bedient, dergestalt, daß sie den Haftbefehl kurzerhand aufhebt und den Beklagten bitten läßt, freiwillig zum Prozeß zu erscheinen. Wildführ verläßt die Vorführzelle und läuft, nicht ohne vor sich hin zu murren, einmal ums Gebäude, und mitten in dem Schmerz, die Welt in so ungeheurer Ordnung zu sehn, betritt er das Gericht durch den Haupteingang als scheinbar freier Mann. Ein Wachtmeister wird nicht benötigt.

MARK UND BEIN / VOLKSBÜHNE

Wie spät ist es? – Halb viere etwa. – Keine
Einzelheiten bitte; das Jahrhundert?[1]

Det kann nich wahr sein. Ick, Henrjette Knobbe
Drei Kinder, arbeetslos, in meine Wände
Von den Besitzer ebent uffjekündigt
De Kinder krank, det kostet, und der Mann
Doocht nischt mehr seit er evaliert is
Von Dienst mit Frachebogen wahrheetsmäßig
Jetzt fehlt der Jroschen an Mark Brandenburg:
An hellen Tach verjnügt uff Kanapee.
Mit eenem Mann, wenn det kein Luxus is
For feine Leute. Ick laß mir jefallen.
Schulden sind ooch uff Raten, abzuzahlen.
EIN TAG SO WUNDERSCHÖN WIE HEUTE.
De blühnde Landschaft meiner Fantasie
In Potsdam Deutschlandeinigvaterland. /
Das ist die Wahrheit. Nu verjiß se mal.
De Liebe kost nischt und der Mittachsschlaf
Jibt es een Bier. So gut gings uns noch nie.
Besitz macht unfrei, wenn du nichts hast hast du
Die Freiheit, janzen Tach verdient.
Jette, mach dir lang. / Det Jlück bejinnt

Jetzt muß ick los int Krankenhaus
Wo meine Jüngsten krank sind uffbewahrt
Ick nehm det Fahrrad und tret in Pedale.
Mir schwankt in Kopp vont Bier, ick muß mir halten
An Lenker fest aus Vorsicht in Jelände
Und mittenmang de Pfützen in een Bauplatz
Wo uffjerissen is wie nachen Anjriff
Brems ick mir vorwärts, unjeschickt läßt jrüßen
Und mach den Abjang nach die falsche Seite
In een Loch. Ick seh noch, et is tief
Denn wird ma schwarz vor Oochen. Als ick aufwach
Und mir wiedersehe, rejnt et
Von janz weit oben. De Hand is schonn dick
Mir is koddrisch, wat is mit den Bein
Det jeht nu nich mehr und schmerzt fürchterlich.
Hilfe, ruf ick. Wiste int Krankenhaus
Die lassen dir nich loofen mit den Bein
Weil det nicht jeht, und du bist nich versichert
Mit keene Mark, det Bein bezahlt dir keiner
Weil det ins Jeld jeht. Stehe uff und wandel

Hinfalln, det kannste, jetzt laß dir wat infalln.
Jib dir een Stoß. Mir tut noch allet weh
Und nu versteh ick mir in meine Lache.

So uff det eene Bein, se is unhaltbar
In die Vahältnisse, wo unjewohnt sind
Ohne Arbeit Kinder drei die Schulden
Arbeit jab et jenuch, weil alle hatten
Sorjen warn ooch for alle, det verteilt sich
Und jehn tun alle oder keiner, aber
Jetzt mußtet. Sozialismus war een Para-
Dies for alle, wo de Lahmen loofen
Det wärs jewesen, aber ooch for Blinde
Wo jeder sieht. Det is vorbeijelungen.
In den Jahrhundert sehn wir den nich wieder.
Da jehste deine Weje, jetzt de heile
Welt will daß de springst. In Abjrund

Ick schleich wie vorjesehn in Klinik
Und leje Beene ab an Rezeption.
Und wie ick denk: wat sach ick unjeloochen
Zu den Fall vahältnismäßijerweise
Spricht et aus mir: Man hat mir hinjestoßen. /
Wer hat Sie hingestoßen? / Aus de Trambahn
Spricht et aus mir heraus, uff Jasse hin. /
Wer, sagen Sie? / Ick sare nischt, et spricht:
Die Skins! / Die Skins? / Mit Stiefeln, se belästjen
Een alten Mann, ick jing dazwischen, spricht et
Und schütze ihm, die stoßen mir zur Türe. /
Skinheads! / Jawollja. / In der Straßenbahn? /
Ick halt mir fest an Lenker … an den Jriff
Und tret die Bremse … zieh, et schwindelt mir
Und drebelt mir heraus jlatt uff de Fahrbahn. /
Ein Unfall! / kommandert die Schwester. Und et:
Een Überfall, lügt et mir aus Jesicht
Jetzt muß ick et passieren lassen müssen
Als wenn ick jloobe wat ick selber seh.
Und bin schonn uff Transport in Krankenzimmer.
Et is die Rettung is et, aber Lüge

Tief atmen. Noch einmal. / Ick muß et saren. /
Und jetzt die Luft anhalten. / Wat die Wahrheit – /
Sie können wieder atmen. / is jewesen
Det kommt heraus. Der Doktor sieht't mir an. /
Das sieht nicht gut aus. Prellungen, Hüftfraktur.
Nun bleiben Sie ruhig: da hilft nur Liegen. /
Lügen. / Nur Mut. Mut haben Sie gehabt
Die Folgen kann ich Ihnen nicht ersparen: /
Er zeigt zur Türe, die sperrangeluffsteht

Und wo miteenmal allet rinjeströmt kommt
Na ick bin sprachlos, een Reporter fracht
Mir nach den Herjang, jetzt könnt ick et saren /
Erzähln Sie unsern Hörern, was passiert ist
Henriette Knobbe arbeitslos drei Kinder /
Und ick muß eenmal noch, in die Bedrängnis
Die Lüge loswern von die Trambahn
Weil er mir jleich det Mikrofon an Mund hält
Und mir berühmt macht / Eine tapfere Frau. /
Und er drückt ma de Pfote janz bejeistert
Denn kommt der Innminister rin: mit Rosen.
Die muß ick annehm, und denk: sach die Wahrheit
Jetzt mußtet tun. Jetzt muß et nu heraus.
Aber er dankt mir erstma eijenhändig /
Für die Courage. / wo ick bin Symbol for /
Henriette Knobbe arbeitslos drei Kinder /
Aus neuen Bundesländern jejen Skinheads
Jetzt is der Oochenblick nich jünstig, saren
Wat Sache is, wenn der sich herbemüht hat
Und jlücklich abjeht. Der nächste soll et wissen.
Der nächste is der Polizeipräsident
Er nimmt mir fest, an beede Arme /
Ich muß gestehn / sacht er / ich bin erschüttert
Von Ihrem Schicksal und ich gratuliere.
Deutschland ist stolz auf Sie. Mein Urteil: / sacht er
Und ick erblasse / Sie sind eine Heldin /
DIE HELDIN VON POTSDAM / und als besondres
Präsent der Polizei ein Video /
Een musikalische Streife / oder Streifzug
Durch Brandenburg. Ahoi. Auf Wiedersehn! /
Jetzt jibt die Presse sich de Tür in Hand
Und ick nu muß mir wiederholn von Anfang
Bis Ende, det ick komm sehn tu, die Lüge
Die in der Zeitung steht, die von det lebt
Die Wahrheit langt nich täglich vorn und hinten
Henrjette Knobbe arbeetslos drei Kinder
Und zwei seh ick jetzt, von Station jeholt
Besuchen die mir statt ick ihnen wollte
Wo ick berühmt bin, Mutter von, und krieje
Een Arbeitsplatz versprochen uffzutreiben
Von die Rejierung, und BILD schickt een Scheck
5000 Mark, und 100,6
Spendiert mir eene Kur in Schwarzwaldklinik
Und noch een Arbeitsplatz, jetzt hab ick zwei
Knobbe wird sich verwundern, wie'ck det mache
Mit den kaputten Bein, mir looft det zu
Und er hat nischt und wieder nischt. Die Wahrheit:
De Tür jeht immer uff und zu, ick komme
Jarnich dazu, se aufzusaren
Weil so verknüpft is mit die Lüge wirklich
Deß ick ihr jloobe das wat mir passiert is

Ick weeß, se lügt. Det is mein Dienstfahrrad.
Ick find et ebent inner Kuhle liejen.
Jetzt haben wir die Polizei im Haus.
Die Polizei bin ich, ich zeig sie an.
Ick bin se nich mehr und hab nischt zu melden.
Verrat ick ihr oder verrat ick mir.
Ich bin ihr Mann und liebe die Wahrheit.
Sie hat sich rausjemacht; aus dieset Loch
Jetzt kennt ihr jeder, ick will mir nich kennen.
Mit eene Lüge biste in Jesellschaft
Jut uffjehoben for een andret Leben
Als wat die Wahrheit is. Ich muß sie sagen.
Auch ich war mal ein Held, ein Held der Arbeit.
Hätt man gewußt, daß sie nun abgeschafft wird
Man hätt den Sozialismus schleifen lassen
Noch Jahre, bis er aufgebaut wird
Die Welt, Jenossen, will betroren sind.
Ick jeb den Held ab, weil ick nich jelebt hab
Und wer entlassen wejen juter Führung
Und meine Frau nimmt mir das letzte
Ehrliche Hemd nach der Uniform.
Ick bin in den Loch, woruff se rinfiel.
Wär se uff Maul jefalln, jetzt muß ich reden.
Bin ich im Dienst? ich muß nicht wie ich kann.
Der Polizist tritt ab, es bleibt der Mann

Die Polizei, Frau Knobbe. / Uffjestanden
Der Schrecken jeht durch Mark und Bein. / Frau Knobbe?
Frau Knobbe, ich muß Ihnen leider sagen
Daß Sie nicht überfallen wurden. Sondern
Es fällt mir schwer es auszusprechen, Sie
Wurden nicht behelligt, nicht von Skinheads
Nicht in der Straßenbahn, und nicht in Potsdam
Dafür gibts Zeugen, die es nicht gesehn haben.
Der Vorfall hat, zu unserem Bedauern
Nicht stattgefunden. Dann ist er erfunden! /
Erfunden? / Und in Wahrheit eine Lüge. /
In W a h r h e i t , ja. Det wußte ick. Se haben
Mir allens untersucht und abjehorcht
Vier Tache schonn von Kosten keene Rede. /
Was reden Sie. / Ick sach, et kann so sind! /
Jetzt hört sich aber alles auf. Frau Knobbe! /
Sie müssen mir nich überzeujen, keene
Widerrede is nich. / Sie sind die
HELDIN VON POTSDAM! / Ick wer jut behandelt.
Henrjette Knobbe arbeetslos drei Kinder. /
Es steht in der Zeitung. / Nu hack ick mir Been ab. /
Bleiben Sie liegen. Halten Sie sie fest. /
Kommt alle rin. De Tür jeht zu und uff
Nu stehn se an in umjekehrter Reihe.
Die Bildreporter und de Rundfunkfritzen

Und fraren mir mit umjedrehter Rede /
Was haben Sie gedacht, für unsre Hörer
Bei Ihrer Lüge. / Ick bin arbeetslos. /
Wissen Sie, was Sie angerichtet haben.
Ganz Deutschland ist bestürzt. / Ick hab drei Kinder. /
Begreifen Sie was Sie was Lügnerin
DIE LÜGNERIN VON DEUTSCHLAND / Vaterland.
Denn traren se die Blumen ab, in Eimer
Die Rosen sind von Polizeipräsident
Er kann se eijenhändig wiederhaben /
DIE LÜGNERIN VON DEUTSCHLAND / wo ick immer
Nu Wahrheit sare, die unjlooblich is
Nach allen den, wat vorjefalln sein soll
Und mehr je det ick sare, desto dicker
Is die Lüge. / LÜGNERIN. / Det biste
Jette, det jeht nich ab. Drei Tache
Denn jibt der Doktor mir vorzeitig Freijang /
Die Folgen kann ich Ihnen nicht ersparen /
Und nu die Lüge steht in Raum, ick bin se
Ick. Stürz ick mir aus Fenster

Sie belog ganz Deutschland.[2]
Ganz Deutschland hat sie belogen.[3]

Das kann nicht wahr sein: eure Mutter läuft
Im Fernsehn. Paßt hier uff ihr uff.
Die Sendung heißt DIE GROSSE DUMMHEIT. Prost.
Bei Schreinemaker live in Talkshow
Sie wohnt im Grandhotel fünf Sterne Köln.
Und mit dem Flugzeug ist sie hingeflogen.
Det hat mir meine Injebung jemeldet
Daß es eine Lüge war, die Fahrrad fährt.
Überfallen sind wir alle worden.
Das lügen wir, und es ist die Wahrheit.
Faß dir an Kopp, ob de noch dabist.
Sie is in jroße Welt, und injeschlossen
In der Wohnung sitz ick wie een Hehler
Nämlich ick verhehl mir meine Freude, prost.
Da auf dem Schrank Die großen Menschen und
Ereignisse der Welt, noch nicht bezahlt.
Jetzt isse uff Sendung. Still. Wat sacht se. /
Ick schäme mir so, aber mit die Lüge
Hätt ohne sie ick allet nich erlebt. /
Komm Se ma hierher, hier verstehn Se jarnischt.
Da kommt mein Sohn. Wo steckste, Frankie.
Ick red mit dir. Mit jlattrasierten Schädel
Wo wiste hin. Der sacht mir nischt, der Skin!
Wenn wiederkommt, den schlach ick
So wie ick dasteh. Oh, jetzt lieg ich. Oh
Jetzt hab ich mir etwas getan. Paul Knobbe

Jetzt krichtes mit de Angst. Das Bein, die Hüfte.
Das glaubt mir keiner. / Vater / Keene Hilfe.
ICH SCHÄME MICH SO. Sach mal, lachste
Jette, se lacht

(Das bekannte Foyer eines berliner Theaters. Politiker einer bekannten Partei haben sich,
im Hungerstreik, häuslich niedergelassen. Sie sind bei der Zeitungslektüre. Schauspieler,
die Obdachlosen gleichen, spielen in bekannter Weise, d. h. sie vollstrecken den Text. Die
einen und die andern nehmen das Publikum mit auf ihren Entzugstrip: während in der
S-Bahn zwischen Frohnau und Oranienburg eine Frau zusehends vergewaltigt wird.)

Man macht sich keine Vorstellung. / Vorstellung läuft. / Blutiges Drama
um eine Frau. Grund: der 31jährige Wachmann wollte den Wohnungs-
inhaber überzeugen, auf seine Frau zu verzichten. Als dieser ablehnte,
rief der Zecher drei Jugendliche zuhilfe. Sie waren von ihm engagiert
worden. Auf das verabredete Zeichen stachen sie 16mal auf den Mieter
ein. Wenig später kam die Frau nachhause. / 14jährige Schülerin
täuscht Vergewaltigung vor. Das 14jährige Mädchen aus Hohen Neuen-
dorf, das behauptet hatte, von einem Fremden vergewaltigt worden zu
sein, hat am Freitag zugegeben, mit ihrer Aussage Aufmerksamkeit auf
sich lenken zu wollen. Trotz der Falschaussage sucht die Polizei noch
immer einen Sexualtäter. Er hat dunkle bis an die Ohrläppchen reichen-
de Haare und einen dunklen Teint. Hinweise an jede Polizeidienststelle.
Sie fressen die Zeitung. / Was denn sonst.
Richter ließen Milde walten. Das Potsdamer Amtsgericht erließ gegen
die 34jährige Sozialhilfeempfängerin Elke S., die »Lügnerin von Potsdam«, eine Verwarnung mit Strafvorbehalt. Zudem muß die Mutter
dreier Kinder 80 Stunden gemeinnützige Arbeit leisten.
Es ist nun mal so, daß dort, wo Müll ist, Ratten sind, und daß dort, wo
Verwahrlosung herrscht, Gesindel ist. Das muß in der Stadt beseitigt
werden. / Wir sind gemeint.
Zu einem richtigen Arbeiterstaat
Gehört ein richtiger Kartoffelsalat.
Rin in de Kartoffeln, raus aus de Kartoffeln.
Das was Sie da Delikatessen nennen, davon wird keiner mehr satt und
mir wird übel. / Sagen Sie das noch mal. / Wissen Sie, was da draußen
vorgeht, Herr? Kennen Sie zum Beispiel die Bedürfnisse der jungen
Menschen? Delikatessen. Die Leute haben Hunger nach Unmittelbarem.
/ Dann knallen Sie lieber einen Eimer Kartoffelsalat auf die Bretter,
bester Spitta! Wenn er nur echt ist, kein nachgemachter, ja?
An der Hochschule La Strada sollen Obdachlose für eine Studiengebühr
von 30000 Lire! 28 Mark in großstädtische Überlebenstechniken einge-
führt werden. Wie baut man ein Bett aus Pappkartons? Wie wäscht
man sich und wo ißt man? Die Studenten sollen auch in die Kunst des
Bettelns eingewiesen werden. Unterrichtet wird auf der Straße. / Im
Theater.
Die 2 Fraktionen
Stehen sich gegenüber
Hungernd die eine
Den Eimer Kartoffelsalat in der Hand die andre.

Ihr steht vor der Tür des Dealers. Der sieht gleich, daß ihr leidet, und dann wird er euch wie Dreck behandeln, weil er weiß, ihr würdet auf Händen und Knien über Glassplitter kriechen und seine Scheiße als Zahnpasta benutzen. Aber ihr liebt ihn. Er hat alle Trümpfe in der Hand. Und da behält er sie auch. Ihr zieht n paar zerknüllte Scheine aus der Tasche und streicht sie auf dem Couchtisch glatt. Er steckt sie ein und zieht zwei kleine harte bombenförmige Teile, mit Wachs überzogen, aus der Tasche. »Was isn das fürn Scheiß.« »Opium. Opiumzäpfchen.« »Und was zum Teufel sollen wir damit?« »Muß ich euch das wirklich sagen? Die schmelzen in eurem System, nehmen euch die Schmerzen, helfen euch, vom Junk runterzukommen, versteht ihr?« / Dürfen die denn etwas zu sich nehmen? Im Hungerstreik. / Nicht mit dem Mund, verdammt, mit dem Arsch. / Also verdrückt ihr euch mal kurz aufs Klo und schiebt die Dinger rein. Als ihr geht, meint der Dealer: »Die brauchen ne Weile«, und ihr entgegnet: »Wem sagst du das. So wenig wie die wirken hätten wir sie uns auch in Arsch stecken können.« / Wissen Sie, was da draußen vorgeht? / Ihr kommt unten an der Treppe an, ihr müßt furzen. Scheiße … ihr müßt sofort was unternehmen. Im Einkaufszentrum gibts n Wettbüro mit nem Klo hinten. Zwei Typen hängen in der Tür zur Toilette umd pissen einfach rein. Ihr schaut hoffnungsvoll zu einem der Eimer hinüber. Also … Der Eimer ist randvoll mit Kartoffelsalat. Ihr zieht euch die Hose runter und hockt euch auf den kalten, feuchten Eimer. Ihr leert eure Gedärme, und dabei habt ihr das Gefühl, daß alles, Darm, Magen, Milz, Leber, Nieren, Herz und das verdammte Hirn durchs Arschloch in den Eimer plumpsen. Dann wird euch plötzlich klar, was ihr gerade getan habt. Einen Augenblick hock ich wie versteinert da. Aber ihr rollt die Hemdsärmel auf. Eure Unterarme sind mit verschorften Einstichen übersät. Was solls … ihr taucht mit Händen und Unterarmen in den Kartoffelsalat. Ihr wühlt rum und findet eine eurer Bomben sofort. Ihr wischt sie ab, bißchen geschmolzen, aber sonst noch gut erhalten. Ihr müßt n paarmal durch den Kartoffelsalat von so manchem braven Kerl aus Wedding wühlen, bis ihr die andere findet. Einmal krieg ich kurz n Brechreiz, ihr seid drauf und dran, die Zäpfchen zu schlucken, aber ihr verwerft den Gedanken. Die Burschen sind da hinten, wo sie herkommen, sicher besser aufgehoben. Also rein damit. Irgendwer hatte gesagt, es sei der erste Tag der Berliner Festspiele. Es läuft »Ithaka«, »Trainspotting« und »Zurüstungen für die Unsterblichkeit«. Jedenfalls haben sie das richtige Wetter dafür.[4]
Hier haben wir noch einen Eimer, Genossen. Das ist kein Klacks.
Ist das die Solidarität. Ist das das politische Theater.
Die Ratten haben sich seit Hauptmann vermehrt. Sie sind eine wahre Plage geworden. / Eine Plage des Wahren. / Sie springen in der Kanalisation des Bewußtseins. / Ein Rattentheater / auf allen Kanälen / subventionierte Ratten / eine hochkultivierte Subkultur, die der Kultursenator subventioniert.
Jetzt ist es an der Zeit, nicht über Visionen, sondern über Zitrusfrüchte zu sprechen. / Der Mensch kommt in eine Welt, die er nicht versteht, und er verläßt eine Welt, die er nicht mehr versteht. / Gibt es für Sie als Ungar, Herr Akademiepräsident, denn wirklich nichts, was Sie stört, was Sie ändern möchten? / Nein.
Wie denkt man in einer Zeit, deren im Grund für unerreichbar gehaltne

Utopie das bloße Überleben der Gattung ist? Angstgetrieben intensiviert sich der Tanz um die Kartoffeln. Stolpernd, joggend, panisch von einander abhängend, jagen wir um die maroden Kartoffeln. Kunst betätigt sich als Expressionismus der letzten Tage, gewollt leeres Geschrei ausstoßend, Gebrüll eines Histrionismus. Verzweifelte Simulation, weil wir keine Zukunft haben. Bourgeoisie & Proletariat enden als Spaßgesellschaft. Tatsächlich herrscht die Idee, keine Idee haben zu dürfen, keine an die Wurzel gehende Kritik, keine Theorie, sondern enthaltsam, also gedankenlos die rätselhafte Megamaschine zu ölen, zu entstören, vielleicht auch nur zu ignorieren oder ignorant zu verdoppeln. Die Abwesenheit eines andern Entwurfs als des panischen Sich-in-die-Kartoffeln-Werfens scheint zur letzten kunstwürdigen Wahrheit geworden. Wo man sich um die Wahrheit nicht schert, läuft die kulinarische Urzeit, der süchtige Mythenkonsum, bedient durch Titanic-Künste. Fürs erste haben die Drogenhändler gesiegt, die den Nihilismus der Restauration illuminieren. Das zeigen – was da draußen vorgeht – und wir hätten als unmittelbares Thema diese Themenlosigkeit, diesen Denkersatz, diesen nationalen Abschiebebahnhof für die Fremden, die Geldskandale und die Stasi-Connection.[5]
Was geht dort vor. / Das Jugendleben. / Rowdies. /
Faß mich nicht an. Das ist mein Platz, Idiot. /
Das haben wir erzogen. / Laß mich los
Drecksau. / Es ist ein Pärchen. / Schamlos sowas.
Sie liegen aufeinander. / In der S-Bahn. /
Hilfe. Du Schwein. / Was die für eine Sprache
Deutsch ist das nicht. / Hilfe. / Muß man sich das
Im öffentlichen Nahverkehr. / Hilfe. /
Er vergewaltigt sie. / Jetzt schau nicht hin. /
Weißt du was heut normal ist, was Theater.
Die Zuschaukunst. Der große Kreis der Kenner
Erfinden Sie so was mal, guter Spitta.

LEAR IN DER LAUSITZ

1

ARBEITER
>Ich werf den Bettel hin. Die ARBEITERMACHT.

BANKER
>Bravo, ihr Herrn. Nun den Diener gemacht.

2

Warum zertrümmert ihr das Fundament?[6]

>Das ist die letzte Wand.
>>Sie ists gewesen.
>Ich kenne jeden Stein und jede Schweißnaht.
>Ich hab es hingestellt, ich kanns zerlegen.
>Die deutsche Wertarbeit, ein deutscher Abriß
>Akkurat und sauber nach der Zeichnung
>Das kannst du wieder aufbaun nach dem dritten
>Weltkrieg im Ural, zum zweitenmal
>DIE ERSTE DEUTSCHE DRECKFABRIK, wer denkt dran
>Und hälts im Kopf aus, in der Abrißbirne
>Wenn er beschäftigt wird ein halbes Jahr noch
>Mit einem ganzen Leben, das er wegreißt

Was für eine Niederkunft, sie gebiert Steine. Rote, gesunde Steine. Das ging mit dem Fortschritt schwanger. VEB. Hier habe ich vierzig Jahre abgerissen. Was wir anfassen, das hält bis zur Rente, sagte ich meiner Instandhaltungsbrigade. Jetzt hat man uns umgetauft und ich lebe rückwärts mit dem Räumkommando, was der Arsch aufgebaut hat reißt er mit den Händen ein. Warum habe ich Qualität gepredigt in gutem Glauben, jetzt ist es der Preßlufthammer. Die Reparatur von gestern das Hindernis von heute, der Verbesserungsvorschlag eine Arbeitserschwernis. Bestarbeiter, du bist ein schlechtes Beispiel. Von deinem Schweiß trinkt deine Mühe, der Aktivist schleppt den Idioten auf den Bauplatz. BAU AB BAU AB. Die Sabotage – ein Ganztagsjob, und wieder zahlt der Westen. Fortschrott. Fortschrott. Eine Epoche vertan. Recht so. Wir haben es in der Hand gehabt, ohne es zu merken, und uns daran festgehalten. Wir haben darauf gesessen. Wir machten uns nichts daraus. Soviel Dummheit wird bestraft. Kurzarbeit Null in Pumpe, Lauchhammer plattgemacht. / PLATTGE-MACHT. / Wir waren viele, ich stehe allein hier und alle reden aus meinem Kopf, horch, meine verlorene Belegschaft kommt zur Versammlung freiwillig nach der Arbeit. / DIE WIR LOS SIND. / Recht so, Kollegen Hoffnungslos und Frührentner, die Irrläufer aus dem Osten. Da geht die Geschichte lang. Deutschland vereinigt es sinkt die Geburtenrate. Wir haben uns der Vergangenheit entschlagen, jetzt sitzt die Zukunft im Kopf wie ein Splitter. Horch /

FORTSCHROTT FORTSCHROTT FORTSCHROTT /

'chlaft, Verdammte. Ich bringe das nur zuende bis zum Sieg /
H DACHTE: MAN BRAUCHT JA NUR DEN HAUPTSCHALTER ZU BEDIENEN.
3ER DASS GAR NICHTS BLEIBT, WILL MIR NICHT IN DEN SINN! /

ie spät ist es. Keine Einzelheiten; das Leben. Ich mache Schluß. Holla, treff ich
ich, roter. Ein Schlag, und aufgeräumt ist /

HALT, GROSSVATER /

    Wen seh ich, meine Töchter. Alle dreie
    Guter Hoffnung, seid ihr wahnsinnig.

EPILOG. DIE MASKIERTEN

    Lokal. Savignyplatz. KUNST ODER LEBEN.
    Sinds Mörder, oder Mimen ohne Mimik.
    Betuchtes Pack zieht die Kostüme aus.
    Wer kennt sich selbst. Hilfe! Applaus!

Der FORTSCHROTT kann durch das Stück führen, vorwärts sozusagen, und selbstverständlich spielt er mit.

1 Mickel, Idyll
2 BILD
3 Berliner Zeitung
4 Welsh, Trainspotting
5 Haug, Epilog aus dem Off
6 Müller, Der Bau

Autoren

Gilbert Badia, Literaturwissenschaftler, lebt in Paris

Wilhelm Bartsch, Autor, geb. 1950, lebt in Halle

Nicole Bary, geb. 1939, lebt in Paris

Géraldine Boissière, geb. 1972, Studentin der Humboldt Universität Berlin

Matthias Braun, geb. 1949, Literaturwissenschaftler, lebt in Berlin

Peter Brasch, geb. 1955, Autor, lebt in Berlin

Carlfriedrich Claus, 1930–1998, bildender Künstler in Annaberg-Buchholz

Anna Chiarloni, geb. 1938, Literaturwissenschaftlerin, lebt in Turin

Daniela Dahn, geb. 1949, Autorin, lebt in Berlin

Daniela Danz, Studentin in Leipzig

Friedrich Dieckmann, geb. 1937, Autor und Publizist, lebt in Berlin

Pawel Eisner, Schriftsteller, lebt in Montreal

Peter Ensikat, geb. 1941, Schriftsteller und Theaterleiter, lebt in Berlin

Elke Erb, geb. 1938, Lyrikerin, lebt in Berlin

Günter Gaus, geb. 1929, Publizist und Politiker, lebt in Hamburg

Klaus Gehre, geb. 1969, Student der Humboldt Universität Berlin

Wilfried Grauert, Literaturwissenschaftler, lebt in Bremen

Durs Grünbein, geb.1962, Lyriker, lebt in Berlin

Eberhard Häfner, geb. 1941, Autor, lebt in Berlin

Peter Härtling, geb. 1933, Schriftsteller, lebt in Mörfelden-Walldorf

Christel Hartinger, geb. 1938, Literaturwissenschaftlerin, lebt in Leipzig
Walfried Hartinger, Literaturwissenschaftler, lebt in Leipzig

Wolfgang Fritz Haug, geb. 1936, Philosoph, lebt in Berlin

Kerstin Hensel, geb. 1961, Schriftstellerin, lebt in Berlin

Jost Hermand, geb. 1930, Literaturwissenschaftler,
lebt in Madison, Wisconsin

Christian Hippe, geb. 1975, Student der Humboldt Universität Berlin

Oliver Hohlfeld, geb. 1965, Student der Humboldt Universität Berlin

Alfred Hrdlicka, geb. 1928, Maler und Graphiker, lebt in Wien

Manfred Jäger, geb. 1935, Publizist und Literaturkritiker, lebt in Münster

Jörg Jannings, Regisseur, lebt in Berlin

Jens Jessen, geb. 1955, Journalist, lebt in Berlin

Rolf Jucker, Literaturwissenschaftler, lebt in Swansea

Jo Jastram, Maler und Bildhauer, lebt in Kneese

Hans Kaufmann, geb. 1926, Literaturwissenschaftler, lebt in Berlin

Rainer Kirsch, geb. 1934, Autor, lebt in Berlin

Heinz Klunker, geb. 1938, Kritiker, lebt in Köln

Wladimir Koljazin, Theaterwissenschaftler und Übersetzer, lebt in Moskau

Jörg Kopec, geb. 1974, Student der Humboldt Universität Berlin,

Reiner Kunze, geb. 1933, Autor, lebt in Obernzell-Erlau

Joochen Laabs, geb. 1937, Autor, lebt in Berlin

Alain Lance, Literaturwissenschaftler, lebt in Paris
Renate Lance-Otterbein, Psychoanalytikerin, lebt in Paris

Hartmut Lange, geb. 1937, Autor und Dramatiker, lebt in Berlin

Bernd Leistner, Literaturwissenschaftler, lebt in Leipzig

Monika Lennartz, geb. 1938, Schauspielerin, lebt in Berlin

Leonard Lorek, geb.1958, Autor, lebt in Berlin

Katrin Mackowiak, geb. 1973, Studentin der Humboldt Universität Berli...

Roger Melis, geb.1940, Photograph, lebt in Berlin

Steffen Mensching, geb. 1958, Autor und Theatermacher, lebt in Berlin

Karl Mickel, geb. 1935, Schriftsteller und Dozent an der Hochschule für Schauspielkunst Ernst Busch, lebt in Berlin

Domenico Mugnolo, Literaturwissenschaftler

Bert Papenfuß, geb. 1956, Autor, lebt in Berlin

A. R. Penck, geb. 1939, Maler, lebt in Irland

Richard Pietraß, geb. 1946, Autor und Herausgeber, lebt in Berlin

Nuria Quevedo, geb. 1938, Graphikerin, Malerin, lebt in Berlin

Ekkehard Schall, geb. 1930, Schauspieler und Regisseur, lebt in Berlin

Silvia Schlenstedt, geb. 1930, Literaturwissenschaftlerin, lebt in Berlin
Dieter Schlenstedt, geb. 1932, Literaturwissenschaftler, lebt in Berlin

Kathrin Schmidt, geb. 1958, Autorin, lebt in Berlin

Friedrich Schorlemmer, geb. 1944, Theologe und Publizist, lebt in Wittenberg

Eduard Schreiber, geb. 1939, Dokumentarfilmemacher, lebt in Wilhelmshorst

Ernst Schumacher, geb. 1921, Theaterwissenschaftler und -kritiker,
lebt in Schwerin bei Potsdam

Klaus Staeck, geb. 1938, Graphiker, lebt in Heidelberg

Joachim Staritz, lebt in München

Jens Sparschuh, geb. 1955, Autor, lebt in Berlin

Alexander Stillmark, geb. 1941, Schauspieler und Regisseur, lebt in Berlin

Werner Stötzer, geb. 1931, Bildhauer und Maler

Jürgen Teller, Philosoph, lebt in Leipzig

Holger Teschke, geb. 1958, Autor und Dramaturg, lebt in Berlin

Lothar Trolle, geb. 1944, Dramatiker, lebt in Berlin

Ian Wallace, Literaturwissenschaftler, lebt in Bath

Peter Wawerzinek, geb.1954, Autor, lebt in Berlin

Manfred Wekwerth, geb. 1929, Regisseur und Theatertheoretiker,
lebt in Berlin

Hans-Eckardt Wenzel, geb. 1955, Autor, Komponist, Musiker, lebt in Berlin

Ursula Werner, geb. 1943, Schauspielerin, lebt in Berlin

Christa Wolf, geb. 1929, Autorin, lebt in Berlin